AI大模型

企业落地指南

贾利阳 王 奇 著

人民邮电出版社
北京

图书在版编目（CIP）数据

AI 大模型企业落地指南 / 贾利阳，王奇著. -- 北京 : 人民邮电出版社，2025. -- (企业大模型应用落地丛书).
ISBN 978-7-115-66133-3

Ⅰ. F272-39

中国国家版本馆 CIP 数据核字第 2025XG4917 号

内 容 提 要

随着人工智能（AI）技术的迅猛发展，大模型技术已成为推动各行各业变革的重要力量。为了帮助企业管理者和技术人员更好地理解和应用这一前沿技术，本书精心编排多个篇章，从基础概念到实战应用，全面系统地介绍 AI 大模型的相关知识。

概念普及篇（第 1～2 章）简要概述人工智能与大模型的基本概念及其对社会经济的广泛影响。

企业落地准备篇（第 3～4 章）介绍企业大模型应用落地的常见形式，评估 AI 能力边界，解析大模型落地的必备要素，梳理公司已有的业务链条，寻找 AI 落地场景，并细化落地方案。

企业落地步骤篇（第 5 章）聚焦大模型落地具体步骤以及大模型安全、算法备案和内容版权等相关内容。

大模型原理篇（第 6～7 章）深入剖析大模型的基础原理和应用原理，旨在提升模型性能。

应用开发篇（第 8～9 章）通过丰富的实战案例生动展示大模型在企业中的实际应用效果。

未来展望篇（第 10 章）预测 AI 技术的发展趋势，并深入分析这些趋势对社会经济产生的深远影响，为企业决策者提供前瞻性的思考角度。

本书适合企业高管及负责人、技术部门负责人及一线 IT 工程师阅读，旨在帮助读者全面了解大模型技术，把握科技发展的先机。

◆ 著　　　贾利阳　王　奇
责任编辑　杨绣国
责任印制　王　郁　焦志炜

◆ 人民邮电出版社出版发行　　北京市丰台区成寿寺路 11 号
邮编　100164　　电子邮件　315@ptpress.com.cn
网址　https://www.ptpress.com.cn
北京天宇星印刷厂印刷

◆ 开本：800×1000　1/16
印张：14　　　　2025 年 6 月第 1 版
字数：279 千字　　2025 年 11 月北京第 2 次印刷

定价：69.90 元

读者服务热线：(010)81055410　印装质量热线：(010)81055316
反盗版热线：(010)81055315

赞誉 PRAISE

大模型落地过程复杂，面临技术选型、场景适配等多重挑战。本书提供的落地方法论和实操指南具有极高的实用价值，既能助力企业规避风险、降低试错成本，又能深度挖掘大模型的商业价值。通过理论指导与实战应用的系统结合，本书为企业大模型落地提供了全方位的支持。

——颜峰　美团多模态大模型资深技术专家

在企业数字化转型浪潮下，大模型技术正成为核心驱动力。本书系统解析了大模型落地的全流程，从战略规划到实施注意事项，均进行了深入阐述，为企业数字化转型提供了可落地的行动指南。

——杜颖　北京颖知科技有限公司创始人

在企业大模型从理论探索走向实践应用的关键阶段，本书堪称不可或缺的落地导航。它不仅构建了大模型实施的全流程框架，还通过行业实战案例深度解析关键要点与潜在风险，助力企业应对攻克技术难题与管理协同的双重挑战，加速实现大模型的稳健落地。对于寻求数字化创新突破的企业来说，本书无疑是战略级的实战指南。

——王琳　百度、蚂蚁集团前资深 AI 技术专家，北京与爱为舞科技有限公司技术合伙人

企业大模型落地既依赖技术支撑，更考验战略协同、组织协同与业务融合能力。本书提出的系统性方法论，通过深度融合技术与业务，覆盖场景洞察、架构设计、部署优化等核心环节，为企业大模型落地全流程赋能，显著提升项目实施成功率。

——邱学侃　高途教育前资深 AI 负责人

对于计划布局大模型应用的企业，本书是值得信赖的行动指南。作者将复杂的大模型落地过程分解为可操作的实施步骤，并结合实战案例给出针对性建议，帮助企业高效构建大模型应用体系，提升企业核心竞争力。

——王强　北京泽霖时代智能网络科技有限公司创始人兼 CEO

从行业发展趋势来看，大模型技术正在深度重塑商业格局，但其落地过程充满挑战。本书依托系统性方法论，对从战略规划到运维保障的全周期环节进行了系统剖析。通过丰富的实战案例与详尽的注意事项，本书为企业管理者及技术团队提供了清晰的大模型落地实施路径，堪称行业标杆之作。

—— 李昊天　Meta 前资深 AI 技术带头人，Lyft AI 团队负责人

前言 PREFACE

写这本书的背景

近两年来，随着 ChatGPT 的火爆，AI 大模型技术（以下简称大模型技术）在全球范围内引起了广泛关注，成为科技领域的热门话题。这一技术的突破和广泛应用，正在重构人类社会在数字化内容生产、娱乐、教育、消费等各个领域中的生产力与生产关系，其影响巨大而深远。

技术进步是推动大模型技术发展的核心动力。随着深度学习等人工智能技术的快速发展，算法模型变得更加精准和高效，能够处理复杂的生成任务。例如，GPT-3 等先进的自然语言处理模型能够生成连贯、逻辑性强的文本内容，其自然语言理解和处理能力，以及人机交互能力，都远超上一代 NLP（自然语言处理）技术。此外，GAN（生成对抗网络）、Transformer、扩散模型等技术也在图像生成领域取得了显著成果。这些技术的发展，为大模型技术的广泛应用奠定了基础。

市场需求的增长也是大模型技术迅速发展的重要因素。在信息爆炸的时代，人们对个性化、多样化内容的需求日益增长，对高效率、高质量的内容制作提出了更高要求。大模型技术能有效降低数字化内容创作的门槛和成本，使非专业人士也能创作出高质量的内容。这不仅满足了市场对内容的需求，也为内容创作者提供了新的创作手段和灵感来源，进而催生了一批利用 AI 工具进行绘画、视频制作、文章撰写的“AI 超级个体”，他们通过这些方式创造利润。

大模型技术已在多个领域涌现成功的应用案例。在新闻、娱乐、教育、营销等行业，大模型技术已开始用于生成新闻报道、创作音乐、辅助教学、设计广告等。这些成功案例展示了大模型技术的潜力，吸引了更多企业和投资者关注和投入这一领域。全球范围内的政策支持和资本投入为大模型技术产业的发展提供了持续动力。许多国家和地区出台了支持人工智能发展的政策，为大模型技术的研究和产业化提供了良好环境。同时，风险投资等资本的涌入，为大模型技术相关企业和项目的快速发展提供了资金支持。因此，技术进步、市场需求、成功应用案例及政策和资本的支持共同促进了大模型技术在全球范围内的广泛兴起。随着技术的不断完善和应用领域的拓展，大模型技术有望在未来继续引领科技创新和内容产业的发展。

AI 技术的发展趋势必然是越来越普及，越来越“技术平权”的。在未来 10 年内，AI 将以各种方式“融入”人类世界，与人类乃至世界深度融合。随着 AI 技术的持续演进，AI 的使用门槛正不断降低，在可预见的未来，非技术背景人群也将能够借助自然语言便捷地操控 AI，并利用其构建数字化系统。大模型、AI 工程化、高性能算力芯片以及 AGI（通用人工智能）等前沿技术的进步，将显著推动这一进程。

然而，目前 AI 技术在企业落地方面仍存在认知差异、信息不对称、行业知识差距和技术能力鸿沟，需要专业人员引领和指导。此外，目前国内外市场上尚缺系统论述大模型如何在企业落地的图书。由于缺乏对 AI 技术的深刻理解，许多企业负责人无法预判 AI 未来的发展趋势及其对企业产生的深远影响。因此，我们深感有必要结合自身多年的 AI 实践经验和技术积累，为广大企业负责人、高管及技术负责人撰写此书。

本书的写作目的，一方面是普及大模型在企业落地的相关知识和方法论，帮助企业抓住 AI 赋能的机遇；另一方面是希望通过本书与读者共同探讨大模型在企业中的应用策略和落地方法，为企业的创新发展提供有益的思路和借鉴。此外，我们还想结合自身的 AI 从业经验，与读者共同探讨 AI 的未来发展趋势，以便从容应对 AI 浪潮带来的挑战和机遇。

本书读者对象

本书主要适合企业高管及负责人、技术部门负责人及一线 IT 工程师阅读。那些有意向从事大模型企业应用工作的职场人士和在校大学生，也可通过阅读本书获得对大模型应用框架的整体认识。期望本书能够成为读者在探索大模型应用过程中的有力工具，能为读者提供全面且深入的指导，帮助企业在 AI 时代实现转型与快速发展。

如何阅读本书

本书共包含 10 章，分为六篇。每篇内容各有侧重，读者可以根据自己的兴趣和需求选择相应的篇章进行重点阅读。企业高管及负责人可能会更加关注大模型的概念、应用价值、落地建设框架、整体成本投入及 AI 的未来发展趋势等内容，建议这部分读者重点阅读概念普及篇、企业落地准备篇、企业落地步骤篇和未来展望篇；而一线 IT 工程师及在校大学生可能更关注大模型的技术原理、应用开发及落地建设的具体步骤，建议这部分读者重点阅读企业落地准备篇、企业落地步骤篇、大模型原理篇和应用开发篇。

概念普及篇（第 1 ～ 2 章）简要概述人工智能与大模型的基本概念及其对社会经济的广泛影响。

企业落地准备篇（第 3 ～ 4 章）首先介绍企业大模型应用落地的常见形式，评估 AI 能力边界，解析大模型落地的必备要素，并梳理公司已有的业务链条，寻找 AI 落地场景。接着，对比分析不同方案的成本、技术框架及适应性，方便企业选择最合适的落地方案。

企业落地步骤篇（第 5 章）聚焦大模型具体落地步骤，包括数据预处理、大模型评测、大模型与企业应用无缝衔接、部署上线、效果评估与数据反馈、迭代等关键环节。此外，还介绍了大模型安全建设、算法备案和内容版权等相关内容。

大模型原理篇（第 6 ～ 7 章）首先深入剖析大模型的基础原理，涉及 Transformer 架构、扩散模型和多模态大语言模型等。接着介绍大模型应用原理，包括大模型微调原理、量化技术和 AI Agent，这些内容旨在提升模型性能。

应用开发篇（第 8 ～ 9 章）通过丰富的实战案例生动地展示大模型在企业中的实际应用效果，为企业提供可借鉴的实践经验。

未来展望篇（第 10 章）预测 AI 技术的发展趋势，并深入分析这些趋势对社会经济产生的深远影响，为企业决策者提供前瞻性的思考角度。

最后，期待读者在阅读本书的过程中有所收获，并欢迎读者提出宝贵的意见和建议。

贾利阳　王奇
2025 年 4 月

资源与支持

资源获取

本书提供如下资源：

- 本书思维导图
- 异步社区 7 天 VIP 会员

要获得以上资源，您可以扫描下方二维码，根据指引领取。

提交勘误

作者和编辑尽最大努力来确保书中内容的准确性，但难免会存在疏漏。欢迎您将发现的问题反馈给我们，帮助我们提升图书的质量。

当您发现错误时，请登录异步社区（https://www.epubit.com），按书名搜索，进入本书页面，点击“发表勘误”，输入勘误信息，点击“提交勘误”按钮即可（见下图）。本书的作者和编辑会对您提交的勘误进行审核，确认并接受后，您将获赠异步社区的 100 积分。积分可用于在异步社区兑换优惠券、样书或奖品。

图书勘误　　　　　　　　　　　　　　　　　　　　　　　　　　✎ 发表勘误

页码：　[　1　]　　　　页内位置（行数）：　[　1　]　　　　勘误印次：　[　1　]

图书类型：⦿ 纸书　　○ 电子书

添加勘误图片（最多可上传4张图片）

[+]　　　　　　　　　　　　　　　　　　　　　　　　　[提交勘误]

全部勘误　　我的勘误

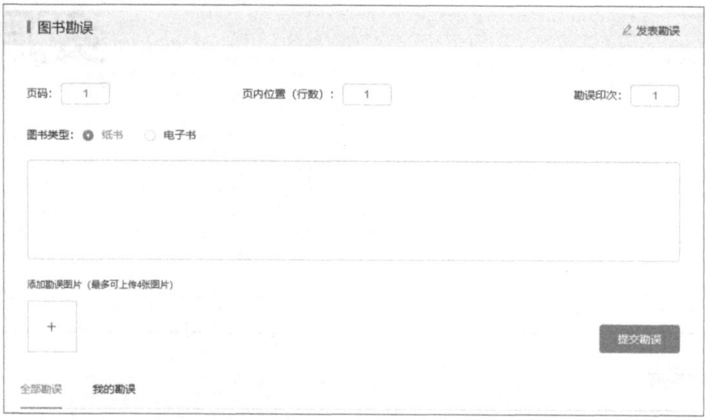

与我们联系

我们的联系邮箱是 contact@epubit.com.cn。

如果您对本书有任何疑问或建议，请您发邮件给我们，并请在邮件标题中注明本书书名，以便我们更高效地做出反馈。

如果您有兴趣出版图书、录制教学视频，或者参与图书翻译、技术审校等工作，可以发邮件给我们。

如果您所在的学校、培训机构或企业想批量购买本书或异步社区出版的其他图书，也可以发邮件给我们。

如果您在网上发现有针对异步社区出品图书的各种形式的盗版行为，包括对图书全部或部分内容的非授权传播，请您将怀疑有侵权行为的链接发邮件给我们。您的这一举动是对作者权益的保护，也是我们持续为您提供有价值的内容的动力之源。

关于异步社区和异步图书

"**异步社区**"（www.epubit.com）是由人民邮电出版社创办的 IT 专业图书社区，于 2015 年 8 月上线运营，致力于优质内容的出版和分享，为读者提供高品质的学习内容，为作译者提供专业的出版服务，实现作者与读者在线交流互动，以及传统出版与数字出版的融合发展。

"**异步图书**"是异步社区策划出版的精品 IT 图书的品牌，依托于人民邮电出版社在计算机图书领域 30 余年的发展与积淀。异步图书面向 IT 行业以及各行业使用 IT 技术的用户。

目 录 CONTENTS

一、概念普及篇

二、企业落地准备篇

三、企业落地步骤篇

四、大模型原理篇

一、概念普及篇

本篇从 AI 概念的普及讲起，延伸到大模型的概念、大模型与传统 AI 的区别，以及 AI 在企业层面的应用价值，帮助读者从头开始了解 AI 及其商业价值，为后面讲解如何应用 AI 做好铺垫。

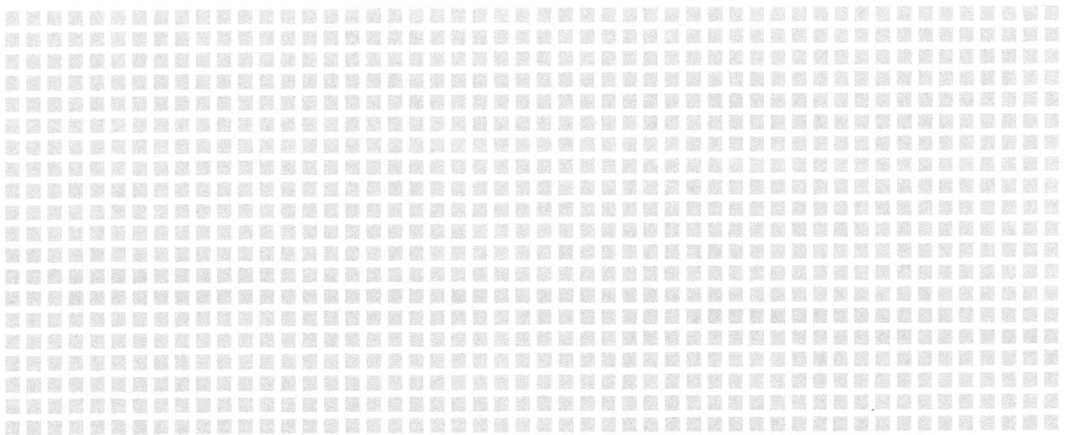

第 1 章

AI 与大模型概述

1.1 什么是 AI

人工智能（全称 Artificial Intelligence，简称 AI）是计算机科学与其他学科交叉的一个领域，旨在创建具备高级智慧的机器或系统，来执行一系列需要人类智能才能完成的任务。这些任务包括但不限于视觉感知、语音识别、语言翻译和决策制定等。

AI 可以分为弱 AI 和强 AI，其中弱 AI 专注于执行特定任务，如图像识别、语音转换、词性标注等；而强 AI 则具备可与人类比肩的认知能力，在广泛的领域展示出灵活的智能和自主学习的能力，因此它又被称为通用人工智能（Artificial General Intelligence，AGI）。

1.2 AI 基本原理简述

AI 的发展涉及多个学科和技术，包括计算机科学、数学、逻辑学、心理学等。AI 的核心目标是通过模拟人类的认知和推理能力来完成任务。

AI 的原理可以类比人脑的学习过程。假如把 AI 比作一位极其聪明的学生，它需要学习大量的历史经验或学习资料，这里的历史经验或学习资料指的就是数据。接着，这位学生会采用各种学习方式，从这些数据中找出规律，这样在面临新的问题时，这位学生就可以根据其学到的规律来预测未来。

人脑总结的规律在 AI 看来就是一个模型，AI 通过输入大量历史数据并经过训练，从中提炼出一个模型，该模型能够根据新输入的数据，预测未知的属性和结果。值得注意的是，AI 并不是学习完既有的知识后停滞不前。相反，它会通过不断吸收新的数据持续优化并改进自己的模型，从而变得更加智能。就像我们人类一样，学习得越多，积累的经验越丰富，能力就会随之增强。

因此，AI 的原理是通过学习大量的数据，建立模型，然后利用模型来处理新的数据。随着数据的不断输入，模型会不断地学习和改进，从而逐步提升其智能水平，帮助人类解决各种复杂的问题。AI 与人脑思考方式的对比如图 1-1 所示。

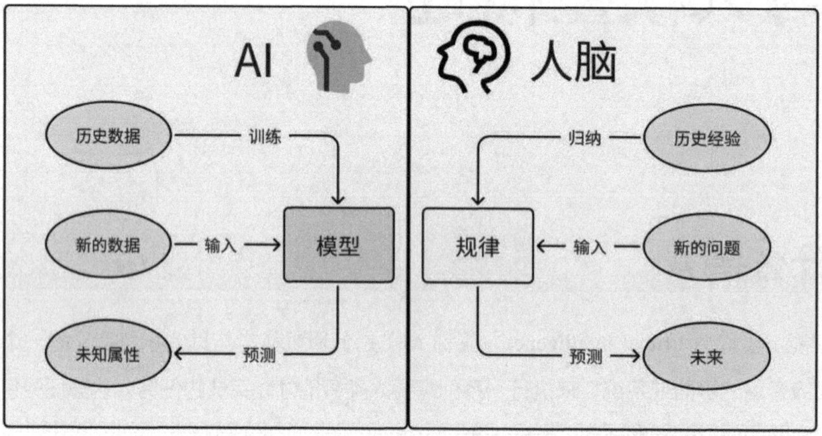

图 1-1　AI 与人脑思考方式的对比

那么，人工智能、机器学习和深度学习之间又有何区别呢？如图 1-2 所示，人工智能、机器学习和深度学习这三者存在从广义到狭义的层次关系。人工智能是一个宽泛的概念，包括了机器学习，而机器学习是实现人工智能的一种方法，深度学习则是机器学习的一个重要分支。

深入研究深度学习，可以看到“预训练模型”是深度学习领域中的一个重要概念，我们可通过使用大量数据进行预训练，从而极大地提升模型的性能和泛化能力。

图 1-2 的最内圈是“大模型”。大模型是近年来深度学习领域的一个热点，它基于 Transformer 架构构建，参数规模达到数亿甚至数千亿个。由于其具有处理复杂任务的能力，因此代表了当前 AI 技术向更高层次智能化迈进的趋势。

图 1-2 以由外到内的方式形象地阐述了不同层次的人工智能概念（从宽泛的人工智能，到更为具体的机器学习和深度学习，再到关键的预训练模型和当下热门的大模型概念），阐明了人工智能领域的发展脉络和最新趋势。

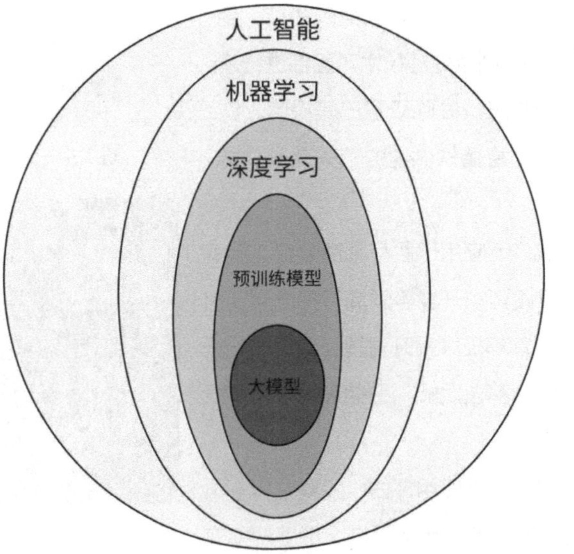

图 1-2　从人工智能到大模型的关系

1.3　AI 应用场景

AI 技术已经全面融入人们的日常生活，不仅提升了用户体验，还显著提高了生活的便利性。以下是几种典型的 AI 应用场景。

- 智慧安防：遍布在住宅小区、街道和城市公路等区域的摄像头，会将采集到的图像及视频传输到云端。云端的 AI 软件会进行图像分析与识别，能够准确甄别出行人身份、行为轨迹和车流量、车牌号等信息，用于交通调度、刑侦、自动停车计费等应用场景的智慧化管理。街道上的智慧安防场景如图 1-3 所示。

图 1-3　街道上的智慧安防场景

- 语音助手：在智能手机应用中，AI 技术已广泛用于语音与文字的转换功能。通过 AI 语音识别技术，手机可以自动将用户的语音转换成文字，显著提升了信息传递效率和便利性。微信语音转文字功能示例如图 1-4 所示。

- 直播美颜：使用在线直播软件里的美颜功能，用户可以方便地借助 AI 图像处理技术对面部进行磨皮、瘦脸、美白、祛斑、去除双下巴等操作，实现快速的美颜效果。直播软件内的相关美颜功能如图 1-5 所示。

图 1-4　微信的语音转文字功能

图 1-5　直播软件内的相关美颜功能

- 医疗健康：AI 已被广泛应用于医疗影像分析、疾病预测、个性化医疗和药物开发等领域，并已展现出巨大潜力。AI 技术能够极大提升对基因数据的分析能力，促进 DNA 测序与匹配，还能缩短新药研发周期。
- 金融服务：AI 技术被用于信用评估、股票分析、风险检测和自动化交易等金融服务领域，能够帮助实现更智能和安全的金融服务与决策，提高交易的精确性与效率。
- 自动驾驶：通过 AI 技术，自动驾驶系统能够感知周围环境，做出决策并自主驾驶车辆。这不仅能有效缓解交通压力，也将为未来的智能交通铺平道路。图 1-6 展示了自动驾驶汽车与智慧城市的场景。

图 1-6　自动驾驶汽车与智慧城市

- 智能制造：AI 在制造业中的应用包括预测性维护、质量控制和供应链优化等，可以有效提高制造业的智能化程度，提升制造质量与效率。

- 电子商务：AI 运用个性化推荐、价格优化和客户服务自动化等手段，可以极大地提升电商平台的零售效率和用户体验。某电商网站个性化推荐区域示例如图 1-7 所示。

图 1-7　某电商网站个性化推荐区域

上面列举的只是一小部分应用场景，实际上 AI 的应用场景已经非常广泛，本书会在后续章节中逐步展开讲解。

1.4　大模型概述

1.4.1　大模型概念介绍

大模型是 AI 领域的新兴技术，受到了广泛关注。大模型，也称为大型预训练模型，通常是指拥有巨大的参数量的深度学习模型。这些模型之所以"大"，是因为它们通常包含数十亿、数百亿甚至数千亿个参数，这使得它们能够学习和存储大量的信息，并在多种任务上表现出色。根据输入类型和输出类型的不同，大模型可分为以下几类。

1. 文生文

文生文大模型主要提供基本的常识、逻辑、推理能力，结合用户输入的提示词回答问题。该模型通常用于智能客服等场景，大模型赋予用户更大的灵活性，不会限制或强制用户的输入。大模型可根据用户输入信息自动提取关键信息并进行摘要，并以更人性化的方式输出。

OpenAI 的 ChatGPT、百度的文心一言、阿里云的通义千问等都是文生文大模型的典型代表。文心一言的文生文对话功能如图 1-8 所示。

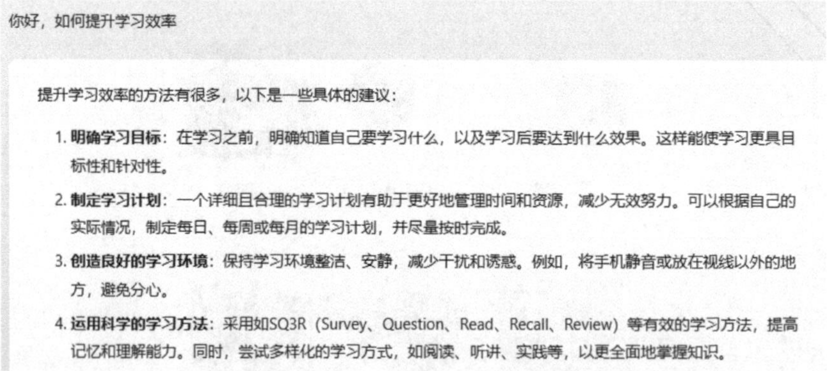
你好，如何提升学习效率

提升学习效率的方法有很多，以下是一些具体的建议：

1. **明确学习目标**：在学习之前，明确知道自己要学习什么，以及学习后要达到什么效果。这样能使学习更具目标性和针对性。
2. **制定学习计划**：一个详细且合理的学习计划有助于更好地管理时间和资源，减少无效努力。可以根据自己的实际情况，制定每日、每周或每月的学习计划，并尽量按时完成。
3. **创造良好的学习环境**：保持学习环境整洁、安静，减少干扰和诱惑。例如，将手机静音或放在视线以外的地方，避免分心。
4. **运用科学的学习方法**：采用如SQ3R（Survey、Question、Read、Recall、Review）等有效的学习方法，提高记忆和理解能力。同时，尝试多样化的学习方式，如阅读、听讲、实践等，以更全面地掌握知识。

图 1-8　文心一言的文生文对话功能

2. 文生图

文生图大模型通常具备强大的文本理解、细节刻画和风格化能力，可基于输入的自然语言文本生成风格多样、画质精美、创意十足的绘画作品。文生图大模型的代表有 Midjourney、Stable Diffusion、OpenAI 的 Dall·E 系列、百度的文心一格等产品。国内某文生图绘画产品的绘画效果如图 1-9 所示，根据几个简短的提示词即可生成非常理想的画面。

图 1-9　国内某文生图绘画产品的绘画效果

3. 文生视频

文生视频大模型根据文本脚本生成连贯的具备特定风格的视频片段，代表性产品为 Runaway、Pika、Sora 等。

值得注意的是，目前文生视频产品因技术尚未成熟，应用范围相对有限，但随着文生视频技术越来越成熟，未来一定会大有可为，并且会对影视媒体行业产生深远影响。

4. 图生图

图生图大模型可以根据输入的图片生成新的图片，它往往具备以下功能。

- 生成与输入图片相似的图片：可以根据输入的图片生成与之相似的新图片。例如，根据一张风景照片生成一张新的风景照片。
- 生成与输入图片相关的图片：可以根据输入的图片和相关的文本描述，生成与之相关的新图片，例如，根据一张人物照片和相关场景的文本描述，生成一张该人物在不同场景下的新图片。
- 生成不同风格的图片：可以根据输入的图片和相关的风格描述，生成不同风格的新图片。例如，根据一张风景照片和相关的风格描述，生成水墨画风格、油画风格或动漫风格的新图片。

国内外图生图代表性产品如下。

- MiracleVision 4.0：由美图公司研发，涉及 AI 设计和 AI 视频。在 AI 设计方面，新增了矢量图形、文字特效、智能分层、智能排版 4 大功能。同时上线全新视觉模型商店，支持创建个性化视觉模型，助力设计师实现其独特的艺术追求。
- Stable Diffusion：支持文生图、图生图、图修复三种功能。

5. 图生文

图生文大模型通常具备如下功能。

- 图像理解与文本生成：能够对输入的图像进行分析，理解图像中的含义，并生成相应的文字描述。
- 创意联想：根据图像展开创意和联想，生成富有创意的文字描述。
- 支持多语言：生成不同语言的文字描述。

图 1-10 为国内某图生文产品的功能演示，可以根据输入的图片和少量提示词准确理解图片里的内容、风格、元素等。

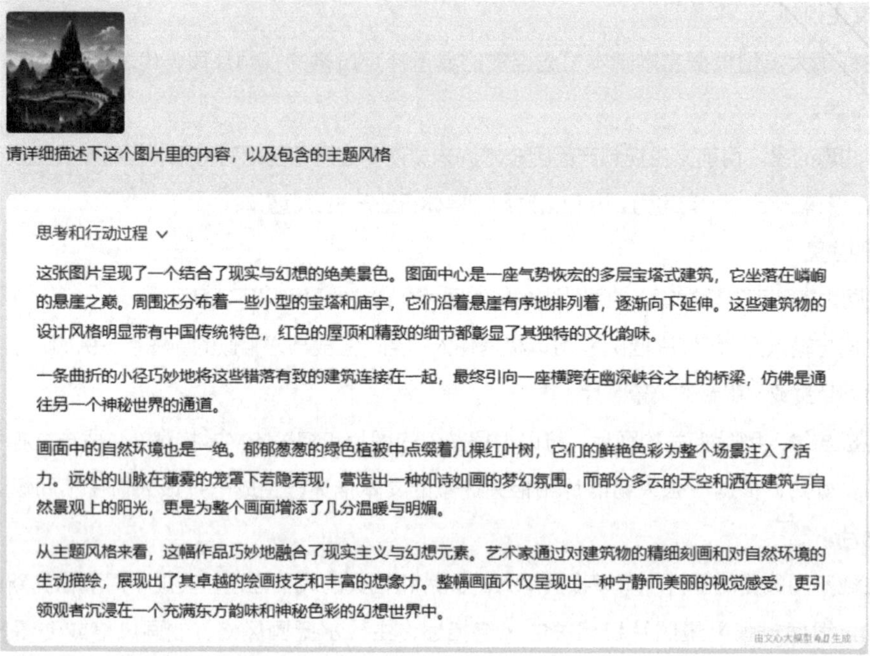

图 1-10　国内某图生文产品的功能演示

6. 视频生文

视频生文大模型通常具备以下功能。

- 视频理解：对视频中的内容、场景、动作等进行准确识别和理解。
- 语言表达：将视频内容转化为准确、清晰、流畅的文字描述。
- 情感分析：感知视频中所传达的情感和氛围。
- 关键信息提取：提炼出视频中的重要信息和关键元素。
- 多模态融合：综合利用视频的视觉、音频等多模态信息，生成更加丰富的描述内容。
- 自适应学习：通过不断学习和训练，提高生成文字的准确性和质量。

目前，国内在视频生文领域仍处在快速发展和迭代阶段，百度的文心一言在该领域具有一定的代表性。

7. 文生音乐

文生音乐大模型可以根据用户输入的文本和风格描述，模拟特定的音乐流派，创作符合要求的音乐。代表性产品有 Suno、昆仑万维的天工 SkyMusic 等。目前，文生音乐领域的产品仍处于发展初期，未来预计会有更多创新应用出现。

1.4.2 提示词

无论是上述哪种类型的大模型，都需要用户输入提示词来控制大模型，以产生符合预期的输出内容。**提示词**（Prompt）可以被理解为用户向模型发出的指令，就像平时与普通人对话一样，用户可以使用自然流畅的中文、英文等语言来给大模型“发号施令”。

撰写大模型提示词时，需要运用一系列技巧来确保指令明确、有效，且应尽量详细，以便引导模型生成符合预期的结果。下面特意为读者总结了写好提示词的 10 个核心技巧，具体如下。

- 假定身份：首先为大模型设定一个身份，以便其更好地切换到对应场景，输出更准确和真实的内容。
- 明确目标：明确想要模型生成的内容类型和目标，确保提示词与这一目标紧密相关。
- 使用关键词：为突出核心信息，建议用关键词来引导模型，提高生成内容的准确性。
- 具体描述：给出详细的描述，包括场景、角色、动作等，以帮助模型构建更生动的输出。
- 避免模糊性：尽量使用具体和明确的词汇，减少提示词的歧义和出现误解的可能性。
- 提供示例：在可能的情况下，给出类似的示例，以帮助模型更好地理解用户需求。
- 调整语气和风格：根据需要调整提示词的语气和风格，以确保模型生成的文本符合预期。
- 测试和调整：在实际应用中可以不断地进行测试并调整提示词，以达到最佳效果。
- 保持一致性：在连续的任务中，应保持提示词风格和结构的一致性，这有助于模型更好地理解和学习。
- 利用上下文信息：在给出提示词时，考虑提供相关的上下文信息，以帮助模型更准确地把握整体情境。

一个简单的原则是把大模型当作一位博学的导师。虽然它掌握了大量知识，但如果没有明确的提问或引导，它可能无法提供具体答案。以下是一个写文章任务的提示词案例，完全符合上述 10 个提示词技巧。

“假定你是一位专业的中文作家，十分擅长用生动优雅的文笔撰写文章。请撰写一篇关于‘春天公园美景’的文章。目标是描绘春天的公园如何给人们带来生机与活力。请简洁明了地描述春天的色彩、气味和声音，使用‘鲜花盛开’‘鸟鸣声声’等关键词。具体描述孩子们在公园中的活动，老人们在树荫下的悠闲。避免使用模糊性词汇，确保文章生动且具体。例如，‘孩子们在花丛中追逐嬉戏，欢笑声此起彼伏。’请保持语气的轻松与活泼，展现春天的轻松愉快氛围。在撰写过程中，请不断调整和优化描述，以达到最佳效果。同时，保持提示词风格的一致性，确保整体描述的连贯性。此外，请结合公园的实际环境和春天的特点，为读者呈现一个栩栩如生的春天公园景象。”

提示工程是一门关于如何写好提示词的系统性学问，对提示词感兴趣的读者可以自行阅读 OpenAI 官方出品的提示教程中文版或其他专业提示词教程。

1.4.3 大模型与传统 AI 的区别

我们通常将在大模型技术出现以前使用的 AI 技术定义为传统 AI，有时也称其为小模型。

因为传统 AI 存在诸多问题和瓶颈，所以大模型技术应运而生。传统 AI 存在的问题和瓶颈包括：处理复杂任务和大规模数据时表现不佳，难以灵活应对场景变化，通常需要特定的任务输入和严格的数据训练。而大模型通过利用海量的数据进行训练，具备更强的学习能力和表达能力，能够更好地处理复杂任务，提升语义理解的精准度，增强模型的适应性和灵活性，从而有效突破传统 AI 的这些局限，为人工智能的发展带来新的机遇。

进一步展开来讲，大模型和传统 AI 的区别主要体现在以下几个方面。

- 技术原理与算法：传统 AI 通常依赖基于规则、模板和手工特征工程的算法，这些算法相对较为浅层，难以处理复杂的语言任务。大模型则采用深度学习技术，通过大规模数据集训练出深度神经网络，从而可以高效解决复杂的问题。大模型包含超大规模参数，模型大小可以达到数百 GB 甚至更大，这种巨大的模型规模为其提供了强大的表达能力和学习能力。
- 任务范围与性能：传统 AI 通常只能处理特定领域内相对简单的任务，如特定场景下的图像分类、语音识别等。大模型则可以处理多种类型任务，如图文生成、情感分析、问答任务、机器翻译等，具有更广泛的任务范围和更高的性能。
- 灵活性与可扩展性：传统 AI 在面对新的应用需求时，通常需要重新设计和实现算法和模型，因缺乏快速适应能力，显得不够灵活。大模型的结构和算法可以根据任务需求进行灵活的调整和扩展，以适应不同的应用场景。此外，大模型还具有较好的可扩展性，能够通过增加网络深度和网络宽度来提高性能。
- 计算资源与推理效率：大模型的训练与使用需要大量的计算资源，尤其在大规模数据训练时，通常依赖高性能的 GPU、TPU 等硬件。传统 AI 通常需要的计算资源比较少，可以更容易地进行部署和应用，因此在资源有限的条件下，传统 AI 更加高效。

传统 AI 和大模型在技术原理、任务范围、灵活性和计算资源等方面存在显著差异。随着技术的发展，大模型正逐渐成为 AI 的重要发展方向，在处理复杂任务和适应新需求方面展现出显著优势。然而，考虑到计算资源和推理效率的限制，在实际应用中需要根据具体任务和需求选择合适的 AI 技术。

由于大模型实施成本较高，部分应用场景若采用大模型，可能面临投入产出比较低的问题，此时更适合采用传统 AI。因此，在未来较长一段时间内，大模型与传统 AI 会并行存在，相互演进，甚至分工协作。

表 1-1 展示了大模型与传统 AI 在多个维度上的综合对比分析。

表 1-1 大模型与传统 AI 在多个维度上的综合对比分析

维度	具体指标	大模型	传统 AI
质量	垂直领域的表现	因为在垂直领域未经过微调，所以表现不如传统 AI	在垂直领域经过了数据调优和专门的训练，表现较好
	可解释性	是经过大规模深度学习训练得到的，且存在一定的幻觉与牵强附会现象，因此可解释性较差	相对较好，具备一定的可解释性
	输出结果一致性	同样的输入，多次交互可能会存在结果不一致的情况，需要应用对齐机制进行修正	较好
成本	训练	训练需要消耗庞大的数据、算力、存储等资源，一般中小企业难以承受	所需资源相对较少，在机器学习场景下仅需普通的 CPU 即可训练，在深度学习场景下才需要 GPU
	推理	资源消耗较多。需要使用 GPU 或 NPU 进行部署和推理，时延通常为秒级	资源消耗较少。仅需普通的 CPU 即可进行部署、推理，时延通常在几十毫秒内
	人才	大模型技术较新，处于快速发展期，由于相关人才供小于求，因此存在高薪和溢价情况	技术人才相对成熟，较少存在短缺情况
	数据	训练数据通常是 GB 到 TB 级的，十分庞大	只需几千条到几万条数据即可训练
效率	训练耗时	时间较长，需要数月甚至数年	时间较短，一般数小时至数月不等
	泛化能力	很强，可以做到一次训练多场景使用，且具备涌现能力	较差，必须按场景分别训练，跨场景则需要重新调优
	迭代能力	支持零样本或少样本学习范式，通常无须重新训练	性能变差后需要重新训练

1.4.4 AI、AIGC、AGI 的区别

AI、AIGC 和 AGI 是三个容易混淆的重要概念，它们分别代表了人工智能发展的不同阶段和应用领域。

1. AI

AI 是指由人造系统所表现出来的智能行为。这些系统能够通过学习和积累经验来执行任务，解决

问题，并能在一定程度上模拟人类的认知过程。AI 可以分为弱 AI 和强 AI 两大类。

- 弱 AI：也称为特定 AI，指的是设计用来执行特定任务的智能系统，比如语音识别、图像识别、推荐系统等。
- 强 AI：即 AGI（也称通用 AI），指的是具有广泛的认知能力，能够在各种情境和任务中表现出与人类相当智能水平的系统。

2. AIGC

AIGC（Artificial Intelligence Generated Content，人工智能生成内容）是指使用 AI 技术自动生成文本、图像、音乐、视频等内容的过程。AIGC 技术可以根据给定的数据和算法生成新的内容，这些内容可以是原创的，也可以是基于现有内容的变体。AIGC 在新闻撰写、艺术创作、游戏开发、娱乐产业等领域有广泛的应用。例如，通过深度学习模型，AIGC 可以创作出新的诗歌、故事、音乐作品等。由于它在一定程度上使用了大模型技术，因此 AIGC 也经常与大模型相提并论。

3. AGI

AGI（通用人工智能）是指一种具有广泛认知能力的智能系统，它可以像人类一样在各种情境和任务中进行学习、理解、推理和创造。AGI 是人工智能研究的终极目标，但目前尚未实现。AGI 一旦实现，将能够执行任何智力任务，并具有自主意识。这意味着 AGI 不仅能够理解复杂的概念，进行抽象思维，甚至可能拥有情感和道德观念。

整体来看，AI 是一个内涵广泛的术语，包括了所有类型的人工智能系统；AIGC 是 AI 的一个应用领域，专注于内容的自动生成；而 AGI 则是 AI 发展的终极目标，代表着与人类智能相当的系统。因此，AGI 是人工智能领域的长期追求和巨大挑战。

1.4.5 大模型发展历程

大模型在人工智能领域的发展可以追溯到人们对神经网络和深度学习的早期探索。大模型的发展历程可以大致概括为以下几个阶段。

1. 早期探索（20 世纪 50 年代至 80 年代）

人工智能的概念最早在 20 世纪 50 年代提出，当时的研究主要集中在由规则驱动的专家系统和简单的模式识别任务上。在这个时期，神经网络这一概念被提出，感知机（Perceptron）是这一概念的重要成果，但由于当时的算力和理论限制，其发展缓慢。

2. 连接主义兴起（20 世纪 80 年代至 20 世纪末）

随着算力的提升和算法的进步，神经网络开始受到更广泛的关注。20 世纪 80 年代，反向传播算法

（Backpropagation）的提出极大地推动了深层神经网络的发展。这一时期的神经网络规模相比今天的大模型要小得多，但其基本架构与训练方法为后来的大模型发展奠定了基础。

3. 深度学习的突破（21 世纪的前二十年间）

深度学习在 21 世纪初开始取得显著进展，特别是在图像识别和语音识别等领域。2012 年，深度卷积神经网络 AlexNet 在 ImageNet 大型视觉识别挑战赛中取得突破性成果，标志着深度学习在图像识别领域内的突破。此后，模型规模逐渐增大，谷歌的 Inception 与微软的 ResNet 等网络架构都在图像与视觉领域取得了不错的成果。

4. 预训练语言模型的兴起（自 2018 年至今）

2018 年，OpenAI 发布了 GPT（Generative Pre-trained Transformer），这是一个基于 Transformer 架构的大型预训练语言模型。GPT 模型通过在大规模文本数据上进行预训练，然后在特定任务上进行微调，展现出了卓越的自然语言处理能力。此后，BERT、XLNet、RoBERTa 等模型相继出现，不断刷新自然语言处理任务的性能纪录。

5. 多模态和大规模预训练模型（自 2019 年至今）

从这个阶段开始，大模型不再局限于单一模态（如文本），而是开始整合多种数据类型，能够同时处理图像、文本、音频等多种数据类型。例如，OpenAI 的 CLIP（Contrastive Language-Image Pre-training）模型通过大规模的图像和文本进行预训练，能够理解图像内容并将其与文本描述相关联。

6. 模型规模的指数级增长（自 2020 年至今）

该阶段，随着计算资源的增加和模型设计的进步，大模型的规模呈指数级增长。例如，GPT-3 模型拥有 1750 亿个参数。同时，多模态模型如 DALL-E 和 CLIP 等也在不断刷新规模和性能的纪录。ChatGPT 等模型正在引发新一轮 AI 产业革命。大模型的发展历程是人们在人工智能领域不断探索和突破的过程。随着技术的不断进步，在可以预见的未来，大模型将在更多的领域发挥重要作用，推动人工智能技术的发展和应用。

1.4.6　大模型的基本特点与原理

大模型，特别是在自然语言处理（NLP）和计算机视觉（CV）领域的深度学习模型，通常指的是参数众多、结构复杂的神经网络。大模型具备大量的参数，能够从大量数据中学习丰富的特征表示，并在多种任务上展现出卓越的性能。大模型的基本特点如下。

1. 参数规模

大模型通常包含数十亿甚至数千亿个权重参数。这些参数是在训练过程中学习得到的，它们决定了模型从输入数据中提取特征并进行预测的方式。参数的规模直接影响模型的学习能力和表示能力。

2. 数据驱动

大模型的训练依赖于大规模高质量的标注数据。通过在这些数据上进行训练，模型能够学习到数据中的模式和规律。数据的多样性和质量对于模型性能至关重要。

3. 预训练与微调

大模型通常采用预训练与微调相结合的策略。在预训练阶段，模型在大规模的通用数据集上进行无监督或自监督学习，学习到通用的特征表示和语言模式。在微调阶段，模型使用特定任务的标注数据进行有监督学习，通过调整预训练得到的参数来更好地适应特定任务。通过这种两阶段训练方法，大模型在各类任务中都能取得优异的表现。

4. 模型架构

大模型通常采用先进的神经网络架构，如 Transformer 等。这些架构能够有效地处理序列数据，并捕捉长程依赖关系。例如，Transformer 架构通过自注意力机制（Self-Attention），使得模型在处理序列中的每个元素时都能考虑序列内的所有其他元素。这些先进的架构为模型学习复杂关系提供了强大的支持。

5. 计算资源

由于大模型的参数规模庞大，它们需要大量的计算资源进行训练和推理。这通常涉及使用高性能的 GPU 或 TPU 集群，并采用分布式训练技术来加速训练过程。

6. 涌现能力

当模型达到一定规模时，大模型会突然表现出显著的性能提升，展现出令人惊艳的全新能力，仿佛知晓了一些从未有人告知过的知识和逻辑，这种能力被称为涌现能力，也是大模型最为突出的能力之一。这种能力包括但不限于语言理解、生成和逻辑推理等，通常在模型参数达到 100 亿到 1000 亿区间时显现。涌现能力是因为模型规模的增大导致的质变，这使得大模型能够处理更加复杂、细致的任务。

7. 基于人类反馈的优化

大模型输出的内容可能具有一定的随机性，因此对于其输出内容需要有一个人工监督、人类价值观对齐的过程，这个过程被称为人类反馈强化学习（Reinforcement Learning from Human Feedback，RLHF）。RLHF 是一种结合了强化学习和人类反馈的训练方法，用于提升人工智能模型的性能。在这种方法中，模型通过与人类互动来学习任务的执行策略。人类评估者提供针对模型行为的即时反馈，这些反馈被用作奖励信号，指导模型调整其行为以优化长期性能。RLHF 的关键优势在于它能够借助人类的直觉和判断来弥补训练数据的不足，进而在复杂任务中实现更好的学习效果。通过这种方式，大模型能够更好地理解任务目标，提高决策质量和适应性。

基于以上特点可知，大模型的基本原理是借助大量的参数、数据和计算资源，以及先进的模型架构和优化算法，实现对复杂数据的高效学习和处理。这些模型在很多领域都展现出了巨大的潜力，正在推动人工智能技术的发展和应用。目前大模型的本质是根据已有内容预测下一个词，或者更科学严谨的说法是下一个标记（token）。更详细一点的解释是，在给定一串标记的情况下，大模型会尝试预测接下来最可能出现的标记是什么。为了实现此目标，模型会学习词语之间的关联性，即哪些词常常一起出现，或者某个词后面通常跟着哪些词。关联性在这里非常重要，因为它能帮助模型理解语言的模式和结构，从而更准确地预测下一个词。

然而，这种基于关联性的学习方式也带来了一定的局限性，尤其是在创新能力方面。创新能力通常指的是生成全新、独特且有价值的想法的能力。由于大模型主要基于已有的语言模式和数据来进行预测，所以它很难产生完全新颖、前所未有的观点或表达。换句话说，大模型在创新方面存在一定的瓶颈。举个例子，如果让大模型写一篇关于未来科技的文章，它可能会写出一篇结构完整、语言通顺的文章，但其中的想法和观点可能都是基于它之前学习过的数据和语言模式。这些想法虽然可能很有见地，但不太可能包含全新的、它从未接触过的科技概念或理论。

总体来说，大模型在处理和预测语言方面非常强大，但在创新能力上还有所欠缺。这主要是因为大模型的学习方式主要是基于词语之间的关联性，而非深层次地去理解和创造新的概念或想法。

本节只是针对大模型特点与原理加以简述，对大模型详细原理感兴趣的读者可以自行阅读第四篇里的相关内容。

1.4.7　大模型领域的著名定律 Scaling Law

既然大模型的参数规模、数据量和所需计算量都如此庞大，那么这三者之间究竟存在怎样的联系？

OpenAI 在研究中发现了一个重要定律，即深度学习模型的性能通常随着模型规模的变化而呈现一定的规律，这个定律被称为 Scaling Law。

1. Scaling Law 的定义与重要性

Scaling Law 在大模型领域指模型性能与模型规模（参数数量）、数据集大小及计算量之间的规律。它描述了如何通过增加模型参数量、数据集大小和计算量来提升模型的性能。

随着深度学习的发展，尤其是大模型的兴起，Scaling Law 为模型训练提供了重要的理论指导。它有助于研究人员理解如何通过调整模型规模、数据集大小和计算量来优化模型性能，从而实现更高效和准确的训练。

2. Scaling Law 的核心内容

- 模型规模的扩大：Scaling Law 强调通过增加模型参数量、数据集大小和计算量，可以得到性能更优的模型。这意味着，在一定程度上，模型的规模越大，其性能通常也会越好。
- 幂律关系：模型参数量、数据集大小及计算量之间存在幂律关系。这种关系可以通过建模来拟合参数，从而在较少投入的情况下，对实际要训练的模型效果进行提前预测。
- 涌现能力：当模型规模超过某一阈值时，模型可能会出现未预期到的涌现能力，它可以推动模型性能进一步提升。

3. Scaling Law 的价值

Scaling Law 在大模型领域具有重要的理论和实践意义，它为大模型的训练和优化提供了关键指导，有助于推动人工智能技术的不断进步和发展。

（1）指导模型训练

在训练大模型时，研究人员可以根据 Scaling Law 来调整模型参数量、数据集大小和计算量，以达到最优的性能。这既可以避免盲目增加模型复杂度或训练数据量，又可以提高训练效率和准确性。

（2）预测模型性能

利用 Scaling Law 中的幂律关系，研究人员可以通过较小的实验模型预测大模型的性能，提前发现潜在的问题并进行调整，从而节省时间和资源。

（3）推动技术创新

Scaling Law 不仅为大模型训练提供了理论指导，还激发了研究人员对大模型技术的进一步探索和创新，近年来出现的一些大模型新技术就是在 Scaling Law 的指导下诞生的。

1.4.8 大模型企业生态架构

企业在研发和部署大模型产品时，一般会参照图 1-11 中展示的整体生态架构。

1. 大模型应用及智能体层

- 大模型应用：这一层是大模型生态的直接用户接口，包括各种基于大模型开发的智能应用，如智能问答系统、文本生成工具、智能推荐系统等。
- 智能体：也被称为 Agent，智能体作为用户的智能代理，在用户与大模型间搭建沟通桥梁，能够记忆对话的上下文，为用户提供连贯的交互体验。它深入洞察用户需求，能将用户需求精准地转化为模型可识别的请求。此外，智能体还具备规划能力，能够根据用户需求制定合理的行动方案。这些功能共同提升了用户体验，使大模型服务更加智能、高效。

2. MaaS 平台层

MaaS（Model as a Service，模型即服务）平台是近几年随着大模型概念的兴起而逐渐演变出的一种新型软件平台，其核心功能如下。

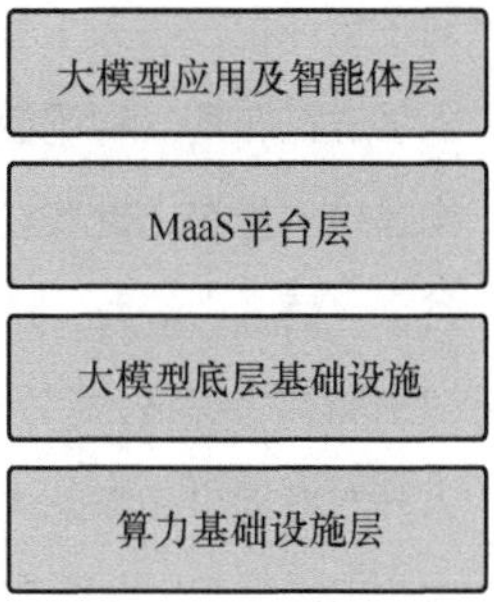

图 1-11　企业大模型的整体生态架构

- 模型服务化：MaaS 平台将基础大模型封装成服务，使得上层应用无须关心模型的底层细节，只需通过 API 调用即可获取模型推理结果，从而极大降低了大模型应用的开发难度和成本。
- 模型管理与调度：MaaS 平台负责管理多个大模型，包括模型的部署、更新、版本控制等。同时，它还能根据应用的请求进行模型的调度，确保请求能够快速地被处理。
- 安全与隐私保护：在提供模型服务的过程中，MaaS 平台也负责数据的加密、用户身份验证和访问控制，以保护用户数据的安全和隐私。
- 性能监控与优化：MaaS 平台还具备性能监控功能，能够实时监控模型的运行状态，及时发现并处理性能瓶颈。此外，它还能根据历史数据进行优化，提高模型服务的响应速度和准确性。
- 模型训练：部分 MaaS 平台能提供训练数据和计算资源，包括数据预处理、特征工程等步骤，帮助客户训练出符合特定需求的模型，以提高模型的性能。
- 模型微调：部分 MaaS 平台允许客户使用自己的数据集对预训练模型进行微调，提供微调工具和服务，使客户能够轻松地调整模型的参数和结构，以适应特定的应用场景，优化模型的性能。

3. 大模型底层基础设施

这一层包括各种预训练或微调好的大模型，如 ChatGPT、Llama、ChatGLM 等。这些模型已经在大量数据上进行了预训练，具备了强大的语言理解、生成和推理能力。它们为上层应用提供了丰富的语义信息和特征表示。

4. 算力基础设施层

算力基础设施层提供高性能的计算资源，以支持大模型的训练和推理，包括大规模的 GPU 集群、高速存储设备和网络设施等。算力基础设施层需要确保稳定、高效的计算能力供应，以满足大模型应用的需求。

大模型企业生态架构通过各层之间的紧密协作，实现了大模型的高效应用和服务化，共同为构建企业大模型生态奠定坚实的基础。不同类型的企业也可以在其中找到自己适合的生态位。

- 对于全球科技与人工智能领域的领军企业来说，适合从大模型底层基础设施、算力基础设施层入手进行布局，利用自身较强的融资能力、多年积累的海量数据和应用场景来增强技术能力和构建技术壁垒。此类企业研发投入巨大，竞争也最为激烈。代表性企业包括英伟达、OpenAI、谷歌、百度、华为、阿里巴巴等。
- 对于拥有较强技术研发能力的企业来说，可以从 MaaS 平台层入手，为广大 B 端企业客户或个人开发者提供完整的大模型应用与服务。此类企业的研发投入相较于上述企业较少一些，但相应的市场空间也会更窄一些。代表性企业包括科大讯飞、昆仑万维等。
- 对于大部分的中小型企业来说，适合从大模型应用及智能体层入手布局，通过与大模型厂商合作、自行微调大模型等方式，落地自己的预训练模型，同时应专注于基于预训练模型的上层应用开发，打造 ToB 或 ToC 的应用，并开展相关的培训、咨询、社群等服务解决信息差问题。这种方式属于“轻资产、轻投入”的商业模式，能够较快带来客户价值和收益。由于此类代表性企业非常多，这里不再赘述。

1.4.9 智能体

智能体是大模型兴起后的一个全新应用形态。在科技飞速发展的今天，智能体正以一种令人瞩目的姿态，在大模型中崭露头角，成为该领域的重要组成部分。

大模型中的智能体是基于庞大的参数规模以及复杂的计算结构构建的，它将多个模型的逻辑进行了精密整合。智能体在感知、记忆、规划和执行能力等方面都有着卓越的表现，这不仅体现了其高度的自主性，也彰显了令人惊叹的智能化水平。

它们能够凭借各种传感器或数据接口，敏锐地感知外部环境的细微变化，精准捕捉用户的各种需求。对于关键的信息和历史交互记录，它们能够准确留存。在面对复杂情况时，它们能够规划出最优的行动方案，并通过执行机构或者软件接口，将这些方案付诸实践。

智能体基于预训练大模型构建，这赋予了它们处理海量数据以及复杂模式数据的能力。预训练模型犹如智能体的“大脑”，使其能够理解和模拟人类的复杂行为，以及充满不确定性的决策过程。

在不远的未来，这些智能体将会在各种生活与工作场景中得到广泛应用。无论是智能家居领域，还是企业自动化领域，或是客户服务与医疗健康领域，它们都将作为关键的应用入口，与人类密切互动。

想象一下：身处家中，只需轻松地向智能体下达指令，它就能与智能家居系统完美配合，精准控制灯光的明暗，调节室温，保障安全系统的正常运行。在工作中，智能体能协助人们有条不紊地管理日程，迅速且准确地回复重要邮件，提供数据分析，帮助人们做出明智决策。

在医疗健康领域，智能体可以根据患者的病历、实时数据以及医生的诊断意见，规划出个性化的治疗方案并监督执行。在企业中，智能体能够实时监控市场动态，根据数据分析预测市场趋势，为企业的战略规划提供有力支持。

随着技术不断突破，智能体必将成为人类生活与工作中不可或缺的关键部分。它们不仅能够带来极大便利，还能凭借强大的数据分析和智能规划能力，帮助人们在复杂情况下做出更加明智的决策，从而极大地提高生活质量和工作效率。智能体将成为大模型应用中最普及的一种形式，代表着 AI 落地的一种广泛而深刻的模式，值得重点关注和深入思考。

关于智能体的技术原理，详见企业构建 AI Agent 的章节。

第 2 章

大模型的商业价值

2.1 企业靠大模型才能解决的业务痛点

企业在经营过程中，总会遇到各种业务痛点，有些痛点用传统手段往往难以有效应对，而引入大模型通常能使这些问题得到妥善解决，举例如下。

1. 客服团队人力不足及响应效率低下

在客服与销售等环节，若采用传统的客服电话、电子邮件、在线聊天等手段，不仅人力成本高昂，而且无法做到全年无休地应答客户，一旦客服人员下班就无法及时响应。传统的客服人员工作场景如图 2-1 所示。传统的智能客服系统虽然在一定程度上做到了全年无休在线响应，但往往无法精确理解客户的语言，更不能与客户进行有效交互。引入大模型后，凭借其强大的自然语言处理能力，系统能够更准确地理解客户需求和反馈，提升客户满意度和服务质量。

图 2-1　传统的客服人员工作场景

2. 数据处理与分析能力不足

随着企业数据量的激增，传统的数据处理和分析方法已经无法满足企业需求。依靠传统手段，不仅无法快速整理数据，也无法快速将数据制作成报表等数据分析结果。大模型不仅能够快速处理海量数据，还能通过深度学习等技术挖掘出数据中的深层次信息，为企业提供更有价值的见解。

3. 自媒体企业内容生产效率低下

自媒体企业在内容生产过程中往往面临着效率低下的困境。随着多媒体形式日益普遍，传统的人工创作模式不仅成本高昂，而且速度缓慢，难以适应快节奏的信息更新需求。无论是文章撰写、图片设计，还是视频剪辑，都需要耗费大量的人力与时间。大模型的引入，可以大幅提高内容生产效率，不仅能快速生成高质量的文字内容，还能自动生成与优化图片、视频等多媒体内容，从而满足自媒体企业高质量、多样化内容的需求。

4. 制造业企业设计成本高昂

一些制造业企业常采用传统的人工绘图方式绘制草图与图纸，因此需要聘请专业设计师和工程师，这不仅会耗费较长时间（数小时甚至数日），还会导致绘图成本高昂。由于需求变更或客户不满意等因素，绘制完成的草图或图纸还经常需要反复修改。大模型技术能根据文字快速生成草图，并能通过优化设计流程与利用图像识别等手段，加速完成某些初步设计步骤，从而有效降低设计成本并缩短制作周期。

5. 视频制作成本高昂

在影视制作行业，后期制作常因复杂的剪辑和特效需求而耗时耗力，极大增加了制作成本。而文生视频大模型能够根据剧本快速生成视频片段，降低后期制作的复杂性和时间成本，从而减轻企业的经济负担，并能轻松实现个性化定制内容。

6. 专家经验的传承难题

资深员工或专家的知识和经验往往只存在于个人头脑之中，难以有效地沉淀和传承。一旦这些资深员工离职，企业就可能失去这些宝贵经验。通过引入大模型技术，企业可以系统地整理并归档资深员工的文档、技术流程等信息。更重要的是，通过训练和学习，大模型可将这些专家的智慧和经验转化为可重复使用的模板或规则，从而确保即使这些资深员工或专家离职，他们的宝贵知识也不会流失，能够持续地为企业创造价值。这样做不仅保障了企业知识资产的延续性，还提高了企业的竞争力和创新能力。图 2-2 所示为经验丰富的老师傅在指导徒弟，这是专家经验传承的一种常见表现形式。

图 2-2　经验丰富的老师傅在指导徒弟

7. 传统 AI 手段通用性较差

传统 AI 往往是针对特定场景利用数据训练出来的小模型，无法通过一次训练满足多个场景的需求。例如，企业为了完成文本分词、情感识别、舆情分析、内容质检、字段提取与加工等任务，需要聘请专门的自然语言处理算法工程师单独训练小模型，这样做存在成本投入大且通用性差的问题。有了大模型之后，可以做到一次训练后多个场景使用，即使不满足某个场景的需要，也可以通过一些优化手段来解决，因此整体通用性更好。

8. 决策支持不足

在复杂的商业环境中，企业需要迅速做出精准的决策。大模型能够整合大量知识库中的知识与经验进行模拟和预测，为企业提供多种方案及其结果，帮助企业更明智地做出决策。

上述这些痛点之所以难以通过其他手段解决，主要是因为它们涉及对复杂的人性化语言的理解与交互、知识沉淀、多模态理解、通用能力等方面的能力诉求。而这些都是大模型在取得重大技术突破之后所具备的强项。通过引入大模型，企业可以更有效地解决这些业务痛点，提升自身的竞争力。

2.2 大模型应用场景介绍

如前文所述，AI 经过近年的高速发展，已经深度渗透人类社会各领域。大模型作为 AI 领域的前沿技术，正处于快速迭代和规模化应用的关键时期。下面将从个人生活与工作、企业应用这两个方面来阐述大模型的应用场景。

2.2.1 个人生活与工作

大模型在个人生活与工作方面的应用如下。

- 数字化个人助理：大模型可以作为个人助理帮助管理日程、设置提醒、回答问题等。例如，内置了原生大模型功能的智能手机，其人机交互方式将从传统的手机触屏以及按键操作转变为以语音控制为主，这使得用户可以非常方便地通过语音操控手机，如打电话、发短信、操作手机应用、打游戏、绘图、进行文稿编辑等。
- 智能家居控制：通过语音控制和物联网技术，大模型能够自动控制家居设备。当用户结束了一天忙碌的工作，回到家中，只需对手机或智能音箱等网关设备发出“我回来了，饿了，想吃点甜食”之类的指令，大模型及相关智能体便可以迅速分析并理解用户的语言，将其拆解成相应的命令。比如，通过物联网技术将指令发送给智能窗帘，令其自动关闭；自动打开加湿器，并调整到用户设置的湿度；自动检索冰箱库存，结合用户饮食喜好生成甜食推荐方案。它还可以自动打开电视机并跳转到用户喜爱的频道，同时自动启动电热水器。这大概就是未来智能家居的运作状况，而大模型便是这背后的中控大脑，它可以理解用户输入，控制一切设备，并和用户友好交互。

图 2-3 所示为智能家居场景，家里的电器通过大模型实现协同控制与自主决策。

图 2-3　未来大模型控制下的智能家居场景

- 高效写作：作为一种强大的写作助手，大模型可以通过提供文本生成、语法校正、风格建议和内容优化等功能，显著提高人们的写作效率和文章质量。例如，利用先进的自然语言处理技术，大模型可以根据用户提供的关键词或概要自动生成初稿，从而节省用户构思和写作的时间。同时，它还能检测出文章中的语法错误并提出改进建议，确保文章表达准确、流畅。此外，大模型还能够根据特定的写作目的和目标读者调整文章的语言风格，以更好地满足预期受众的需求。通过这些智能辅助功能，人们就可以更快地创作出结构合理、内容丰富、语言生动的文章。无论是撰写学术论文、商业报告，还是创意故事这类文本类型，大模型都有助于提高写作效率和内容质量。
- 儿童教育：大模型可以通过提供个性化学习资源、智能辅导和互动式教学来辅助儿童教育。例如，利用自然语言处理和机器学习技术，大模型能够根据儿童的学习进度和理解能力，定制个性化的学习计划和教学内容，确保教学与儿童的实际需求相契合。同时，大模型还能充当虚拟助教，及时回答儿童在学习过程中遇到的问题，提供反馈和解释，帮助儿童巩固知识点。此外，通过游戏化学习模块和互动式故事讲述，大模型能够激发儿童的学习兴趣，使学习过程更加有趣。
- 自媒体内容创作及维护：大模型能够帮助普通人在自媒体领域提高内容创作效率和质量。它能够通过提供智能文本生成、内容策划、语言润色和数据分析等功能，帮助用户快速产出具有吸引力的文章、视频或播客。例如，大模型可以根据用户提供的主题或关键词自动生成自媒体内容，节省其构思和写作时间；提供网络搜索引擎优化建议，让用户创作的内容获得更好的搜索排名；分析受众反馈和互动数据，指导用户调整内容策略以满足受众需求；甚至还能利用文生图、文生视频大模型快速生成生动的图片和视频。在大模型的帮助下，自媒体用户能够更加专注于创意和策略，提升自己的工作效率和内容的专业度。

2.2.2 企业应用

当前，大模型在企业中的应用正日益普及，其具体应用场景如下。

1. 智能客服

在现代企业的客服工作中，大模型展现出了令人瞩目的能力，尤其是在处理大量客户咨询时，它能够提供全天候（7×24 小时）的即时响应服务。通过自然语言处理，它能够准确理解用户的意图。例如，当用户咨询“我购买的商品什么时候能送达？”时，大模型能够迅速将用户问题转化为对应的任务，查询物流信息，并生成清晰准确的回答内容，这要归功于大模型与电商、订单、物流等相关系统的无缝对接能力。基于大模型的智能客服，其应用场景广泛且实用，不仅可以服务企业外部客户，还能够集成在企业内部办公管理软件中发挥作用。例如，基于大模型的智能客服集成在企业微信、钉钉等常见软件中，为企业内部管理提供了有力支持。在企业微信中，智能客服可以化身为员工的 HR 助手，当员工咨询“我的年假还有多少天？”时，智能客服能够立即查询相关系统，给出准确的回答；它还可以作为报销助手，清晰地提供报销的流程和所需的材料；在运维方面，当员工遇到技术问题时，智能客服能够迅速提供解决方案。

此外，在那些成熟度高的在线销售场景，如基于微信等平台的销售客服中，大模型同样能发挥巨大作用。在微信的销售场景中，当客户询问产品规格、价格等常见的问题时，大模型能够迅速给出准确且专业的回答，从而替代部分客服人员，为企业节省大量的销售费用。再比如，在一家电商企业中，每天都有成千上万的客户咨询商品的质量、售后等问题。以往，客服团队需要花费大量的时间和精力来处理这些咨询，但引入智能客服后，它能够快速且准确地回答大部分常见问题，大大减轻了客服人员的压力，提高了客户服务的效率和质量。国内某电商平台的智能客服场景如图 2-4 所示。

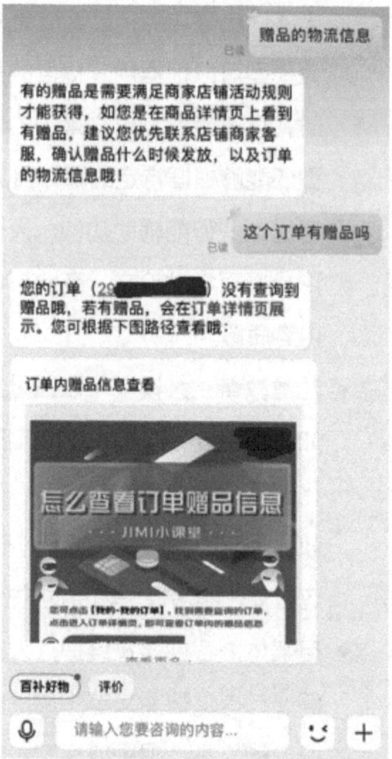

图 2-4 国内某电商平台的智能客服场景

2. 智能营销

大模型拥有强大的分析能力，能够深入剖析消费者的行为模式以及市场的发展趋势。通过对海量数据的挖掘和处理，企业可以制定出更精准、更有效的营销策略，实现个性化的广告投放。例如，它可以根据消费者的浏览历史、购买记录和偏好，为不同的消费者推送符合其需求的广告内容。同时，大模型在文生图、文生视频等生成技术上的卓越表现，极大地提高了内容制作效率，降低了成本。以往，制作一份精美的海报或宣传视频，往往需要一个由策划、设计、拍摄、后期等多位专业人员组成的团队花费大量的时间和精力才能完成；现在，只需一个精心构思的提示词，大模型就能迅速生成令人满意的作品。例如，服装企业如今借助文生图大模型，只需输入诸如“时尚、秋季、都市风格的女性服装海报”这样的提示词，就能在短时间内获得高质量的海报设计，成本可能只有原来的几分之一。电子产品公司在制作展示新品功能的宣传视频时，可以利用文生视频大模型，只需输入“展现最新款智能手机强大性能和创新设计的宣传视频”这样的提示词，就能迅速得到一个精彩的视频，从而可大幅降低成本。

3. 协同办公

企业可利用大模型作为数字化助理，使员工轻松应对会议安排、邮件分类等琐碎的日常行政事务。借助大模型，企业还能够实现更高效的团队协作，例如自动记录会议内容并提取关键信息，高效管理项目的各个环节。以字节跳动的飞书为例，开会时，飞书能够自动记录会议的整个过程并整理纪要，还能精准提炼出重点内容。员工使用飞书撰写文档时，内置的大模型能够根据需求快速生成内容。此外，大模型还可以根据员工输入的关键要点，迅速生成结构完整、内容丰富的项目策划文档，极大提高工作效率。未来，企业协同办公软件有望进一步升级，员工只需通过简洁的提示词，就能通过 API 调用预先对接好的各种生产系统，实现自动化生产。比如在制造业中，员工输入“生产 1000 件特定规格的产品”，系统就能自动安排原材料采购、生产流程规划以及质量检测等一系列环节，大大提升生产效率，减小人工误差。企业协同办公与音视频会议相结合的智能办公场景如图 2-5 所示。

图 2-5 企业协同办公与音视频会议相结合的智能办公场景

4. 智能制造

在制造业中，大模型能够在优化生产流程、提升效率和产品质量方面发挥关键作用。它可以精准分析生产线上各个环节的耗时和效率，找出潜在的瓶颈问题，并提供针对性的改进方案，从而使整个生产流程更加顺畅、高效。同时，大模型还具备强大的预测能力，能够通过实时监测设备的运行数据（如温度、压力、振动等指标），预判可能出现的故障和维护节点，让企业能够提前做好准备，安排维护工作，避免因设备故障导致的生产中断。此外，大模型还能够智能调度资源，合理安排生产计划，最大程度地减少生产中的闲置和浪费。在产品质量把控上，大模型可以实时监控并调整生产过程中的各项参数，确保产品符合高质量标准。AI 大模型驱动的机械臂已被广泛应用于工业制造流水线，部分替代了传统人工，提高了生产效率（如图 2-6 所示）。通过将制造业专业知识与大模型相结合，企业还可以构建专属的垂域大模型，帮助沉淀资深员工的宝贵经验，使新员工能够快速学习并应用这些知识，从而有效提升企业整体实力。

图 2-6　制造流水线上的机械臂

5. 数据分析

企业可以广泛利用大模型进行数据分析，这些分析涵盖用户行为分析、市场趋势预测、风险评估、供应链优化等多个领域。大模型能够深入挖掘用户数据，揭示消费者偏好和需求，为精准营销提供有力支持。同时，通过对市场数据的分析，大模型可以预测未来市场走向，助力企业抢占先机。此外，大模型还能在风险评估、供应链管理等领域发挥重要作用，帮助企业降低成本，提高效率，优化决策。现在，越来越多的企业级软件中已经内置了大模型数据分析功能，帮助用户快速整理数据，生成图表，并从数据中提取一些有价值的模式。Text2SQL 类应用可以方便地将提示词转换为 SQL 语句，大幅降低了 SQL 的学习成本。如图 2-7 所示，大模型辅助下的数据分析可以很方便地绘制和展示各种饼状图、柱状图和折线图等。

图 2-7　大模型辅助下的数据分析场景

6. 企业知识库

构建企业知识库这一重要任务，完全可以借助大模型实现。通过进行精心的训练，大模型逐渐具备强大的语义理解与信息抽取能力，能够从海量数据中迅速提取出有价值的信息，并对其进行科学分类、归纳和存储。这不仅极大提升了知识管理的效率，还显著提高了信息的准确性。大模型基于先进的算法和强大的学习能力，能够更加精准地理解和判断信息的类别和价值，确保知识库中的内容准确无误，从而为企业的决策提供了坚实的基础。决策者能够快速地从知识库中获取准确的信息，从而做出更明智的决策。此外，知识库还为员工提供了丰富的学习资源，新员工能够通过知识库快速了解企业的业务流程和知识体系，老员工也能够不断扩展自己的知识储备，提升工作能力。在研发方面，知识库同样发挥着重要作用，帮助企业避免重复劳动，加快研发进程。

7. AI 数字人

如今，很多企业通过构建 AI 数字人来取代以往大量的人力劳动，降低运营成本。企业通过分析用户行为、语言习惯等多维度数据，训练出具备高度智能和交互能力的 AI 数字人模型。这些 AI 数字人不仅具备自然语言处理能力，还能理解并回应复杂的人类情感与需求。AI 数字人可应用于各种业务场景，如在线客服、智能导购、虚拟助手等。它们能够实现与用户的实时互动和个性化服务。通过 AI 数字人，企业能够更高效地处理用户咨询，提升客户体验。同时，企业还能在数据分析与预测方面获得更多有价值的信息，从而优化业务决策，推动企业创新发展。此外，企业可以根据具体业务需求，对数字人的形象、语音、行为等进行个性化设置，确保其符合品牌形象和用户喜好，并持续优化，以满足不断变化的业务需求。在应用层面，企业可充分利用 AI 数字人的智能化特点，将其应用于客户服务、营销推广、员工培训等多个领域，实现业务流程的自动化和智能化，提升企业的运营效率和竞争力。

未来是个人 IP 的时代，越来越多的企业和个人开始通过短视频与直播平台推广自己的产品和品牌。但由于精力有限，若每次出镜前都需要准备文案脚本，会十分耗时，而借助 AI 数字人就可以大幅节省时间，也方便消费者随时观看。AI 数字人示例如图 2-8 所示。

图 2-8 AI 数字人示例

8. AI 编程

AI 编程是大模型能力的显著体现。现在市面上出现了一批 AI 编程工具，如 GitHub Copilot、CodeGeeX、Comate 等。这些工具可以实现根据提示词生成代码，还能进行代码重构与优化、添加注释等操作，辅助程序员快速完成任务。百度和阿里巴巴官方宣称，公司内部已经有 20% 的代码是用 AI 生成的。目前市面上已有部分创业公司致力于开发从代码编写到系统构建再到资源部署全流程的 AI 产品。AI 编程是大势所趋，也会对初中级程序员的就业产生一定冲击，但在短时间内，AI 还无法解决需求理解分析、系统架构优化、团队开发沟通协作等问题，因为这些环节目前依然高度依赖于程序员的个人能力与经验。

9. 医疗、教育与法律顾问

企业还可以构建专属的医疗、教育与法律顾问等大模型，这些模型能够替代大量重复的人工工作，如回答医疗问题、设计教育方案、撰写合同、审核法务合同等。它们不仅能节省人力，提高效率，同时还能沉淀知识。目前京东健康、美团买药等大型互联网平台均已上线了 AI 在线问诊功能，可以不间断（7×24 小时）解答患者关于病情的问题。

2.3 大模型在企业中的应用与价值

企业负责人最关心的问题无疑是大模型到底能为企业带来哪些商业价值。下面具体来看看。

2.3.1 更好的用户体验

融合了大模型技术的企业产品，能够在多个方面提升用户体验，增强产品的竞争力，主要包括以下几个方面。

1. 更加智能化的产品和服务

在不远的未来，几乎所有的产品都需要与 AI 进行深度融合，以便为用户提供更智能化的体验。以自然语言处理领域为例，大模型能够显著提升聊天机器人的性能，使其更精准地理解用户的意图，给出令人满意的回答，从而极大地提升用户的满意度。这不仅有助于增强用户对产品或服务的好感，还能够进一步增加用户的黏性，为企业带来更多的销售机会和收入增长。

在智能汽车领域，大模型可用于智能座舱的语音交互，用户只需轻松地说出指令，车辆就能迅速而准确地执行，比如调节空调、播放音乐或规划导航路线。手机、电脑、音箱、可穿戴设备等产品也能借助大模型提供智能化的用户体验，例如，手机能够根据用户的习惯自动优化应用布局，音箱能理解用户的音乐喜好并做出精准推荐，可穿戴设备能根据用户的健康数据提供个性化建议。这些都将明显提升产品在市场中的竞争力。

2. 深入了解用户需求和行为

大模型具备强大的数据分析能力，能够深入挖掘用户的购买历史、浏览记录、社交互动等多维度的信息，准确预测用户未来需求。基于这些精准的预测，企业能够为用户量身定制个性化的产品和服务。例如，针对一位经常购买运动装备的用户，企业可以推荐最新的高性能运动器材；对于热衷于阅读科幻小说的用户，可以推送最新出版的热门科幻作品。通过精准满足用户的需求，企业能够提升用户满意度和忠诚度。

3. 提供智能客服支持

大模型驱动的客服机器人能够高效处理各种常见问题，提供便捷的自动问答功能。这些机器人不仅响应迅速，而且回答准确，甚至能够敏锐地感知客户情感，做出相应的回应，从而极大提升客户的满意度。即使面对某些复杂问题，大模型也能够通过先进的检索增强技术提高回答的准确率。此外，客服机器人还能够在回答问题的过程中引导客户进行购买决策，进而有效地增加销售业绩和收入。

4. 优化业务流程和管理流程

大模型技术在数据处理和分析方面展现出了显著优势，能够帮助企业高效地处理和分析海量数据，提供精准且有价值的决策支持。例如，企业可以利用大模型来优化库存管理，精准地调整库存水平，避免出现库存积压或缺货的情况。在人力资源管理方面，大模型可以通过分析员工的绩效数据、培训需求和职业发展规划，帮助企业制定更合理的人才配置和培训计划。通过优化业务流程和管理流程，企业能够显著降低运营成本，提高运营效率。例如，电商企业可以通过大模型优化物流配送路线，减少运输时间和成本；制造企业可以通过大模型预测设备故障，提前进行维护，减少生产中断的损失。

2.3.2　提升企业收入

在当今快速变化的环境中，大模型技术能够通过多种方式为企业增收，以下是几种典型的手段。

1. 精准市场预测与决策支持

大模型具备强大的数据分析与预测能力，能够基于丰富的数据，为企业提供客观、准确且极具价值的决策支持。通过利用大数据资源以及先进的算法，企业可以更精准地预测市场趋势、消费者需求以及潜在商业机遇。例如，服装企业可以借助大模型分析时尚趋势以及地区消费者偏好，从而制定出更贴合市场需求的产品和营销策略，有效降低决策风险，有力推动收入的稳步增长。

2. 提升营销效果

大模型在营销领域的应用范围极为广泛且成效显著。通过深入分析用户数据，大模型能够帮助企业制定精准的营销策略，显著提高广告投放效率。例如，电商平台可以利用大模型，根据用户的浏览历史、购买行为和搜索关键词，为用户推送个性化的商品，提高用户的购买转化率。同时，大模型还能够依据用户的实时反馈和行为变化，迅速且灵活地调整营销策略，从而大幅提高营销活动的转化率和回报率。

3. 开发新市场和新产品

大模型拥有强大的分析和洞察能力，可以帮助企业敏锐地发现新的市场机会以及潜在的用户群体，拓展国际市场或开辟新的产品领域。通过深入研究各类行业调研报告，全面整合产业政策、竞品资料、用户反馈数据等，大模型能够帮助企业深入剖析市场和用户的需求。例如，科技企业可以基于大模型的分析结果，推出一款创新型的智能设备，满足用户潜在需求，从而增加销售额。

4. 提高生产效率

大模型能够通过自动化处理任务、优化生产流程以及提供科学决策支持，显著提升企业的生产效率，降低生产成本。比如，制造企业可以利用大模型优化生产线的布局，缩短生产周期和降低废品率。

5. 提升科技属性

大模型技术能够提升企业的科技属性，增加企业估值，有利于企业获得融资机会。例如，在近几年融资火热的具身智能领域，大模型在其中扮演着关键角色，提升了该领域的技术含量并增强了市场壁垒。

任何新的技术问世，都必然会带来新的增长红利，开辟全新的市场空间，大模型自然也如此。除上述提到的方式之外，大模型还可能通过以下新的业务模式，为企业创造更多收入。

- 培训服务：帮助企业开展大模型应用的相关培训，提升员工的技术水平。
- 咨询服务：为其他企业提供大模型应用落地的策略咨询。
- ToB 大模型企业服务：为其他企业量身定制大模型解决方案。
- SaaS 应用：开发基于大模型的云端 SaaS 应用。
- 大模型硬件产品：生产专门用于运行大模型的服务器、芯片等硬件设备。
- 产业互联网平台：利用大模型整合产业链资源，提高产业协同效率。

总之，企业应结合自身独特的竞争优势，寻找属于自己的增长空间。无论面对的是哪种业务场景，企业都应优先考虑市场前景广阔、易于大量复制、边际成本低以及具有竞争壁垒的业务模式。只有这样，企业才能够实现利润的最大化，在激烈的市场竞争中占据一席之地。例如，如果企业拥有强大的技术研发能力，则可以专注于开发大模型硬件产品；如果企业在资源整合方面具有优势，那么构建产业互联网平台可能更为合适。

2.3.3 提高生产效率

大模型在提高企业生产效率方面发挥着重要的作用。特别是那些包含超大规模参数的神经网络模型，具有强大的表达能力和学习能力，能够处理海量数据并从中提取有用的信息，从而优化企业的生产流程，提高生产效率。

具体来说，大模型可以应用于多个环节来提高生产效率。

- 客服与标准化电销：利用大模型构建智能客服与智能营销机器人，可以实现 7 × 24 小时在线响应，替代人工坐席，降低人力成本。
- 文本信息处理：相较于传统自然语言处理技术和人工方式，大模型能够实现高效的文本输入与输出，减少大量的人工操作，提高工作效率。
- 资源配置优化：大模型通过对资源进行优化配置，可以帮助企业降低生产成本和资源消耗。例如，在物料采购、库存管理和人员调度等方面，大模型都可以提供智能的决策支持，帮助企业实现资源的最大化利用。
- 数字化内容生产：对于媒体、电子游戏、在线教育类企业，文生文、文生图、文生视频等大模型能够极大提升数字化内容的生产效率。以往视频的后期制作需要花费数月，现在利用这些大模型，在专业人士的指导下仅需要几个小时即可完成。
- 工艺流程优化：通过对生产过程中的数据进行实时分析，大模型可以模拟并优化生产流程，找出潜在的瓶颈和优化空间，进而使企业能够精确掌握每个生产环节的状态和效率，及时进行调整，从而提高整体生产效率。

此外，大模型还可以应用于多个领域，如金融、医疗健康、软件开发等，为企业带来多方面的好处，如风险管理、服务质量提升等。在金融领域，大模型可以用于风险管理、反欺诈检测等关键职能，提高金融服务的效率和安全性。在医疗健康领域，大模型可以协助医生进行疾病诊断、制定治疗方案，提高医疗服务的准确性和效率。在软件开发企业里，大模型的应用还可以使软件人员编程效率提高 20% 以上，这也是提高生产效率的体现。

大模型也可以替代某些重复性和低技能的工作，降低成本并提高工作效率。诸如海报与宣传类图片生成、法律合同审核、客服坐席、标准化在线销售坐席、基础文案编辑、停车场保安等工作，都会逐步被 AI 替代，这部分人力成本会逐步转化为初期 AI 建设成本以及后续推广运行的动态成本。

对于因 AI 技术而受到影响的员工来说，他们可以通过以下两条路径来应对。

- 成为资深专家：通过不断学习与提升自己的工作技能，成为“二八原则”中那 20% 的人，从事 AI 难以胜任或完成质量有限的工作，依靠自己丰富的行业知识与经验、良好的沟通能力，以及卓越的深度思考与系统架构能力，继续为企业贡献自己的工作价值。
- 全面拥抱 AI：利用自己对岗位知识与工作技能的深刻理解，全面拥抱 AI，训练和使用 AI 工具，打造真正可以商业化落地、降本增效的 AI 产品，从而让自己成为 AI 落地业务专家。

事实上，人类历史上任何一次技术革命都会带来行业和工作岗位的变革，只有不断学习并顺应技术变革要求，才能在未来的竞争中保持优势。

2.4 企业为何务必关注和拥抱 AI 技术

在当今快速发展的技术环境中，企业必须全面关注并拥抱 AI 技术。任何忽视 AI 技术的企业，都必将在残酷的市场竞争中失势。

2.4.1 提升竞争优势

AI 技术可以为企业带来显著的竞争优势，企业借助 AI 技术通过提高效率、降低成本和增强用户体验来超越对手。美国著名经济学家迈克尔·波特提出的波特竞争理论认为，商业竞争策略分为三种：差异化战略、成本领先战略、目标聚焦战略。将 AI 技术与产品融合，可以帮助企业打造高端、智能化的产品，取得差异化竞争优势。利用 AI 技术提高生产力，如将 AI 机器人引入生产流水线，可以帮助企业降低生产成本，取得成本领先优势。

2.4.2 行业大势所趋

如今，AI 技术已然成为各行业发展趋势中至关重要的一部分，企业必须积极适应这一不可逆转的趋势，否则就极有可能在激烈的市场竞争中惨遭淘汰。企业应当未雨绸缪，尽早进行战略布局，确保自身在 AI 技术驱动的市场中占据优势。

通常情况下，数字化程度较高的行业，由于其在基础架构和数据管理等方面具有优势，更容易率先接纳并应用 AI 技术。但即便如此，这也不应成为其他企业滞后采取行动的借口。企业的管理者们应当通过阅读相关书籍、关注权威媒体报道等方式，提前了解 AI 技术的相关知识和前沿动态。然后在此基础上，逐步建立起企业内部的人才与知识储备，不断提升对新兴技术的判断能力，从而在面对 AI 技术带来的变革时能够从容应对、游刃有余。

值得一提的是，部分在适应和应用 AI 技术方面具有敏锐意识的企业，已经采取了积极主动的措施。这些公司会在内部精心组织诸如“AI 技能大赛”“AIGC 应用挑战赛”“AI 文化节”等形式多样的活动。它们通过制定具有吸引力的比赛奖励机制，举办丰富多彩的文化活动，来鼓励全体员工积极学习 AI 技术，提升对 AI 技术的认知和应用意识。这种方式成功地营造了企业内部拥抱 AI 技术的良好文化氛围，其做法非常值得其他企业借鉴。

例如，一家传统制造业企业，虽然其数字化程度相对较低，但管理者们通过广泛阅读 AI 技术相关的专业书籍，参加线上的技术研讨会，提前对 AI 技术有了一定的了解。他们先是在企业内部建立了学习小组，定期分享 AI 知识，随后还举办了“AI 创新应用挑战赛”，对表现出色的团队给予丰厚奖励。这一系列举措不仅激发了员工学习 AI 技术的热情，还为企业未来引入 AI 技术打下了坚实的基础。

2.4.3　客户需求在不断升级

企业积极拥抱 AI 技术尤为重要，特别是在满足客户需求这一环节。如今，在激烈的市场竞争中，众多竞品已引入 AI 技术并实现产品应用，如果企业产品缺乏这项技术功能，将落后于时代潮流，并丧失市场优势。

对于 90 后和 00 后等消费者群体，他们作为互联网的原住民，本身就成长于信息高度发达的时代，对 AI 产品有着极高的期待与需求，渴望获得更加智能、便捷和高效的服务体验。

以智能手机普及为例，尽管目前仍有部分老年人尚未完全掌握其使用方法，但技术演进趋势表明，未来智能手机将成为生活必需品。从这一现象可以清晰地看出，人类对于智能化工具会持续进行追求。

企业积极拥抱 AI 技术，不仅能够切实满足年轻消费者对于智能化服务的殷切期望，又能够显著提升企业的品牌形象。一个紧跟科技潮流且不断创新的品牌形象，无疑会在消费者心中留下深刻的印象，并能帮助企业在激烈的市场竞争中构建核心优势。

因此，企业必须紧跟时代步伐，主动引入先进的 AI 技术，持续优化和改进产品与服务。只有这样，企业才能够赢得客户的信任和忠诚，在风云变幻的市场中保持竞争优势。

例如，对于电商企业而言，通过利用 AI 技术提供个性化的商品推荐和智能客服服务，可以为年轻消费者创造一个更加贴心、便捷的购物体验，从而增强其对品牌的好感和依赖感。金融企业如果引入

AI 技术进行风险评估和优化投资决策，不仅能满足客户对金融服务精准度的要求，又能提升自身在行业中的竞争力。

2.4.4 提升科技含量

大模型凭借其强大的计算能力与对海量数据的处理能力，极大提升了企业的创新驱动力。通过高效的数据分析和处理，企业能够迅速、精准地把握市场趋势。通过深度挖掘和分析大量市场数据，企业可以清晰地把握市场的脉搏，洞察消费者潜在的细微需求变化，从而为产品的研发和创新提供有力支持。

同时，大模型能够对企业的生产流程进行全面优化，识别出生产流程中的瓶颈和低效环节，并提供智能化的改进方案，从而大幅提高生产效率。通过优化资源配置和减少浪费，企业有效地降低了生产成本，为企业的创新活动提供了稳定而坚实的基础。此外，大模型还能够快速整合和分析来自企业内外部的各种复杂信息，有力推动企业实现智能化的决策，为管理者提供清晰且具有前瞻性的决策依据。这不仅显著提升了企业管理效率，也进一步激发了企业内部的创新活力，营造出积极创新的企业氛围。

大模型无疑是企业提升创新能力的重要工具。它能帮助企业在快速变化的市场中保持敏锐的洞察力和强大的竞争力，占据领先的地位。而且，大模型技术在一定程度上能够帮助企业提升自身的科技属性，这对于企业在融资方面具有显著的积极影响，能够增强投资者对企业的信心和投资意愿。此外，大模型技术的应用有助于提升企业的估值，使其在资本市场上更具吸引力和价值。对于有上市计划的企业而言，应用先进的大模型技术能够为其成功上市增添重要的砝码。例如，原本属于传统行业的食品加工企业，在成功完成数字化转型并应用 AI 技术之后，可以对其品牌形象进行升级，转变为食品科技有限公司。这种升级不仅能够提升企业在消费者心目中的地位，还能够有效地提高品牌的溢价能力，为企业带来更广阔的市场空间和更高的利润回报。

2.4.5 数据驱动业务增长

在当今的商业环境中，现代企业所拥有的数据量庞大且形式多样，涵盖结构化、非结构化数据和隐性知识。这些数据有的被妥善存储于数字化的 IT 系统中，以结构化的方式等待被调用和分析；有的则被记录在厚厚的纸质档案资料里，虽然查找和利用相对烦琐，但依然蕴含着宝贵信息；还有一部分至关重要的数据，存在于员工日积月累的经验和记忆当中，这些隐性的知识同样具有不可估量的价值。

在数字经济时代，数据已经成为继劳动力、土地、资本和技术之后的关键生产要素，其重要性不容忽视。企业应当充分利用大模型以及长期积累的大量数据，通过数据驱动实现业务增长，提升自身竞争力。

首先，借助大模型的强大技术能力，企业能够对海量的数据进行深入且全面的挖掘和剖析。通过先进的算法和模型，企业可以及时洞察市场的变化趋势，精准把握消费者瞬息万变的需求特征。这为企业决策层提供了科学、前瞻性的决策依据，从而使其可以有针对性地制定战略规划。

企业利用数据分析获取有价值的结果后，能够有针对性地优化产品的设计方案和服务的流程环节。例如，根据消费者对于产品功能和外观的反馈数据，企业可以对产品进行相应的改进和创新；企业可依据用户在服务过程中的痛点和需求优化服务流程，提升用户的满意度。

大模型还能够凭借其强大的智能算法和精准的预测能力，帮助企业开展精准的营销活动。通过对用户行为和偏好的深度分析，企业可制定出个性化的营销策略，将合适的产品和服务精准地推送给目标客户群体，从而极大地提高营销的效果和转化率。

在实施数据驱动的过程中，企业需要高度重视数据的安全和隐私保护问题，确保数据的采集、存储、处理和使用符合相关法律法规的要求。同时，企业还需加强数据分析人才的培养，并着力提升企业内部团队在数据分析和大模型应用方面的能力，确保数据驱动的业务顺利增长。

通过充分利用大模型和大数据，企业可以大幅提升核心竞争力，在瞬息万变的市场中保持稳健成长。

大模型技术不仅是重大的技术进步，更是企业未来发展的关键。企业需要以积极主动的态度拥抱大模型，充分利用其带来的巨大商业价值和宝贵发展机会，为自身的持续发展注入强大动力。

二、企业落地准备篇

本篇主要为读者介绍大模型在企业中落地的完整方案与步骤，同时也将详细阐述不同方案之间的优劣势，为在不同规模的企业中落地适合企业自身发展的大模型指明方向。

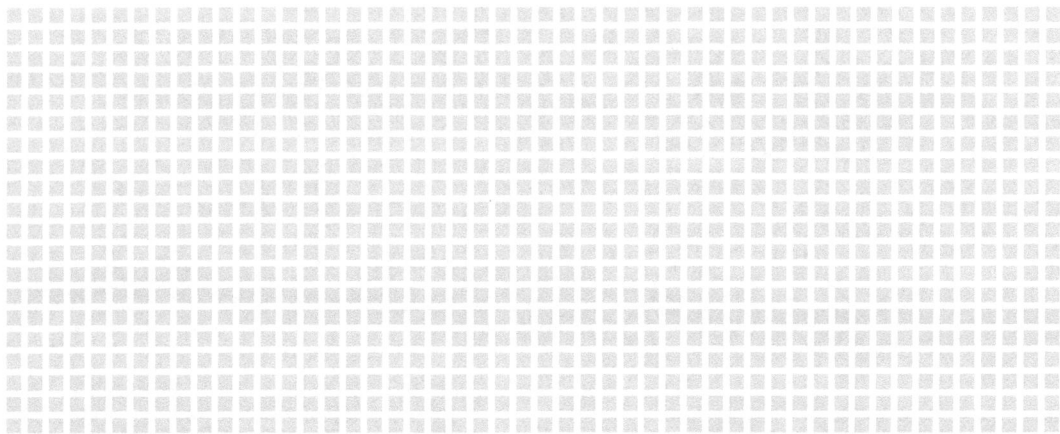

第 3 章

大模型落地准备工作

3.1 企业大模型应用落地的常见形式

第 1 章详细介绍了大模型企业生态架构的几个层次。目前，社会各界最关注如何有效地将大模型应用及智能体落地，这也是本书重点阐述的内容（相比之下，MaaS 平台、AI 基础设施等内容则不是本书核心讨论的内容）。落地大模型时，企业可以根据自身的业务需求和目标选择不同的形式。

3.1.1 员工个人办公使用

企业可以通过采购 ChatGPT、文心一言、讯飞智文等工具，以及飞书等平台为员工提供有力支持，员工可利用这些工具和平台实现对日常重复性工作的自动化处理。这些重复性工作包括邮件的分类整理、AI 生成 PPT、合理安排日程、详细记录会议内容等。通过这样的方式，能够显著地提高员工的工作效率，让他们能够将更多的精力和时间投入到更具创造性和价值的工作任务中。

需要特别注意的是，在采购这类 AI 工具时，企业必须审慎地考虑成本与合规性问题。例如，企业可以选择 ChatGPT 的免费模型 GPT-3.5，也可以选择支付月费的 GPT-4。无论企业最终选择哪种产品，都不可避免地面临一些棘手的问题，也有可能给企业带来一定的法律风险。

目前，一些具有创新精神的初创公司敏锐地捕捉到了这一市场需求，在成功获得微软（OpenAI 投资方）合法授权的基础上，通过对 ChatGPT API 进行精心的封装处理，为用户打造一个独立的操作界面。这样一来，用户便能够在合法合规的前提下，稳定、便捷地使用相关服务，有效避免因自行采购和使用而可能带来的各种风险。

3.1.2 与企业数字化系统相集成

企业可以将大模型通过 API、SDK 等形式集成到现有的企业数字化系统中，如客户关系管理系统（CRM）与企业资源规划系统（ERP），以增强系统的智能化水平，提升产品的竞争力。这种集成方式可以实现多个功能的自动化处理，如自动处理电子表单、生成文案内容、数据分析等。具体大模型集成方式包括使用公有云大模型、与外部厂商合作使用大模型、完全自研大模型、微调大模型等，4.1 节将详细介绍如何根据预算和企业规模选择合适的落地方案。

这种集成形式并不需要对企业原有产品形态进行大规模调整，只需在关键环节嵌入大模型能力，实现局部的提效降本。由于这是大模型在企业落地相对容易和低成本的方式，所以目前受到广泛欢迎。这种形式也被称为“+AIGC”，即在原有的数字化系统里增加 AIGC 能力。

时下，越来越多的企业通过选择智能体平台来提升效率。这类平台允许企业用户通过简单的拖曳配置方式，无须编写复杂代码，即可快速生成可为企业定制的智能体，实现自动化任务处理、智能响应及数据分析等功能。此外，这类平台还提供了灵活的部署方式，既可以作为 SaaS（软件即服务）模式快速集成到企业的现有系统中，也可以进行私有化部署，满足企业对数据安全和自主管理的需求。

通过这种方式，企业能够轻松地将智能化能力融入自身的业务流程中，不仅提升了工作效率，还优化了客户服务体验。同时，由于平台提供了直观易用的操作界面，企业员工即便没有编程背景，也能轻松上手，进一步降低了智能化转型的门槛。

3.1.3 用 AI 原生方式重构企业数字化系统

AI 原生（AI Native）方式指的是在产品或服务的设计、开发和运营过程中，将 AI 技术作为核心和基础，深度整合进企业的各个环节中，从而实现智能化的业务流程和用户体验。这种方式不是简单地将 AI 作为附加功能或后期升级，而是从开始就融入企业的核心架构。

AI 原生方式的主要特点如下。

- 深度集成：AI 技术被深度集成到产品和服务的各个环节，而不是作为一个单独的组件或功能。
- 创新的交互方式：企业可以通过 AI 原生方式开发新的用户交互模式。例如，使用类似 ChatGPT 的人机交互界面替代原先复杂的功能界面，提供更直观和人性化的用户体验。
- 数据驱动：AI 原生方式强调通过大数据来训练和优化模型，使得产品能够不断学习和适应用户的需求和行为，提供个性化服务与推荐。

- 自动化和智能化：通过 AI 技术，AI 原生产品能够自动执行复杂的任务，提供个性化的推荐和服务，从而提高效率和用户体验。
- 持续学习和优化：AI 原生产品能够持续从用户交互和反馈中学习，不断优化自身的性能和功能。
- 业务模式创新：AI 原生方式可以帮助企业拓展新的业务模式和收入来源，例如通过 AI 驱动的个性化服务和智能决策支持。
- 跨行业应用：AI 原生方式并不局限于特定行业，可以被应用于各种领域，从金融、医疗，到娱乐、教育等。

通过 AI 原生方式，企业能够更好地利用 AI 技术的潜力，推动产品和服务的创新，提升竞争力，并为用户提供更加智能化和个性化的体验。这种方式会对原有的数字化产品改动巨大，尽管投入成本较高，但能带来全新的革命性升级。长远来看，这也符合未来整个社会的发展趋势，因此更加适合初创型企业以此实现“弯道超车”。这种方式也被部分专家称为“AIGC+”，意思为以 AIGC 能力为主导重构整个产品体系。

如果企业需要打造全新的产品，那么采用 AI 原生方式是最理想的选择，因为没有历史包袱。如果涉及已有产品的重构，则会遇到更大的挑战。

在 AI 原生的框架下，重构产品或服务是一场深刻转型，是对技术、业务流程、用户体验、组织架构乃至企业文化的全方位革新。重构产品的首要任务是明确转型愿景，借助 AI 技术引领业务变革，优化用户体验，并确立市场领先地位。企业应当构建坚实的数据基础，确保数据质量与安全，并整合跨系统数据资源，为 AI 应用奠定基石。

随后，企业需精选并部署 AI 技术栈，确保其在产品与服务中得到全面渗透与深度融合。这一过程推动了业务流程的智能化改造，提升了运营效率与决策精准度。此外，企业组织架构也需作出调整，以适应 AI 技术对人才技能的要求。在用户体验层面，AI 技术驱动的创新能够带来个性化、智能化的交互与服务，持续增强用户满意度与忠诚度。

AI 原生转型是一种动态且持续的过程，企业需要建立灵活迭代机制，紧跟市场反馈与技术前沿，不断优化 AI 模型与产品功能。此外，企业文化也需要适应 AI 驱动的转型，激发创新思维，强化数据驱动决策，提升员工 AI 技能，进而共同推动企业发展。

总之，采用 AI 原生方式进行重构是企业面向未来的关键举措，它要求企业在多个维度上协同努力，以充分利用 AI 技术的潜力，实现产品与服务本质上的飞跃。“一切伟大的变革往往来自外部”，企业也需要通过自身变革，积极应对外部挑战，确保能够在市场中长期立足与发展。

3.1.4 嵌入物联网设备

大模型参数规模极其庞大，对算力的要求也极为苛刻，所以通常它们会被部署在高性能的服务器端。然而，通过知识蒸馏、模型压缩等先进技术，大模型的体积可缩小，同时又能够保留其核心的功能和性能，使其可以被成功嵌入算力相对较弱的物联网设备，如手机、PC、摄像头、汽车等。

这样的部署方式带来了显著的优势。相较于主要依赖高性能服务器端（云端）的传统模式，将大模型嵌入物联网设备（边缘端），能够极大地节省云端的集中式算力以及电力消耗。这有效降低了算力与电力成本，减轻了企业在云端运维的压力和成本。同时，由于数据能够在本地设备上即时处理，实时交互体验变得更为流畅和高效。不过，目前该方案还未完全成熟，边缘端算力成本较高，效果也有待进一步优化。

在当前的智能网联汽车领域，越来越多的智能座驾模块正在采用这种方案。通过将经过优化处理的大模型部署在汽车的本地设备中，车主可以体验到高性能、低延迟的智能操作，如智能导航、车辆状态监测、驾驶辅助等一系列智能化服务。

除此之外，人工智能电脑（AI PC）也逐渐进入了公众视野。AI PC 是一种集成了先进 AI 技术的个人计算机，旨在借助 AI 技术的强大功能提升用户的工作、学习以及日常生活的效率。AI PC 的核心特征主要包括个人大模型、自然语言交互、智能混合算力、开放生态系统以及隐私与安全保护等。用户可以非常方便地使用内置的各种 AI 工具来满足学习、办公、游戏娱乐等多样化需求，而无须过度依赖各个厂商的 App。

未来，除了 AI PC，AI 手机、AI 音箱、AI 家电、AI 汽车、AI 手表，甚至 AI 服饰等产品都将朝着万物互联的方向发展。在这个深度融合 AI 技术的时代，各种智能设备无处不在，为人们的生活带来前所未有的便捷和全新体验。

3.1.5 催生新的超级个体形态

在当今的工作环境中，大模型强大的功能为员工带来了前所未有的机遇，使他们能够突破传统的工作局限，处理那些更为复杂的任务，并创造出可观的收入，进而成为具备独特优势和强大能力的“超级个体”，甚至有条件去打造完全独立自主的“一人公司”。

现在，越来越多的人敏锐地意识到 AI 工具所带来的巨大潜力，并开始巧妙地运用这些工具在副业或个人品牌中展现出非凡的创造力。

通过运用大模型的语言生成能力，他们能够高效地撰写有深度的专业分析或情感丰富的故事，这些内容不仅能够吸引大量读者的关注，还能带来流量和广告收入。

此外，大模型还可以辅助他们制作出精彩绝伦的短视频。从创意构思到内容策划，再到后期的剪辑和特效添加，每一个环节都能在大模型的帮助下达到更高的水准，从而为创作者带来丰厚的收益。

AI 的绘画功能也成为他们拓展收入来源的重要手段。借助大模型生成的精美绘画作品，他们能够承接各种 UI 制作的私单，为客户提供高质量的设计服务，从而获得不菲的报酬。

在这种趋势下，一部分人的副业收入甚至已远超他们原本的主业收入，这充分证明大模型作为辅助工具的强大力量，它们赋予个人无限的可能性，让他们能够在更广阔的舞台上展现自己的才华，实现个人价值的最大化，并在收入上实现飞跃式增长。这种趋势正在改变着传统的职业发展路径，对整个社会的就业和创业模式产生了深远的影响。越来越多的人意识到，只要善于利用先进的技术工具，就有可能突破传统职场的束缚，实现自我价值的飞跃式提升。

3.2 大模型现有的能力边界

虽然大模型现在非常火爆，但在企业真正应用大模型之前，明确其能力边界至关重要。需要了解大模型能做什么，不能做什么；哪些事情能做到 60 分，哪些事情能做到 90 分。这种认知逻辑不仅适用于大模型，也同样适用于其他新兴技术（如 AR/VR 技术、元宇宙中的大数据应用）。

3.2.1 大模型现有的能力边界与瓶颈

尽管大模型在自然语言处理与智能应用方面展示出强大的能力，但它们仍然有一些瓶颈，具体如下所述。

1. 数据依赖性太高

大模型的性能高度依赖于它们所训练的数据。如果数据集不全面或偏颇，模型的能力就会大打折扣。例如，一个专注于古代文献研究的大模型，如果其训练数据仅包含唐宋时期的诗歌，而未涵盖其他时代的作品，那么在面对涉及清代文学作品的问题时，将无法给出准确回答。数据的覆盖面与质量是限制大模型表现的重要因素。

2. 情感理解不足

尽管大模型可以生成看似合理的回应，但它们无法真正理解人类情感。例如，当用户表达难过情绪时，模型虽然能生成安慰的话语，但可能无法深入理解用户的情感深度和复杂性，其回应显得机械和缺乏人性化。情感理解能力的局限影响了大模型在人机交互中的表现，特别是在需要细腻情感回应的应用场景中。

3．无法实现高级思维

大模型虽然在自然语言处理、数据分析和模式识别等方面表现出色，但目前仍无法像人类一样进行演绎推理，产生抽象思维以及创新思维。这主要是因为大模型的处理方式主要基于统计和概率，它们通过大量的数据进行训练，学习语言模式和关联性，但这种方式并不能赋予模型真正的理解能力。人类的演绎推理和抽象能力是建立在长期的生活经验、直观感受和复杂情感基础之上的，我们能够理解抽象概念，进行逻辑推理，甚至产生创新的想法，这些都是当前的大模型所难以达到的。此外，人类思维还具有灵活性和创造性，能够在面对新问题时灵活地调整思考方式，这一点也是大模型目前所欠缺的。因此大模型目前难以直接进行创新，只能寄希望于未来的重大技术突破。

4．通用性限制

尽管大模型在某些领域表现出色，但它们的通用性仍受到限制。例如，专为医疗领域设计的模型可能非常擅长处理医疗问题，而在处理金融或法律问题时其表现可能欠佳。不同领域具有各自独特的知识体系和术语，通用模型难以覆盖所有领域。不过这也为众多初创企业提供了创业机会，使其能够打造出结合特定领域知识的专业模型，开展错位竞争，建立生存壁垒。

5．多模态生成精度不足

虽然大模型的文生图、文生视频等多模态应用能力已经远超从前，但在处理工业级的精细化任务时仍存在不足。例如，当前的大模型难以通过简单的提示词来完成精细的抠图工作，或者是生成完全符合用户需求的高精度图片或视频。企业端需要投入大量技术人员和数据进行精细化研发，投入产出比较低。因此，如果用户想让大模型通过提示词及一些参数配置，快速达到等同于 Photoshop、AutoCAD、After Effects 等工业级图像或多媒体创作软件的精细化编辑效果，目前还有较长的道路要走。

6．幻觉问题

大模型生成幻觉问题，指的是模型在某些情况下会生成与事实不符或虚构的信息，用通俗的语言来讲就是可能会“一本正经地胡说八道”。这一问题主要是因为大模型在处理复杂的自然语言时，尽管通过海量数据进行训练，学习了丰富的语言模式和知识，但并不总能准确区分真实信息与错误信息，有时会产生误导性的输出。这种幻觉问题在处理复杂、模糊或含有歧义的查询时尤为明显。大模型基于训练数据中的统计规律和模式来“猜测”答案，而非依据确凿的事实进行逻辑推理得出答案。因此，尽管大模型在自然语言处理领域取得了显著进展，我们仍需警惕其幻觉问题，可通过持续的研究和改进来提升模型的准确性和可靠性。

幻觉问题也是大模型准确性问题的一种，通常需要增加更丰富的训练数据及基于人类反馈的优化来进行调优，但这也意味着更高昂的成本。因此，部分企业会采用检索增强生成（RAG）技术来解决准确性问题。RAG 技术为解决大模型准确性问题提供了可能。将大模型与外部知识库或数据集连接，当遇到问题时先检索相关信息，然后结合检索结果生成回答，可以大大提高答案的准确性和可靠性。这种技术能够弥补大模型自身知识储备的不足，利用外部丰富的资源来优化输出，使得大模型在准确性上实现更好的表现。

7．时效性问题

部分大模型可能会存在时效性问题。对于某些不能联网的大模型而言，它们的知识库和信息只更新到训练数据截止的那一刻，因此无法获取训练之后的新知识。这意味着，如果模型在训练后未进行数据更新，其提供的信息可能会逐渐过时，无法反映最新的发展、趋势或事件。例如，一个在 2022 年训练完成且之后未更新的大模型，可能无法回答 2023 年或之后发生的事件的查询。

相反，能够联网搜索的大模型则不存在这一问题。它们可以实时检索互联网上的最新信息，从而为用户提供最新、最准确的数据和答案。这类模型通常结合了大规模的预训练数据和实时的网络检索功能，既能利用强大的自然语言理解能力，又能随时获取最新的知识，保持信息的时效性和准确性。因此，在需要高度时效性的应用场景中，能够联网搜索的大模型具有显著优势。

8．响应速度慢

大模型的推理速度慢也是一个显著的问题，这主要源于其庞大的参数规模和算力需求。由于大模型通常包含数十亿甚至上百亿个参数，这些参数在推理过程中需要参与大量的计算。因此，即使在高性能计算设备的支持下，大模型完成一次推理的时间也往往较长。通常来讲，大模型平均单次推理响应时间在秒级别，而传统小模型的响应时间则在毫秒级别。

此外，随着模型规模的增加，其所需的算力规模也随之提升，这无疑进一步加剧了推理速度方面的挑战。在实际应用中，这种推理速度的限制可能会影响用户体验和系统效率，尤其是在实时响应要求较高的场景下，如智能助手、自动驾驶等。因此，如何在保持模型性能的同时优化推理速度，就成为当前大模型研究的一项重要课题。未来，通过模型压缩、剪枝、量化等技术手段，减少模型的冗余计算，或许能在一定程度上改进这一情况，提升大模型在实际应用中的效率和响应速度。

9．可解释性差

大模型的内部工作机制相对复杂，使得人们往往难以理解其决策和生成结果的原因，这个问题被称为可解释性差。

大模型的可解释性差问题一直是人工智能领域面临的挑战之一。这些复杂的机器学习模型，如深度学习网络，虽然具有强大的预测和分类能力，但其内部工作机制却像一个“黑箱”，难以直观理解。模型中的大量参数和层级结构使得人们很难追踪其决策过程，从而导致了可解释性的降低。这种不透明性不仅让用户对模型的输出结果感到困惑，还可能在关键决策中产生不信任。尤其是在高风险领域，如医疗或金融，模型的可解释性显得尤为重要。缺乏可解释性意味着当模型出现错误时，人们很难找出问题的根源，进而无从优化模型。

因此，虽然大模型在性能上取得了显著的进步，但其可解释性的局限仍然是限制其更广泛应用的主要因素之一。为了提升大模型的可信度和应用范围，科研人员和工程师们正在努力探索各种技术，以提高模型的可解释性，从而使其更加透明、可靠。

10. 资源和能源消耗较大

训练和运行大模型需要大量的计算资源和能源，这限制了模型的应用范围和可扩展性。训练一个大模型可能需要数千片处理器和数周时间，同时消耗大量电能，这不仅对环境产生影响，也增加了模型应用的成本，最终导致企业的投入产出比较低。

11. 存在隐私和伦理问题

大模型在处理敏感信息时可能引发隐私和伦理问题。模型在训练过程中可能会接触到一些个人隐私或敏感信息，如用户私人对话、医疗记录或金融数据，如果没有对其进行妥善处理，这些信息可能会在模型的输出中无意间泄露，从而对个人隐私造成严重影响，还会引发法律风险，损害企业的声誉和信任度。

12. 难以完全替代人工

目前大模型仍难以完全替代人工，它们更多的是作为辅助工具帮助人工提高工作效率，并在业务链条中的部分环节替代人工工作，因此，仍然需要人工参与验证及修改等工作。

3.2.2 大模型未来提升方向

虽然目前大模型还存在一系列能力边界和瓶颈，但技术在不断进步。可以说，人类社会已经进入了技术指数级速度增长的阶段，大模型同样处于快速迭代中。未来三年，大模型有望在以下几方面实现能力提升。

1. 多模态能力增强

随着技术的不断进步和研究的深入，未来大模型的多模态理解能力将显著提升，即能够同时处理来自多个模态的信息，如图像、文本、语音等。虽然目前大模型在处理单一模态数据方面已经表现出色，但在不同模态数据的整合方面仍有难度。然而，随着跨模态学习方法的发展，大模型将越来越擅长捕捉不同模态数据之间的关联和互补信息。这意味着，在未来的几年里，我们可以期待看到大模型能够更准确地解读图像中的视觉元素，并与相关的文本或语音信息进行有效融合，从而提供更全面和深入的理解。此外，随着算力的提升和算法的优化，大模型处理多模态数据的效率也将大大提高，这将进一步加速多模态理解技术在各个领域的应用，如智能媒体创作、数字孪生、自动驾驶等。大模型在未来几年的多模态理解能力无疑会大幅增强，为用户带来更加智能和便捷的服务体验。这将是一个激动人心的技术发展趋势，值得我们密切关注。

2. 自然语言处理精准度提升

预计 AI 未来在自然语言的理解、处理和生成方面的准确性将显著提升，特别是在舆情监测、自动摘要、观点提取、文本分类、问题回答等应用领域。随着大模型技术的持续优化，我们有望有效解决大模型的幻觉与响应速度慢等问题。

3. 准确性提升

随着大模型技术的迭代和演进，大模型存在的幻觉、一致性差等问题会逐步得到改善甚至消除。随着这类能力的提升，大模型落地的应用场景也会越来越广。

4. 模型规模不断扩大

随着算力的提升和数据量的增长，大模型的规模将持续扩大，这将使模型能够捕捉更复杂的现象，并提供更精确的预测。例如，GPT-4 等大语言模型已经展现出了惊人的语言理解和生成能力，未来更大规模的模型有望进一步提升这种能力。

5. 自主学习能力提升

大模型未来将具备更强的自主学习能力，能够在海量数据中快速找到规律，并不断优化自身的性能，这种自主学习能力的增强将使 AI 在各个领域的应用变得更加高效、智能。例如，在教育领域，AI 可以根据学生的学习进度和理解能力自动调整教学内容和难度，从而实现个性化教学。

6. 可解释性和可信度提升

为解决大模型的“黑箱”问题，提高大模型可解释性和可信度将成为未来研究的重要方向。这将有助于建立用户对模型的信任，尤其是在敏感领域的应用中。例如，在金融领域，可解释的 AI 模型可以帮助银行更准确地评估贷款申请人的信用风险，从而提高贷款审批的效率和准确性。

7. 安全性和隐私保护能力增强

随着大模型的广泛应用，其安全性和隐私保护问题也将受到更多关注。未来将看到更多关于模型安全防护和隐私保护的研究和实践。例如，通过采用差分隐私技术，可以在保护用户隐私的同时，确保模型的训练效果不受影响。

8. 情感分析与回应能力改进

情感分析与回应能力的改进将是大模型未来发展的重要方向。随着技术的进步，AI 将能够更精准地分析人类的情感状态，无论是通过文字、语音还是面部表情。这种深度的情感理解能力将使 AI 能够洞察人们的喜怒哀乐，从而作出更为贴切的回应。想象一下，当你感到沮丧或焦虑时，你的 AI 助手不仅能识别出你的情绪，还能提供安慰的话语或播放放松的音乐，这样的互动无疑会大大增加 AI 与人类的亲近感。这种情感分析能力还将赋予 AI 在个性化服务领域巨大的潜力。无论是购物推荐、健康建议还是娱乐内容的选择，AI 都能根据用户的当前情绪状态来提供更加贴心的建议。比如，当你心情愉悦时，AI 可能会推荐一些轻快的音乐和户外活动建议；而当你感到疲惫时，它可能会建议你尝试做一做放松身心的瑜伽或冥想活动。情感分析与回应能力的改进将使 AI 成为更加善解人意、能够提供高度个性化服务和建议的智能伙伴。这不仅将极大地提升用户体验，还预示着 AI 技术在人文关怀领域的巨大飞跃。

9. 算力和资源利用更高效

随着技术的进步，AI 的算力将提升，同时有望降低资源消耗，这使得 AI 可以在更多领域，特别是需要实时处理和大量数据计算的场景中得到应用。

在未来，大模型也将继续扩大规模，包含更多的参数和更复杂的结构，以处理更复杂的任务和更大规模的数据，这将提升模型的表达能力和性能，使其在自然语言处理、图像识别、语音识别等领域取得更好的效果。

同时为了适应物联网等终端设备的需求，小型模型将通过模型压缩、蒸馏等技术进行优化。这些小型模型将被部署到各种物联网终端设备中，实现设备的智能化，从而推动智能家居、智能安防、自动驾驶等领域的快速发展。

3.3 大模型落地的必备要素

大模型落地的必备要素包括数据、算力、模型和人才，这四个方面缺一不可，共同构成了大模型成功应用的基础。首先，数据是驱动模型学习和优化的关键，没有足够数量和质量的数据，模型就难以捕捉到真实世界的复杂性和多样性。其次，算力是支撑模型训练和推理的基石，只有强大的计算能力才能让模型在海量数据中高效学习，实现快速响应和准确预测。再次，模型本身的设计和优化也至关重要，一个优秀的模型能够更好地利用数据和算力，提升应用效果。最后，人才是推动这一切的核心力量，他们需要具备深厚的专业知识，能够根据实际情况调整和优化模型，确保大模型能够在各种场景中发挥最大效用。综上所述，数据、算力、模型和人才是相互关联、相辅相成的，只有这四者紧密结合，才能推动大模型技术的成功落地和广泛应用。

3.3.1 数据

在大模型落地的必备要素中，数据占据着举足轻重的地位。作为驱动大模型学习和优化的关键，数据的重要性不言而喻。数据在大模型落地过程中发挥的重要作用体现在以下几个方面。

首先，数据是大模型训练的基础。大模型需要通过大量的数据进行学习，从而捕捉到更多的特征和模式。这些数据可以来源于多个渠道，如公开数据集、企业内部数据库、合作伙伴共享数据等。通过不断地训练和优化，模型能够逐渐学习到数据中的规律和模式，进而提高自身的预测和决策能力。在微调大模型场景里，垂直领域（下文简称垂域）的数据会被搜集、清洗和整理，用来训练垂域大模型。

其次，数据的多样性和丰富性对于提升大模型的泛化能力至关重要。不同的数据来源和类型可以为模型提供更多的学习场景，使其在面对各种情况时都能够做出准确的判断和预测。同时，数据的多样性也有助于避免模型过拟合现象，即模型在训练数据上表现良好，但在实际应用中泛化能力较差。

再次，数据的质量也直接影响着大模型的训练效果。高质量数据能够提供准确的信息和特征，使得模型能够更好地学习到数据中的规律和模式。相反，低质量数据可能导致模型学习到错误特征或者产生误导性的预测结果。因此，在数据收集和处理过程中，需要严格控制数据的质量，确保数据的准确性和可靠性。

此外，数据的时效性也是不可忽视的因素。随着时间的推移，数据中的特征和模式也会发生变化，因此需要及时更新数据集。通过不断地引入新的数据，淘汰过时的数据，可以保持模型的长期准确性和预测能力。

最后，还应注意数据的合规性和安全性，这是大模型落地过程中必须考虑的重要因素。在收集和使用数据时，需要遵守相关的法律法规和隐私规定，确保数据的合法性和正当性。同时，也需要采取有效的安全措施来保护数据安全，防止数据泄露和数据滥用。

数据在大模型落地过程中发挥着至关重要的作用。通过收集多样、丰富、高质量和有时效性的数据，并严格遵守数据合规性和安全性的要求，可以为大模型的训练和应用提供有力的支持。同时，不断优化和更新数据也是保持大模型性能和准确性的关键所在。因此，在大模型落地过程中，需要充分重视和利用好数据，以确保大模型能够在实际应用中发挥最大的价值。

3.3.2　算力

在大模型落地的必备要素中，算力是支持模型运行的核心力量。简单来说，算力就是计算机进行运算的能力，它对于大模型的训练、推理及优化过程起着至关重要的作用。

首先，算力是大模型训练的基础。大模型的训练需要处理海量的数据，通过不断地迭代优化来学习数据中的特征和模式。这一过程需要强大的算力支持，以确保模型能够在可接受的时间内完成训练，并达到预期的性能指标。如果算力不足，训练过程将变得异常缓慢，甚至可能导致模型无法收敛，严重影响训练效率和质量。

其次，算力决定着大模型的推理速度和响应时间。在实际应用中，大模型需要快速地对输入数据进行分析和预测，这就要求模型具备高效的推理能力。强大的算力可以确保模型在短时间内完成推理过程，提供及时的响应，从而满足各种实时性要求高的应用场景，如自动驾驶、医疗诊断等。

再次，算力还影响着大模型的优化和升级过程。随着数据的不断更新和模型需求的改变，大模型需要定期进行优化和调整。这一过程同样需要算力的支持，以便快速地完成模型的重新训练和微调。只有具备足够的算力，才能确保模型始终保持在最佳状态。

最后，算力的合理配置不仅决定了大模型的训练效率，还直接影响了推理速度与响应时间。随着技术的发展，算力也在不断提升。从最初的 CPU 到后来的 GPU，再到现在的 TPU（张量处理器），这些高性能硬件的出现，使得大模型可以在更短的时间内完成更复杂的计算任务。然而，算力并非越强大越好，而需根据实际需求进行合理配置。过高的算力可能会导致资源浪费和能效比下降，而过低的算力则可能无法满足模型的训练和推理需求。因此，在选择算力时，需要根据具体的应用场景、数据规模和模型复杂度等因素进行综合考虑，以确保算力的合理配置和高效利用。同时，随着云计算和边缘计算等技术的发展，算力资源正在变得越来越容易获取和调用。这使得我们可以更加灵活地调整算力配置，以满足不同场景下的需求变化。这些技术的发展为大模型的落地提供了更加便捷和高效的算力支持。例如，国内厂商如阿里云、腾讯云，国外厂商如微软云等，均提供基于云的算力租用服务，使得客户无须自行购买算力和部署便可以得到所需要的算力，同时也减少了运维工作量。

英伟达（NVIDIA）作为全球知名的 GPU 制造商，其产品在 AI 领域，尤其是深度学习领域有着广泛的应用。以下是目前一些英伟达 GPU 的型号及价格信息。

1. 高端 GPU

- NVIDIA Tesla V100：这是一款专为高性能计算和人工智能设计的 GPU，配备了大容量显存和强大的计算能力。其价格根据存储大小和配置有所不同，但通常在数万元。
- NVIDIA A100：作为 NVIDIA Tesla V100 的继任者，A100 提供了更高的性能和更先进的架构，特别适用于深度学习训练和推理。其价格也比 V100 更高，单个 GPU 的价格可能超过 10 万元。
- NVIDIA H100：这是英伟达最新一代的高端 GPU，专为 AI 和 HPC 工作负载设计。其价格非常昂贵，单个 GPU 的价格可能高达数十万元。

2. 中高端专业级 GPU

- NVIDIA RTX 8000：这是一款适用于专业图形工作站的中高端 GPU，价格为数万元。
- NVIDIA Quadro P5000/P6000：这两款是针对专业图形应用的中高端 GPU，价格为数万元。

3. **消费级及游戏级 GPU**

- NVIDIA GeForce RTX 4090：这是目前英伟达顶级的消费级 GPU，适用于高端游戏和虚拟现实应用。首发时价格约为 1.6 万元，但市场价格可能随供需关系有一定的波动。
- NVIDIA GeForce RTX 4080/4070：这两款 GPU 定位于中高端游戏市场，价格相对较低，但仍然具有较高的性能。RTX 4080 的价格通常在一万元左右，而 RTX 4070 的价格则更为亲民。

注意，以上价格仅供参考，可能因市场变化、地区差异和促销活动等因素而有所变动。在选择算力资源时，除考虑硬件性能和价格外，还需要考虑其他因素，如功耗、散热、兼容性以及后期的维护和升级成本等。此外，对于大模型的训练和推理任务来说，通常还需要考虑使用多台机器或多个 GPU 进行分布式计算的可能性。值得一提的是，随着技术的不断进步和市场竞争的加剧，新的 GPU 型号和更高效的算力解决方案还会不断涌现。因此，在做出决策之前，务必对市场进行充分的调研和比较。

整体来看，算力是大模型落地的关键要素之一。它支持着模型的训练、推理和优化过程，直接影响大模型的性能和应用效果。目前，算力是国内大模型落地较大的瓶颈因素，核心算力与高端算力市场基本上被英伟达垄断，国产替代产品如华为昇腾系列等也在努力赶超，让我们一起期待国产芯片的崛起。

3.3.3 模型

在大模型落地的关键要素中，模型是核心组成部分，它起着将数据和算力转化为实际应用价值的重要作用。

1. **模型的重要性**

模型是大数据与强大算力的有效结合点，能够将海量数据和强大算力转化为具有实际意义的输出结果。一个优秀的模型能够充分挖掘数据中的潜在信息和价值，为企业或个人提供有价值的预测和决策支持。模型的优劣直接决定了大模型应用的性能和精确度。设计合理的模型能够更准确地捕捉数据中的规律和特征，从而提供更可靠的预测和分析。相反，设计不合理的模型则可能导致预测结果的偏差，进而影响决策的准确性。

模型的灵活性和可扩展性也至关重要。在实际应用中，数据和需求会不断变化，一个优秀的模型应该能够快速适应这些变化，并通过调整参数或结构来优化性能。同时，随着数据量的增长和算力的提升，模型的可扩展性决定了其能否充分利用这些资源高效地进行预测和决策。

2. **模型架构的选择**

模型架构是支持大模型运行的关键，它决定了模型的处理能力、效率和可扩展性。在当前的技术环境下，Transformer 架构因其强大的序列建模能力而备受推崇。Transformer 架构通过自注意力机制，能够有效地捕捉序列数据中的长距离依赖关系，从而提升模型的性能。

然而，目前基于现有技术架构的大模型更擅长利用统计学上的关联性来预测和生成内容，在创新方面略显不足。未来如果想要实现通用人工智能，模型架构和基础算法需要有突破性的进展。

3. 国内外可选择的闭源和开源模型

国内外大模型厂商提供了一系列闭源和开源模型架构供企业选择，主要有以下几种。

（1）闭源模型

- OpenAI：GPT 系列（尤其是 GPT-4）是目前领先的闭源大模型。GPT-4 展示了包括复杂推理、高级编码、学术学习等多种能力，并支持文本和图像的多模态输入。
- 文心一言：百度提供了文心一言等闭源大模型，这些模型在语言理解、生成和推理等方面表现出色，适用于多种自然语言处理任务。
- 盘古：华为的盘古大模型同样采用闭源方式提供，该模型具备强大的多模态处理能力，适用于文本、图像、视频等多种类型数据的处理和分析。

（2）开源模型

- ChatGLM：ChatGLM 系列是由清华大学研发的一款大语言模型，它支持中英双语对话，具备出色的问答、多轮对话和代码生成能力。通过深度学习技术，它能够理解和生成自然语言文本，为用户提供智能、高效的交互体验。
- 通义千问：阿里巴巴的通义大模型是开源的，它涵盖了语言、听觉、多模态等领域，为开发者提供了丰富的预训练模型和工具，便于快速构建和部署 AI 应用。
- Llama：Llama 系列是 Meta 推出的开源大模型，其中，Llama 2 在语言理解、推理等任务上表现优异，且由微软通过 Azure 云服务分发。

综上所述，模型要素在大模型落地过程中占据着举足轻重的地位。选择合适的模型基座和预训练模型对于提升大模型应用的性能和准确度至关重要。目前市场上，无论是闭源还是开源模型，都提供了丰富的选择和灵活的应用方式，以满足不同行业和场景的需求。

3.3.4 人才

企业在拥有了数据、算力、模型要素之后，还需要有专业的人才组成的团队来设计与开展大模型落地工作，并且持续研发与迭代。大模型落地过程中对人才的需求主要体现在以下方面。

1. 人才需求概述

大模型的研发、部署和维护需要一支高素质的技术团队。这支团队不仅需要具备深厚的机器学习、深度学习理论基础，还需要具备丰富的实践经验和解决问题的能力。同时，团队成员对业务的理解能力也不可或缺，他们需要了解 AI 的能力边界与发展趋势，能够在合适的时机将业务与 AI 大模型结合起来，产生足够的商业价值。随着大模型的日益普及，对相关人才的需求也日益增长，企业需要组建一支多元化、跨行业的团队。

2. 关键人员与角色

- 数据工程师：负责数据清洗、预处理和特征工程，确保数据质量，为算法工程师的模型训练工作提供优质数据集。
- 算法工程师：专注于设计、开发和优化模型，确保模型的性能和准确性。他们需要具备深厚的机器学习和深度学习知识，通常这类人才稀缺度较高，薪资也相对更高。在大公司里，该岗位人员因为同时承担基础算法研究、发表论文等工作，也会被称为数据科学家。
- 软件工程师：负责将算法工程师开发出来的模型集成到实际应用中，确保模型的稳定性和可扩展性。
- 运维工程师：负责模型的部署、监控和维护，确保模型在生产环境中的稳定运行，并处理可能出现的问题。
- 业务专家：应对特定行业或领域有深入的了解，能够为大模型项目提供宝贵的业务洞察和建议，确保模型的开发和应用与业务需求紧密相连，帮助团队识别并应对与业务相关的挑战，确保大模型项目与整体业务战略和目标保持一致，参与项目规划和需求定义，从而确保解决方案满足业务需求。
- AI 与业务结合落地专家：通常由 AI 产品经理兼任，是确保大模型技术与业务需求有效结合的关键角色。他们不仅应当深谙 AI 技术的潜力与局限，还要擅长将复杂的业务需求转化为切实可行的 AI 解决方案。通过沟通协调技术团队与业务团队，他们推动产品的设计、开发和市场推广，从而确保 AI 技术在实现商业价值的同时，也能不断优化以满足市场反馈和业务变化的需求。

注意，以上人员分工较为完整，但在中小型企业里，出于成本考虑，通常是一人身兼多职，例如算法工程师兼顾数据开发、软件工程师甚至 AI 与业务结合落地专家的工作。随着大模型开发门槛越来越低，现在越来越多的软件工程师甚至可以通过使用 MaaS（模型即服务）平台、大模型微调、软件开发与运维等手段一人完成上述所有工作。如果软件工程师同时兼具良好的沟通与产品能力，也可以帮助公司落地 AI 与业务结合的各种场景，从而提高人效，成为新时代的全栈型人才。

3. 人才培养与招聘机制

- 招聘与选拔：企业可以通过校园招聘、社会招聘等渠道，选拔具备相关技能和经验的人才，满足企业的大模型研发需求。当前及未来几年是大模型技术高速发展期，相关人才很可能会出现一定程度的溢价，这将增大中小型企业尤其是一些初创型企业吸引人才的难度，因此企业可以考虑使用股权激励、职位晋升、提供编制与落户政策支持、科研算力福利等方式吸引优秀人才加入。

- 与高校或研究机构合作：通过与高校或研究机构的合作，例如开设相关课程、举办实践项目和竞赛等，培养具备相关技能的人才。这种校企合作模式，尤其是在一些企业并不具备技术自研能力的情况下，可让双方共同受益。企业端需要实际应用落地和知识产权，高校端则需要通过实际的工业场景来辅助开展科研活动。
- 职业培训：针对在职人员提供专业培训，帮助他们掌握大模型相关的技术和工具。可以借助外部培训团队，也可以利用市售的大模型开发、大模型微调等课程和书籍，帮助企业 IT 人员快速掌握相关知识。

整体来看，人才是大模型落地的关键因素之一。具备专业技能和经验的人才能够确保大模型的研发、部署和维护工作的顺利进行，从而提高企业的竞争力和创新能力。因此，企业需要重视人才的培养和招聘，为大模型的落地提供有力的人才保障。

3.4 全面梳理公司已有的业务链条，寻找 AI 落地场景

在全面了解了 AI 的能力、边界与落地四要素之后，企业需要审视自身的业务链条，以确定 AI 落地的最佳场景。这要求企业召集业务管理人员、产品经理及技术人员共同研讨。

3.4.1 选取产品与 AI 的创新结合点

如前面所述，将 AI 与企业产品有机结合，将为产品带来全新的竞争力。企业在选取产品与 AI 的创新结合点时，需要综合考虑市场需求、技术可行性、用户体验等多个方面。

企业要深入分析市场和用户需求，确定 AI 技术能够解决哪些实际问题或满足哪些潜在需求。例如，在 SaaS 产品中引入 AI 能力，可以实现智能化提效。客户关系管理系统（CRM）可以通过 AI 技术自动分析客户数据，预测客户行为，并为销售人员提供智能化的客户推荐，以及跟进建议。这不仅能提高销售效率，还能提升客户满意度。此外，通过 AI 驱动的聊天机器人，SaaS 产品还可以提供 7×24 小时的客户服务，快速响应用户问题，降低人工客服成本。

评估企业现有的技术能力和资源，以及外部可用的 AI 技术和工具也是重要的一步，这可以确保所选结合点在技术上是可行的。例如，AI PC 内置 AI 助手，就是技术与资源评估后一个很好的应用实例。

它能够智能识别用户需求，并提供个性化的办公建议。比如，它可以根据用户的历史数据和习惯自动整理文件、提醒重要事项、推荐相关资料等，为用户带来一种全新的办公体验。AI PC 的 AI 应用不仅限于此，它还支持智能语音识别和转录功能，便于进行会议记录和整理。同时，它还能根据会议内容自动生成会议纪要，并通过 AI 算法提出改进建议，大大提升了团队协作效率。

除了办公领域，AI 在智能制造和零售业等领域也有广泛的应用。在制造业中，AI 技术可用于预测设备故障并提前进行维护，降低生产中断的风险，提高设备的使用寿命。在零售业中，AI 技术可以为用户提供个性化的商品推荐，帮助零售商进行动态定价，从而提高转化率和客户满意度。

在当今快速发展的科技环境中，企业积极引入并落地大模型，不仅是为了跟上时代的步伐，更是为了提升自身的科技属性和满足融资需求。随着人工智能技术的日益成熟，大模型已成为衡量一家企业科技实力和创新能力的重要标志。企业可通过引入大模型，展示自己在科技领域的先进性和前瞻性，从而提升自身的市场竞争力。面对激烈的融资竞争，拥有大模型的企业更容易获得投资者的青睐。大模型的引入，不仅代表了企业在技术上的投入和决心，也预示着其未来可能带来的效率和增长潜力。因此，通过落地大模型，企业既能强化自己的科技标签，也能为融资活动增加有力的筹码。

在推进产品与 AI 的结合过程中，企业应关注市场需求、技术可行性和用户体验等关键因素。通过深入分析这些因素并参考以上的案例，企业可以寻找到适合自己的 AI 创新路径，从而提升产品的竞争力。同时，企业还应持续关注 AI 技术的最新发展动态和市场趋势，以便及时调整和优化自身的 AI 战略部署。

3.4.2　用 AI 替代低效重复的业务环节

如果创新能力不是强项，企业可以考虑在能够通过 AI 降本增效的业务环节应用 AI 技术。首先，要寻找低效重复而且较易标准化的业务环节，梳理出标准化的业务流程，然后，盘点可通过 AI 技术降本增效的环节，并对其进行优先级排序，最后，逐步落地实施。

寻找最易标准化的低效、重复且可用 AI 替代的业务环节时，企业可以执行以下步骤。

1. 识别低效、重复的业务环节

企业需要对内部业务流程进行全面梳理，识别出那些低效且重复的业务环节。这些环节通常具有以下特征。

- 重复性高：这些环节涉及的任务是反复进行的，例如数据录入、客服、文案编辑等。
- 耗时耗力：这些环节占用了大量的人力资源，但产生的价值相对较低，例如资料整理、信息提取等。

- 容易出错：由于人为因素的干扰，这些环节容易出现错误或延误，仅依赖于传统的 IT 数字化系统只能做到过程记录或业务流程线上化，无法做到像人一样智能化地识别与处理。

2. 评估标准化潜力

在识别出低效、重复的业务环节后，企业需要进一步评估这些环节的标准化潜力。标准化的关键在于这些环节是否可以被明确地定义和描述，并且具有一致性和可预测性。具备以下特点的环节更易于标准化。

- 明确的输入和输出：环节的输入和输出数据应该是明确且可量化的。
- 固定的操作步骤：环节的操作步骤应该是固定的，不依赖于个人经验或技能，整个操作过程可以清晰地被文字或流程图描述。
- 可衡量的性能指标：环节的性能可以通过客观指标来衡量，如处理时间、准确率等。

例如，某中型企业财务报销流程效率低下、错误频发，传统的手写报销单、审核流程烦琐且耗时。随着 AI 技术的快速发展，该企业看到了自动化优化的契机，但首要任务是评估现有报销流程的标准化潜力。通过细致分析，企业明确了报销流程的输入输出数据，确保信息数字化、可量化，为大模型的识别与处理奠定基础。同时，深入剖析了流程中的操作步骤，识别出数据录入、初步审核等固定且可重复的环节，由于这些环节具有明确的操作规范和高度的重复性，它们成为标准化的理想对象。针对依赖个人经验的复杂审核步骤，企业可制定详尽的规则与指南，以减少主观判断，增强流程的一致性和可预测性。

基于上述评估，企业决定对报销流程进行全面标准化改造，并引入大模型作为自动化处理的核心。通过 AI 的智能识别技术，报销单上的各项信息得以快速准确地录入系统；利用数据比对功能，AI 能高效验证发票真伪、核对金额，完成初步审核工作。这一变革不仅大幅提升了报销流程的效率与准确性，还显著降低了人力成本，使员工从烦琐的报销事务中解脱出来，提高了员工的工作满意度。更重要的是，这一举措标志着企业在数字化转型道路上迈出了坚实的一步，为大模型的深入应用与持续优化奠定了坚实的基础，预示着未来更多业务流程将实现智能化、自动化，推动企业向更高效、更智能的方向发展。

3. 选择适合的 AI 技术替代

针对识别出的低效、重复的业务环节，企业可以选择合适的 AI 技术将其替代。以下是一些常见的 AI 技术应用场景。

- 自动化数据录入：对于需要大量数据录入的环节，可以使用光学字符识别（OCR）和自然语言处理技术来自动识别文档中的信息并录入系统。
- 智能客服：对于客服响应等需要大量人力处理的环节，可以使用智能客服系统来自动回复用户咨询。这些系统通常基于自然语言处理和机器学习技术实现，能够识别用户提出的常见问题并提供相应的解答。

- 预测分析：对于需要进行数据分析和预测的环节，可以使用机器学习模型来自动分析数据并生成预测报告。这些模型可以基于历史数据进行训练，提供更准确的预测结果。

例如，某家电商企业存在大量的客户咨询和订单处理任务。通过梳理业务流程，企业发现客服响应和订单录入是两个低效且重复的环节。针对这两个环节，企业可以选择引入智能客服系统和自动化订单录入系统。智能客服系统可以自动识别并回复用户的常见问题，自动化订单录入系统则可以通过 OCR 技术自动识别订单信息并录入系统。通过实施这些 AI 替代方案，企业可以显著提高客服响应速度和订单处理效率，同时降低人力成本，并有效减少人为错误的发生。

3.4.3　对标同行业或跨行业友商的 AI 方案

很多企业讲究对标，用通俗一点的语言讲就是借鉴他人成功的经验。美团创始人王兴也经常在内部强调，企业在遇到问题想解决方案时，首先看别人是不是也遇到过这个问题，别人采取了什么解决方案，而且世界上 99% 的问题其实别人都解决过。因此，企业在进行大模型落地时，为了避免自己投入过早而“踩坑”，可以先参考一下同行业或跨行业友商的方案。

企业想要对标同行业或跨行业友商的 AI 方案，了解并学习其他公司的成功应用，可以执行以下步骤。

1. 市场调研与信息收集

- 行业报告与研究：查阅相关的行业报告、市场研究和专业分析，了解行业内 AI 技术的应用趋势和成功案例。
- 参加行业会议与展览：通过参加行业内的会议、展览等活动，与业内人士交流，获取第一手信息。
- 专业网站与论坛：关注行业内的专业网站、论坛和社交媒体群组，收集最新的 AI 应用动态和讨论。
- 私人关系：利用私人关系，通过社交活动、俱乐部等深入交流并汲取经验。

2. 分析友商的 AI 应用点

- 产品调研：通过直接购买友商的产品并深入使用，研究其中做得不错的 AI 应用，并分析其投入产出比。
- 官方网站与案例研究：访问友商的官方网站，查看他们是否公开了 AI 技术的具体应用案例或研究成果。

- 新闻报道与分析：搜集友商在 AI 方面的新闻报道，分析他们的主要应用方向和成果。
- 学术论文与合作研究：查找友商是否发表了相关的学术论文或与其他机构进行了合作研究，这可以反映他们在 AI 领域的深入程度。

3. 对比与借鉴

- 对比自身与友商的差异：在了解了友商的 AI 应用点后，对比自身企业在同一领域的应用情况，找出差距和潜在的改进点。
- 借鉴成功案例：对于友商成功的 AI 应用案例，可以结合自身企业的实际情况进行借鉴或改造。
- 避免盲目跟风：虽然借鉴确实有益，但也要考虑自身企业的实际需求和资源情况，避免盲目跟风或过度投入。

4. 制订实施计划

- 明确目标与定位：根据市场调研和友商对比的结果，明确企业在 AI 领域的发展目标和定位，是计划用 AI 来做内部提效，还是用 AI 来打造新的产品卖点等。
- 制订实施方案：结合企业的实际情况，制订具体的 AI 应用实施方案，包括技术选型、团队组建、计划时间表等。
- 评估与调整：在实施过程中不断评估效果，根据实际情况进行调整和优化。

通过以上步骤，企业可以更加明确地了解同行业或跨行业友商的 AI 方案，并根据自身情况制订合适的实施计划。这样不仅可以提升企业的竞争力，还可以避免盲目投入和资源浪费。请注意，虽然借鉴他人成功的经验是一个快速学习的方法，但企业仍然需要结合自身的实际情况进行创新和发展，以形成自己的竞争优势。

第 4 章

大模型落地方案解析

4.1 根据不同预算和企业规模选择合适的落地方案

企业需要结合自身发展阶段和资金预算，选择适合的大模型落地方案，以实现投入产出比的最大化。

4.1.1 使用公有云大模型

对于中小型企业，由于缺乏足够的大模型自研资金与技术实力，比较适合直接通过 API 等方式调用公有云厂商的大模型。这种方式成本最低，投入产出比较高。

近年来，国内的公有云大模型厂商如百度、阿里、科大讯飞等，都陆续推出了 MaaS 平台，供企业客户在公有云上以低成本训练和部署自己的专属大模型。这可以节省购买算力的成本和算法人员的开支等，实现低代码甚至零代码训练大模型，以及在云上微调、部署与运行。在这种模式下，算力购买转变为算力租赁，对于中小企业而言更为划算。

1. 步骤

企业通过公有云来实现大模型落地，具体步骤如下。

（1）明确需求与目标

首先，企业需要明确大模型的具体应用场景和业务需求，例如自然语言处理、图像识别等。然后，根据业务需求，设定大模型落地的具体目标，如提高处理速度、优化用户体验等，以便后续有针对性地选择合适的公有云服务和 API。

（2）选择合适的公有云平台

在明确需求和目标后，企业需要对市场上的公有云平台进行调研，了解各平台提供的 API 服务。然后，根据企业需求，综合考虑平台的性能、稳定性、安全性及价格等因素，选择最适合的公有云平台。

国内主要的公有云大模型服务提供商有以下几家。

- 阿里云：阿里云提供了多种 AI 服务和大模型解决方案，包括自然语言处理、图像识别等领域的大模型。
- 腾讯云：腾讯云也推出了自己的大模型，涵盖自然语言处理、图像分析等多个方面，供企业和开发者使用。
- 华为云：华为云同样提供了丰富的 AI 服务，包括基于大模型的各类智能解决方案，助力企业实现智能化转型。
- 百度智能云：百度在 AI 领域有着深厚的积累，提供了包括自然语言大模型、视觉大模型等多种大模型服务。

国外的公有云大模型服务提供商主要有以下几家。

- Amazon Web Services（AWS）：提供了广泛的 AI 服务和机器学习功能，包括基于大模型的自然语言处理、图像和视频分析等。
- Google Cloud Platform（GCP）：Google Cloud 的 AI 平台提供了强大的机器学习和大模型支持，包括自然语言处理、图像识别等 AI 功能。
- Microsoft Azure：其认知服务中包含了多个基于大模型的 AI 功能，如语言理解、语音识别等。

这些公有云平台都提供了丰富的大模型工具和服务，可以帮助企业和开发者快速构建和部署智能应用。不过，具体选择哪个平台，还需要根据实际需求、预算及技术栈等因素来综合考虑。例如，部分企业可能会出于融资需要，应股东方的要求，只能使用某家公有云；部分企业发展到一定规模会选择“混合云策略”，即至少选择两家公有云，同时自建 IDC。随着技术的不断发展，这些平台也在不断更新和完善自己的大模型服务，因此需要关注各平台最新的动态和发展趋势。注意，由于技术和服务可能随时更新，建议直接访问相关云平台的官方网站或咨询其技术支持，以获取最准确的信息。

（3）调用公有云 API 进行大模型部署

选定公有云平台后，企业需要在平台上注册账号，并获取 API 密钥，以便进行后续的 API 调用。通过调用公有云 API，企业可以将大模型与自身的业务系统进行集成，并进行充分的测试，以确保模型的稳定性和性能。

如果企业计划使用公有云进行大模型训练与微调，也可以在公有云界面上上传自己清洗好的数据，通过无代码方式训练与微调自家的专属大模型。待训练完毕后，企业可以通过上述调用 API 的方式将大模型与自身的业务系统进行集成。

（4）优化与监控

在大模型运行过程中，企业可能需要根据实际需求调整云资源的配置和模型的参数，以达到最佳性能。通过公有云平台的监控工具，企业可以实时监控大模型的运行状态和性能指标，并根据监控数据进行必要的调整。此外，企业还应制定故障处理预案，确保在大模型出现故障时能够及时响应并恢复服务。

（5）数据安全与合规性

在公有云平台上部署大模型时，数据安全性是重中之重。企业需要确保对所有上传的数据进行加密，设置严格的访问控制和身份验证机制。同时，企业还需要确保大模型的部署和使用符合相关法律法规和行业标准的要求，以避免合规性问题。

企业在使用公有云大模型时，普遍担忧数据安全，尤其担心商业数据被泄露或不当使用，如公有云服务提供商利用这些数据优化模型后，将服务提供给竞争对手，损害企业的核心竞争力。为应对这些问题，企业应首先选择信誉良好且拥有严格数据保护措施的公有云平台。同时，在数据上传到云端之前，企业还应对其进行加密处理，提高数据的安全性。此外，企业还应与公有云服务提供商签订严格的数据保密协议，明确规定数据的所有权、使用权和保密责任。通过这些措施，企业可以在利用公有云大模型带来的便利与效率的同时，有效保护自身的数据安全，防止敏感信息外泄。

总的来说，企业通过调用公有云 API 来实现大模型落地，需要执行以下步骤：明确需求与目标、选择公有云平台、调用与部署 API、实施优化与监控，以及确保数据安全与合规性等。遵循上述步骤，企业可以有效地将大模型应用到实际业务中，并提升业务效率和准确性。

2. 公有云大模型的优势与挑战

企业通过公有云部署大模型，既有诸多优势，也面临一些挑战。

（1）优势

- 高效快速部署：公有云 API 提供了标准化的接口，使得企业能够快速地将大模型部署到云端。通过调用这些 API，企业可以轻松地完成资源管理和操作，从而加快大模型的落地速度。
- 弹性扩展：公有云平台通常提供弹性扩展的功能，企业可以根据业务需求动态地调整计算资源，以满足大模型在不同阶段的计算需求。
- 成本优化：公有云平台通常采用按需计费的模式，企业只需支付实际使用的资源费用，避免了前期大量的硬件投资和后续高昂的维护成本。
- 专业的安全保障：公有云平台通常具有强大的安全团队和多层次的安全保障措施，如云盾、防火墙、防 DDoS 攻击服务等。通过调用公有云 API，企业可以利用这些安全措施来保护大模型的数据和代码安全，避免完全自行构建整个 IT 安全体系。

- 全球化服务支持：大多数公有云平台在全球设有多个数据中心，企业可以轻松地实现大模型的全球化部署和服务，以确保全球不同地域的用户都能享有稳定快速的服务访问体验。

（2）挑战

- 数据隐私和安全风险：虽然公有云平台提供了多种安全措施，但企业仍然需要谨慎处理敏感数据。企业通过 API 调用传输数据时，需要确保数据加密、访问控制等安全措施到位，以防止数据泄露和非法访问。
- 依赖云服务提供商：使用公有云 API 意味着企业将在一定程度上依赖云服务提供商。如果云服务出现故障或中断，可能会影响大模型的正常运行和服务质量，从而对企业造成不利后果。
- 网络延迟和带宽限制：通过 API 调用公有云资源时，可能会受到网络延迟和带宽限制的影响，这可能会对大模型的性能和响应时间产生负面影响。
- 定制化限制：公有云 API 提供的是标准化的接口和功能，可能无法满足企业的特定需求。在这种情况下，企业需要进行额外的开发和集成工作。
- 动态成本增长风险：使用公有云大模型意味着一开始投入的固定成本相对较低，但随着 API 调用量、数据量等的规模增大到一定量级，成本会变得越来越高（因为费用是按实际使用情况计费的），甚至阻碍企业的盈利能力。因此，企业应提前进行详细的成本测算，并提前规划未来自研或微调大模型的方案。

4.1.2 与外部厂商合作

如果企业担心在使用公有云大模型时存在数据安全、便捷性不足等问题，可以考虑与外部大模型服务提供商合作，通过签署合作协议或分包形式建设企业专属的大模型，并将其私有化部署在企业自有数据中心中。目前，外部厂商也相对较多，企业可以考虑与百度文心一言、华为盘古、清华智谱、MiniMax 等大模型服务提供商开展合作，共同推动大模型落地。大模型服务提供商也可以根据企业的需求提供完整的解决方案，其中应包括落地培训、咨询、数据清洗与整理、模型训练、上线部署、安全与备案、运维等全流程服务。

1. 明确合作目标与需求

企业首先需要明确自身对于大模型的具体需求和目标，例如提升业务效率、优化用户体验、解决特定业务问题等。与此同时，了解大模型服务提供商的技术特点和优势，以便更好地制定合作计划。

2. 建立联系与初步沟通

企业可以通过官方网站、行业会议、专业展会等途径，与大模型服务提供商取得联系，然后便可安排初步沟通，讨论合作的可能性，明确双方的合作意愿和期望。

3. 签订合作协议与明确分工

在初步沟通达成一致后，双方应签署正式的合作协议，明确合作范围、期限、责任和义务等内容。例如，大模型服务提供商应负责提供基础模型和技术支持，而企业则负责提供应用场景、数据资源和业务需求等。

4. 技术整合与定制开发

在合作过程中，企业需要将外部服务提供商的大模型技术与自身业务系统进行整合，确保数据传输的顺畅和模型的稳定运行。根据企业的实际需求，大模型服务提供商需要对模型进行定制开发，以满足特定的业务场景和需求。

5. 模型训练与优化

企业应提供用于训练模型的高质量数据集，并确保数据的准确且完整。大模型服务提供商利用提供的数据集进行模型训练，并根据运行效果和反馈数据进行持续优化。

6. 部署、测试与上线

在训练和优化完成后，模型需要部署到企业的实际环境中进行测试。对部署后的模型进行全面的功能和性能测试，确保其满足业务需求并具备稳定的性能。在通过测试后，将模型正式上线运行，并持续监控模型的运行状态和性能。

7. 持续支持与服务

大模型服务提供商应提供必要的技术支持和服务，确保模型的稳定运行和持续优化。企业也需要指定专门团队负责与大模型服务提供商沟通和协作，以便及时解决问题和反馈需求。

8. 安全与合规性保障

在合作过程中，双方应严格遵守数据安全和隐私保护的相关规定，确保数据的安全性和合规性。同时，合作项目和成果应符合相关法律法规和行业标准的要求。在国内，直接或间接将大模型技术用于商业化场景的 APP 必须进行备案。

企业可以与百度文心一言、华为盘古等大模型服务提供商建立有效的合作关系，通过以上步骤，共同推动大模型在具体业务场景中的落地应用。在具体商业付费模式上，双方可以采取合同约定的方式，约定满足一定时间或验收标准后给予对方一定比例的费用，或约定采取获取利润后再分成结算等形式。

如果企业出于保护客户数据隐私、拥有自主知识产权等需求，想要将与服务提供商合作研发的大模型在内部机房进行私有化部署，则需要进一步与对方协商，不过该方式会面临较高的成本支出。

4.1.3 内部微调大模型

当企业无法访问公有云大模型服务，或者因数据隐私、安全、业务特殊性，以及想要拥有知识产权，不能完全依赖外部厂商进行大模型研发时，企业通常需要自主招聘专业人才进行大模型的微调。这种方式的整体成本要比完全从 0 到 1 自研大模型低一些，所需费用会随人力、算力、推理并发度、参数规模、数据规模的增加而增加，一般整体成本从几十万元到几千万元不等。

大模型的微调是指在已有预训练模型的基础上，针对特定任务或数据集进行参数调整和优化，以提高模型在特定任务上的性能。微调能够使得大模型更好地适应不同的应用场景和需求，提升模型的准确性和效率。例如，可以通过微调使大模型更好地理解某个垂直行业的知识，或提高某个特定场景的准确度。

企业在进行大模型微调时，通常需要事先寻找一个开源的预训练模型作为基础。国内外常见的开源预训练模型有以下几种。

（1）ChatGLM

ChatGLM 是由清华大学推出的基于 GLM（General Language Model，通用语言模型）的开源双语对话模型，特别适用于中文和英文场景。它的架构基于 Transformer 实现，旨在通过大规模数据训练来学习语言的统计规律和语义表示，从而能够有效完成自然语言处理任务，如文本生成、问答系统、对话生成等。它通过不断优化和改进，来提高语言理解和生成能力，为用户提供更加智能和高效的语言交互服务。ChatGLM 的主要特点如下。

- 专注于对话应答：特别适用于聊天机器人和智能助手。
- 优化回复质量：通过最大化基于评估的奖励函数来改进回复质量，考虑了语义相关性、语法准确性和流畅度等指标。
- 应用场景广泛：常用于在线客服系统，提供即时的解答和支持。

（2）Llama

Llama 是由 Meta 推出的大语言模型，拥有巨大的参数规模和丰富的知识库。它基于深度学习技术，具有强大的自然语言理解与生成能力，其主要特点如下。

- 自然语言理解能力强大：具备优秀的文本分类、情感分析等任务能力。
- 文本生成能力出色：可以生成高质量的文章、对话等。
- 应用场景广泛：常作为对话系统的核心引擎，提供个性化的服务和建议。
- 内置的知识图谱丰富：这些知识图谱为智能推荐系统、知识问答系统等提供基础。

（3）通义千问

通义千问是阿里云推出的一款超大规模语言模型，于 2023 年 9 月 13 日正式向公众开放。它是阿里云的 MaaS 平台的核心组件，具备多模态理解和多模态生成的能力，其主要特点如下。

- 支持多轮对话和文案创作：通义千问能够理解上下文，生成流畅且符合逻辑的对话内容。此外，它也能够生成符合需求的高质量文本。
- 具有多模态理解与生成能力：能够处理多模态数据，例如图像与视频等。这使得它能在更广泛的应用场景中发挥作用，比如图文生成和视觉问答等任务。
- API 和 APP 接入便捷：用户可轻松将其功能集成到业务流程中，方便快速开发与部署。

（4）百川智能

百川智能是北京百川智能科技有限公司推出的大模型产品，融合了意图理解、信息检索以及强化学习技术，特别适用于知识问答、文本创作等领域，其主要特点如下。

- 结合了有监督微调与基于人类反馈的优化两项技术：确保模型更好地理解人类意图并根据人类反馈不断优化，从而使回答更符合预期，且能生成更精准的定制化输出。
- 开源且开发便利：提供了开源的大模型供开发者和研究者使用，方便进行二次开发与研究，具有极大的灵活性。
- 合规且安全性强：遵循国家网信办颁布的《生成式人工智能服务管理暂行办法》，能够确保企业在法律框架内安全地使用大模型技术。

（5）Stable Diffusion

Stable Diffusion 是一个基于 LDM（Latent Diffusion Model，潜在扩散模型）的开源图像生成模型。它通过在一个潜在表示空间中迭代去噪来生成高质量的图像，然后将表示结果解码为完整的图像，其主要特点如下。

- 具有高效的图像生成功能：能够在高维度特征上建立扩散模型，降低了资源消耗，同时保证了较高的生成精度。
- 性能达到 State-of-the-art 水平：在图文生成任务中表现出色，达到当前最优性能水平。
- 应用门槛低：能够在消费级 GPU 上快速生成高质量图片，降低了图文生成的门槛。

微调大模型可以分为全微调、部分微调以及指令微调这三种方式，一般来说，在资金与人员投入方面，全微调投入最大，部分微调次之，指令微调相对最少，而由此带来的专业性效果也会呈现出相应的递减趋势。

1. 全微调

全微调是在预训练模型的基础上对整个模型的所有参数进行调整和优化的方法。这种方法旨在利用预训练模型中的通用知识，通过微调使其更好地适应特定任务需求。

在全微调过程中，模型的每一层都会参与参数调整，包括底层的卷积层、池化层，以及顶层的全连接层等。这意味着模型中的每一个权重和偏置参数都会被优化，以最小化在目标任务上的预测误差。通过反向传播算法，模型会根据目标任务的损失函数来更新其参数，从而逐渐学习到目标任务中的特定规律和数据分布模式。

全微调的优势在于它能够充分利用预训练模型中的通用知识，并通过微调来适应新的数据分布和任务需求。不过，全微调需要更新和优化模型中的所有参数，因而也需要较大的计算资源和时间成本。

在进行全微调时，还需要注意过拟合的问题。由于模型的所有参数都会被调整，如果没有足够的数据进行训练，或者训练时间过长，可能会导致模型在训练数据上表现良好，但在测试数据上表现不佳的情况。为避免这种情况，可以采取一些正则化技术，如 L1 正则化、L2 正则化或 dropout 等，来增强模型的泛化能力。

2. 部分微调

部分微调是对预训练模型的部分参数进行调整而保持其他参数不变的微调方法。这种方法较为灵活，效率较高。

在部分微调中，通常只调整预训练模型中的顶层或某几层参数，保留底层的通用特征。顶层或某几层的微调主要是为了适应新任务的特定特征，而底层特征则用于捕捉通用模式与信息。

部分微调的局限在于无法充分利用预训练模型中的全部知识，尤其在模型需要深入理解新任务时，可能表现不足。因此，部分微调适用于算力有限且需要对模型进行快速优化的场景。

3. 指令微调

指令微调是大模型微调中的一种重要技术，主要通过使用特定的数据集对预训练大语言模型进行深入训练，以适应特定任务或领域。这种方法通常用于模型理解与执行自然语言指令的任务。

指令微调使用少量高质量的自然语言指令数据进行微调。模型通过收集或构建指令化的实例，以有监督方式对模型的参数进行调整，使模型能够更好地理解和执行自然语言指令。

指令微调的调整方式为从少量数据中识别出最有价值的核心样本，并利用这些样本来微调模型的指令参数。这样可以帮助模型获取下游任务的知识，从而实现更好的性能。

指令微调的优势如下。

- 指令微调能够显著减少数据使用量，优化模型参数，从而节约数据成本并提高模型性能。
- 通过指令微调，大模型可以展现出较强的指令遵循能力，能够通过零样本学习解决多种下游任务。
- 与其他微调方法相比，指令微调需要的训练时间和计算资源可能更少。

指令微调的劣势如下。

- 对指令数据的质量要求高：指令微调依赖高质量的自然语言指令数据，如果指令数据不准确、不清晰或者过于复杂，模型的训练效果可能会大打折扣。这需要投入大量的时间和资源来准备和清洗数据。
- 任务适用性有限：虽然指令微调在多种任务中表现出色，但对于某些特定或高度专业化的任务而言，它可能并非最优选择。这些任务可能需要更深入的模型定制或优化，这往往超出了指令微调的范畴。
- 性能可能不及全微调或部分微调：在某些情况下，全微调或部分微调可能因为对特定任务进行了更深入的优化而表现出更好的性能。指令微调虽然泛化能力强，但在某些具体任务上的性能可能稍逊一筹。
- 对模型原始性能的依赖性较强：指令微调是在预训练模型的基础上进行调整的，因此其效果在很大程度上依赖原始模型的性能。如果原始模型在某些方面存在缺陷，这些缺陷可能会通过指令微调被放大或传递到新任务中。
- 技术实现难度较高：指令微调需要精确地调整模型的参数以响应自然语言指令，这要求技术人员具备较高的专业水平和经验。同时，由于涉及复杂的自然语言处理，技术实现的难度相对较大。

指令微调与部分微调的区别如下。

- 调整范围不同：指令微调主要关注模型的指令遵循能力，而部分微调更侧重于模型的某个具体任务。
- 数据需求量不同：指令微调通常使用少量数据进行调整，而部分微调可能需要更多的数据来针对特定任务进行优化。
- 泛化能力不一样：指令微调后的模型通常具有更强的泛化能力，能够适应多种下游任务，而部分微调可能更专注于提高模型在某一具体任务上的性能表现。

4.1.4　大模型 + RAG

当企业面对诸如法律文档、医疗诊断报告以及金融报告等撰写任务时，内容的准确性与专业度显得至关重要。此时，引入 RAG（Retrieval-Augmented Generation，检索增强生成）技术，无疑为这些复杂且关键的文本生成任务提供了强有力的支持。RAG 技术巧妙地将大模型的生成能力与信息检索的精准性相结合，能够帮助企业应对复杂且苛刻的文本生成需求。

RAG 技术的核心在于其独特的双引擎架构：一方面是基于大规模语料库训练的大语言模型，负责生成流畅的文本；另一方面则是高度专业化的信息检索系统，能够从特定数据库中提取专业信息。这种架构不仅确保生成的文本语言流畅，还具有深厚的专业性和精准的事实依据，可以轻松应对各种复杂场景。

在企业实施大模型战略的过程中，将 RAG 技术融入其中是一项极具前瞻性和战略意义的举措。首先，企业可以利用业界领先的预训练大模型作为基础，这些模型已经通过海量文本的训练，具备了丰富的语言知识和生成能力。然后，面对特定行业的专业化需求，单纯的预训练模型往往显得力不从心，因此企业可以通过微调技术，使模型更加适应特定领域的语境和规则。

接下来，构建与模型紧密集成的高效检索系统成为关键。该系统需要能够访问企业内部的数据库、外部的专业知识库、行业报告、历史案例，以及实时更新的数据源。通过智能的查询策略和高效的索引机制，该系统应能迅速检索出任务需求相关信息。这些信息不仅要涵盖专业的术语、定义和案例分析，还应包括最新的研究成果和政策法规等。这些信息为文本生成提供了坚实的数据支撑。

大模型 + RAG 的应用将为企业带来显著的业务价值。一方面，它极大提升了文本生成的准确性和专业性，减少了因人为错误或信息不全导致的风险。在法律领域，这意味着更加严谨的合同和诉讼文件；在医疗领域是更加精准的诊断报告和治疗建议；在金融领域则是更加深入的市场分析和投资决策。另一方面，这种方法降低了对大量标注数据的依赖，使得企业能够更加经济且高效地利用大模型技术，不仅节约了成本，还加速了行业的数字化转型进程。

大模型 + RAG 的应用还将对社会产生积极的影响。它会促进知识的共享和传播，使得专业领域的知识能够更加便捷地服务于更广泛的人群。同时，它也会提高企业决策的科学性和透明度，增强社会对企业的信任感。RAG 技术作为企业应对高度专业化内容生成需求的重要工具，正逐步成为企业落地大模型战略中的关键一环。通过大模型与 RAG 的深度融合，企业不仅能够提升文本生成的质量和效率，还能够在激烈的市场竞争中占据有利地位，实现业务的持续增长和创新发展。

4.1.5 从 0 到 1 自研大模型

当使用公有云和微调大模型均无法满足企业需求时，企业会选择从 0 到 1 自研大模型。这种方式需要考虑从基础预训练到模型部署的全过程，涉及技术储备、研发资金以及人力等多方面的大量投入。企业在以下情况可以选择从 0 到 1 自研大模型。

- 追求技术领先与差异化：对于技术驱动型企业，自研大模型可以作为一种技术储备和差异化的竞争手段。通过掌握核心技术和算法，企业能够在市场上获得更大的竞争优势。国内外企业如百度、阿里巴巴、OpenAI、Meta 等均属于此类需求的企业，他们大多通过自研大模型来体现自家技术实力，打造核心竞争力。

- 目前已有大模型均无法满足企业需求：当市场上的通用大模型无法满足企业的业务需求，或者需要模型更紧密地集成到企业特有的业务流程中时，自研大模型无疑将成为首选。这可以确保模型与企业的实际工作场景完全契合，提高工作效率。

然而，企业从 0 到 1 自研大模型是一个复杂且资源密集的过程，它不仅涉及底层架构设计、技术选型，还包括高精尖团队的组建和大量资金的投入。

在自研大模型的过程中，底层模型架构的选择至关重要，例如可以选择当下流行的 Transformer 架构或采用 Diffusion Model 作为模型的基础。在确定底层模型架构时，需要特别关注底层模型架构的多个方面。

- 要充分利用 GPU、TPU 等专用硬件进行并行计算和加速，以提升训练和推理效率。
- 合理设计缓存机制，优化数据加载速度并减少 I/O 延迟，这对于处理大规模数据集至关重要。
- 实现高效的自动微分系统，以支持如 Transformer 这样复杂的网络结构和优化算法，确保梯度计算的准确性与高效性。
- 在多机多卡环境下，高效的通信协议和分布式计算策略能显著减少数据传输的开销。
- 支持模型压缩技术，如量化和剪枝，以降低基于 Diffusion Model 等的模型复杂度。
- 为确保训练稳定和数据完整，完善的容错与恢复机制必不可少。

自研大模型时，训练框架一般会采用自研框架而非开源框架，自研框架还应提供友好的 API 和文档，降低开发人员的学习成本，并支持轻松扩展，以适应未来模型和算法的发展。

综合考虑上述要素将有助于提高自研大模型的整体性能和实用性。

在团队建设方面，除了招募具有丰富经验和专业技能的 AI 科学家和高效的工程师团队，还需要不断培养团队成员的技术能力和合作精神。AI 科学家负责模型的设计、训练和优化，而工程师团队则负责系统的开发、部署和维护工作。

资金投入方面，自研大模型是一项资金密集型任务。除了初始的研发投入，还需要考虑市场推广和运营维护的费用。因此，需要积极寻求外部融资，并制定合理的资金使用计划。完全自研大模型的资金投入一般在几千万元以上，一些尖端企业甚至投入数亿美元。因此大部分中小企业不会选择这种方式。

在整个自研过程中，还需要密切关注技术、市场、资金和安全合规等方面的风险。技术风险包括模型优化和数据处理等难题，市场风险涉及市场竞争和用户需求的变化，资金风险则与项目的长期性和耗资巨大密切相关，而安全合规风险则要求企业投入专门的人力来进行数据安全、内容安全、算法备案等安全合规工作，确保符合国内监管政策要求。

由此可见，企业从 0 到 1 自研大模型需要全面的技术实力、充足的资金投入和敏锐的市场洞察力。通过合理设计架构，选用先进技术，建设高效的团队，实施周密的风险管控，企业可以逐步实现自研大模型的目标，在激烈的市场竞争中脱颖而出。

事实上，国内众多科技巨头，如百度、阿里、华为、科大讯飞、昆仑万维等，都选择从 0 到 1 自研大模型，这主要基于它们既具备雄厚的 AI 研发实力，也积累了大量的数据。而更重要的是，这些企业需要通过自主研发大模型来布局未来，避免在人工智能时代落伍。

4.2 评估大模型落地整体预算投入

4.2.1 数据投入

以下是在数据方面需要投入的费用。

- 数据采集与整理费用：企业需根据业务需求，确定所需数据量及种类，并估算采集、清洗和标注数据的成本。评估具体成本时，可以考虑人力投入费用，例如在北上广地区可能为每人每月 30000 元左右。
- 数据存储与管理费用：考虑到大数据的存储需求，企业需要评估云存储或本地存储设备的费用，以及数据维护和管理的人员成本。
- 数据采购费用：部分领域的数据由于存在较高专业性壁垒，需要向第三方机构采购，该部分数据采购费用由企业根据数据稀缺性与市场价格进行评估。

4.2.2 算力投入

以下是在算力方面需要投入的费用。

- 硬件费用：根据模型训练和推理的计算需求，企业需选择合适的硬件设备（如 GPU、TPU 等），并估算其购置费用。
- 运维费用：包括硬件设备的维护、升级、电力消耗、机房托管费用、机架租赁费用等。
- 云服务费用：如果选择使用云服务，需要考虑云服务提供商的收费标准和使用量。

4.2.3　技术投入

以下是在技术方面需要投入的费用。

- 模型开发与优化费用：这部分投入涵盖了算法设计、模型训练、调优等方面，可能需要聘请专家团队或外包给专业厂商进行。
- 软件许可费用：如果使用了特定的软件工具或平台（如训练平台、数据标注平台等），需要考虑相关的许可费用。

4.2.4　人力投入

以下是在人力方面需要投入的费用。

- 团队组建与培训费用：企业需要组建专业的数据科学团队，成员可能包括数据工程师、数据科学家等，并进行相关培训。
- 项目管理费用：整个项目的执行管理也需要一支专职团队。为确保项目进度和质量，企业需要聘用专职项目经理及相应团队，这也需要一定的费用投入。

综合考虑以上 4 个方面，企业可以制定详细的大模型落地预算。需要注意的是，这些投入并非一次性支出，而是持续性的投入，因此在做预算时要考虑长期运营成本。同时，随着技术的不断进步和市场环境的变化，预算也需要进行适时的调整和优化。

4.3　衡量 AI 落地的投入产出比

在通过上述方法估算出大模型整体投入的预算费用后，企业接下来需要估算 AI 落地的投资回报率，即 ROI。

ROI（Return on Investment）是衡量企业从一项投资性商业活动中获得的经济回报的指标，其计算公式为：

$$投资回报率 = （收益 - 成本）/ 成本 \times 100\%$$

这个指标可以帮助企业了解其投资活动的盈利能力。

企业衡量 AI 落地的投资回报率是一项关键且复杂的任务，涉及多个方面的考量。以下是一些建议和方法，帮助企业有效地衡量 AI 项目的 ROI。

1. 明确投资成本和收益

- 投资成本不仅包括购买和部署 AI 技术所需的直接成本，还包括人员培训、系统集成、数据准备等间接成本。整体投资成本的评估可参考上节介绍的框架，计算出一定时间维度上的整体成本，并在项目进行中不断调整与优化。
- AI 项目带来的收益可能包括业务效率提升、运营成本节约、销售增长、客户满意度提升等，这些都需要具体量化评估，以便准确计算 ROI。

2. 设定合理的评估周期

AI 项目的收益可能不是立即显现的，因此企业需要设定一个合理的评估周期，比如 6 个月、1 年或更长，以便准确衡量项目的长期效益。

3. 使用具体的量化指标

企业可以通过比较 AI 项目实施前后的生产效率、客户满意度、销售额、市场份额等关键绩效指标（KPI）的变化来衡量 ROI。

4. 考虑风险和不确定性

AI 项目具有一定的风险，包括技术风险、市场风险等。企业需在计算 ROI 时对这些风险因素进行评估，并考虑它们对项目收益的可能影响。

5. 与行业标准和同行比较

通过分析行业标准和同行的 AI 项目 ROI 情况，企业可以更好地评估自身项目的表现，并做出相应的调整。

6. 持续监控和调整

AI 项目的 ROI 可能会随着时间的推移而发生变化，因此企业需要建立持续的监控机制，定期评估项目的 ROI，并根据实际情况进行调整和优化。

总之，衡量 AI 项目落地的投资回报率是一个持续且动态的过程，需要企业综合考虑多个因素，并采用科学的方法来进行分析和评估。通过这样做，企业可以更加明智地管理其 AI 投资，确保这些投资能够为企业带来最大的价值。在当下降本增效的时代，ROI 对于企业来说至关重要。除非是为了满足提升企业科技属性、扩大用户规模、丰富功能等具体需求，否则不应盲目地对大模型落地进行投入，因为这很容易造成财务压力，甚至导致企业亏损倒闭。

三、企业落地步骤篇

本篇详细介绍大模型落地的具体步骤，包括从数据预处理到大模型评测，再到大模型算法备案等，带领读者了解大模型落地的所有细节以及注意事项。

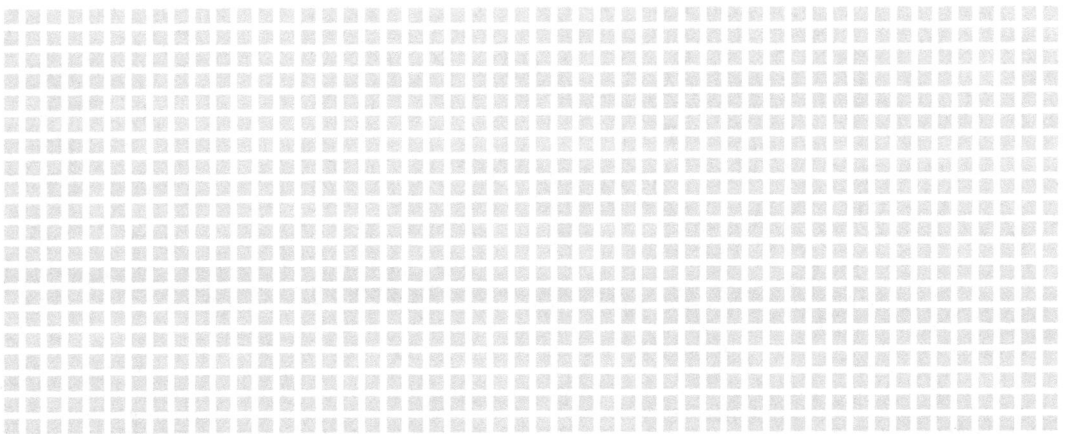

第 5 章

大模型落地全流程

企业在做足准备工作之后，可以开始进行系统性的大模型落地工作了，本章将介绍大模型落地全流程，包括具体实施步骤，以及大模型安全、算法备案和内容版权等相关内容。

5.1 数据预处理

大模型在落地之前，数据预处理工作非常关键，其中包括数据采集、数据标注、数据清洗等。这些工作都需要遵循系统性的框架与方法。

5.1.1 具体要求

数据预处理步骤对于数据方面的要求具体如下。

1. 数据规模

- 大模型需要更大规模的数据集进行微调和预训练，以确保模型能够广泛且深入地学习知识。
- 数据集应尽可能涵盖丰富的语言环境和语义，以增强模型的泛化能力。

2. 数据多样性

- 如果企业选择完全自研大模型，则训练数据应覆盖多种语义和语法结构，以提供全面的语言理解能力。数据来源应广泛，包括新闻、社交媒体、科技论文、公开数据集、GitHub 等不同领域的文本，以确保模型具备广泛的应用能力。
- 如果企业选择微调大模型，则需要花费一定精力将垂域的数据整理成合适的格式，并确保数据质量与安全性符合要求。

3. 数据质量

- 数据整理和清洗阶段对保证数据质量尤为重要，必须处理缺失值、异常值、重复值等问题。
- 对数据的标注应准确，以便模型能够学习正确的映射关系。

4. 数据格式

训练或微调大模型时，所需的数据格式如下。

（1）纯文本数据

纯文本是最常见且易于处理的数据格式。对于大模型训练，纯文本数据可以方便地转化为模型可以理解的数值形式。纯文本数据的文件格式包括 .txt、.csv、.pdf，以及 .doc 和 .docx 等 Word 文档格式。

- .txt 文件通常包含未格式化的文本，可以是句子、段落或整篇文章。这种格式非常适合自然语言处理任务，如文本生成、文本分类等。
- .csv 文件则是一种结构化的文本文件，其中数据由逗号分隔。这种格式便于存储和读取表格数据，如词汇的频率统计、文本与标签的对应关系等。
- PDF 文件和 Word 文档虽然也可以作为数据存储形式，但它们通常需要额外的预处理步骤来提取其中的文本内容。这些文件和文档可能包含丰富的格式和布局信息，但这些信息在转化为纯文本时可能会丢失。

（2）问答对数据

问答对是训练问答系统或对话系统的关键数据。每个问答对都包含一个问题和与之对应的答案。

- 这种数据格式非常适合训练模型理解和回答问题，尤其是在构建智能助手、聊天机器人或搜索引擎时。
- 通过大量的问答对训练，模型可以学习如何从问题中提取关键信息，并生成准确、相关的回答。

（3）基于人类反馈的强化学习数据

基于人类反馈的强化学习（Reinforcement Learning from Human Feedback，RLHF）是一种利用人类反馈来优化模型性能的方法。在这个过程中，人类对模型的输出提供评价或建议，这些反馈数据被用作训练信号来调整模型参数，它们是训练或微调大模型要用到的重要数据。

- 基于人类反馈的强化学习数据通常包括模型的原始输出、人类的评价或修改建议，以及可能的奖励信号（如评分、排名等）。
- 通过基于人类反馈的强化学习，模型可以逐渐学习如何根据人类偏好生成更合适的输出。这种方法在文本生成、对话系统等领域尤其有效，能够使模型根据实时反馈进行持续的学习和改进。

5．法律与道德合规性

数据的使用必须符合法律法规和道德规范，尤其当内容涉及个人隐私和知识产权时。在使用数据前，应确保已获得必要的授权或许可。

6．技术可行性

数据的存储和传输应满足高效、安全和可靠的要求。对于超大规模的数据集，可能需要采用分布式存储和计算技术来提高处理效率。

5.1.2　数据采集

数据采集是构建大模型的关键前置步骤，涉及从各种来源获取相关数据。数据采集的方法多种多样，每种方法都有其特定的优点和局限。

1．真实业务数据

这类数据通常是用户在正常业务流程中自然产生的，比如真实的对话、咨询、网站的访问日志、交易记录等。这些数据具有真实性和即时性，能够直接反映用户行为和业务需求。如果能采集到这类数据，大模型的训练和微调效果将极为出色。当然，在采集这类数据时，必须重视保护用户隐私并严格遵守相关法律法规。

2．抓取网上公开数据源

通过网络爬虫技术，可以从公开网站上抓取大量信息，如公开的资料、论文、新闻、文章、代码、报告等。这些数据虽然可能不完全符合业务需求，但可以作为基础数据用于模型训练。在网络抓取过程中，必须遵守网站的爬虫协议，并尊重原作者和版权所有者的权益。

3．人造数据

在某些情况下，为了补充真实数据的不足或测试模型的泛化能力，可以人为制造一些数据。这些数据可以根据特定的需求进行定制，但可能缺乏真实场景中的复杂性。

5.1.3　数据标注

数据标注是在获取大量数据之后，为了提升数据正确性和质量而进行的关键步骤。

通常，为了在保障数据标注高质量的同时降低成本，建议与专业标注公司合作，利用他们的专业知识和经验完成数据标注。设定清晰的标注标准和验收指标是必要的，它们为模型训练提供了明确的方向。为提高标注效率，防止出现整个标注工期结束但验收不合格的情况，可以采用预标注策略，即先让标注公司标注一小批数据后做初步验收，进一步对齐标准后再大规模标注。同时，还可以通过抽样检查来确保标注质量，及时收集反馈并进行必要的调整。

部分中小型企业为了节省成本，可能会采用众包形式进行数据标注，但如果企业没有强有力的项目管理能力，就不建议采用这种方式，因为可能会花费大量资金但效果不佳。维持高质量的标注者社区也很重要，这需要企业建立有效的奖励机制，提供持续的培训，并促进社区内的互动。

此外，主动学习策略能够帮助企业选择对模型训练最有价值的样本，由专家进行标注，进一步提升模型的准确性。

企业也可以通过产品设计，在用户自然的交互过程中收集标注数据，例如通过社交媒体上的点赞、收藏等行为分析其偏好，并将其转化为相应的标注数据，进而收集。这些数据为模型提供了真实的用户反馈，也能极大地提升模型的实用性。

通过这些综合措施，企业能够构建一个坚实的数据基础，训练出性能卓越、准确可靠的大模型，为用户提供更加智能与个性化的服务。

5.1.4 数据清洗

大模型落地前的数据清洗工作至关重要，它涉及一系列复杂而细致的步骤，旨在确保数据的质量、一致性和可用性。在针对 5.1.1 节中所述的三种数据格式进行数据清洗时，可以采取以下策略。

1. 纯文本格式（如 .txt 或 .csv）的数据清洗

- 去除无关字符：去除与文本内容无关的字符，如特殊符号、乱码等。
- 数据规范化：将缩写、俚语等不规范用语替换为标准用语，以确保数据的一致性。
- 处理缺失值：检查数据中是否存在缺失值，并决定是删除包含缺失值的记录，还是使用合适的插值方法填充缺失值。
- 数据合并与分割：对于分散在多个文件中的文本数据，需要进行合并。如果文本数据过长，可以考虑做适当分割，便于后续处理。

2. 问答对数据清洗

- 验证问答对的准确性：确认问题和答案是否准确对应，删除错误或不匹配的问答对。
- 去除重复数据：查找并删除重复的问答对，以避免数据冗余。
- 标准化问题表述：将相似或同义的问题进行标准化处理，以减少模型的复杂性。
- 处理无效答案：对于存在无效答案或答案不明确的问答对，需要进行标记或删除。
- 格式化处理：在微调场景下，需要预先将数据处理成大模型需要的格式。一些大模型如

ChatGLM 提供了专门的数据清洗工具来辅助用户快速进行数据格式整理。

- 其他处理：除了上述步骤，可能还需要对数据进行口语化转换、常识化补充等处理。

3. 用于 RLHF 的数据清洗

- 验证反馈的准确性：确认反馈是否与用户的实际行为或评价相符，删除错误或不真实的反馈数据。
- 归一化反馈评分：如果反馈中包含评分或评价等级，需要将其归一化到统一的标准上，以便于模型学习。
- 处理缺失反馈：对于缺失的反馈数据，可以考虑使用默认值填充或采用其他方法进行估算。
- 整合多源反馈：如果反馈数据来自多源，需要进行整合和标准化处理，以确保数据的一致性。

在进行数据清洗时应当关注数据样本的均衡性。理想情况下，每个标签或场景都应该有足够多的训练样本，这样可以确保模型能够充分学习并准确预测。同时，每个标签对应的数据量应尽量保持平衡，或者至少要确保数据分布与实际业务场景相符。当遇到数据不均衡的问题时，可以采取一些策略来解决，比如数据增强。数据增强可以通过人工合成新数据（如使用模板生成后再进行人工标注），或借助模型自动生成数据，再结合人工审核或筛选的方式实现。当某个类别的数据量虽然相对较少，但绝对数量已经足够时，通常减少样本量会比增加样本量效果更好。此外，还需要根据业务的具体需求，确保数据集中包含其他关键要素，如时间、地域和用户年龄段等。

关于数据集的构建与划分，在数据量充足的情况下，通常会将数据分为训练集、验证集和测试集。训练集用于训练模型，验证集用于调整超参数，而测试集则用于评估最终模型的性能。这三种集合的数据应通过随机采样来保持分布的一致性，并且在这三种集合中，应尽量确保各类别或场景的数据都有所覆盖。如果数据量确实非常有限，那么可以考虑使用交叉验证的方法。

在进行数据清洗时，企业应根据实际情况选择合适的方法和工具，并遵循相关的数据安全和隐私规定。同时，数据清洗是一个迭代的过程，可能需要根据后续的数据分析和模型训练结果进行调整和优化。

综上所述，大模型落地前的数据清洗工作是一项复杂而细致的工作，需要综合运用多种技术和方法来确保数据的质量和可用性。严格的数据预处理可以为后续的大模型训练和应用奠定坚实的基础。

5.2 大模型评测

第 4 章已经详细、深入地介绍了不同落地方案的细节，当企业面临多种选择时，可召集自己的技术和业务团队，基于企业的发展阶段、未来定位、用户与资金规模等各种因素，一起研讨适合自身的大模型落地方案。

企业在选择大模型落地方案时，需要对大模型进行综合的性能评测，即根据一套完整的体系来评价大模型是否足够好，是否能匹配企业的需求。企业在进行大模型评测时，通常需要遵循一系列步骤来确保评测的全面性和有效性。

1. 评测的价值和意义

- 模型选择：在开始机器学习或深度学习项目时，选择合适的模型是关键。不同任务和数据集可能需要不同类型的模型。评测有助于确定最适合任务的模型，从而节省时间和资源。
- 模型比较：当面临多个模型选择时，评测可以直观地展示各模型在特定任务中的表现，帮助企业做出最佳选择。
- 模型改进：评测可以识别模型的性能瓶颈，有助于进一步改进，持续提升模型性能。
- 解释模型行为：评测有助于深入理解模型的行为，提高结果的可解释性，同时排查潜在的不良行为。

2. 明确评测目标

大模型评测的目标是根据具体的应用场景和需求来确定的。为了全面评估模型的性能、可靠性和适用性，常见的大模型评测目标包括以下方面。

- 准确性评测：衡量模型预测与真实数据的接近程度。以百分比表示，范围在 0% 到 100% 之间。准确性越高，模型表现越好。例如，评测大模型输出的文本和企业期望内容的接近程度。
- 效率评测：评测模型在处理任务时的速度和资源消耗，包括模型的训练时间、推理时间、内存占用及计算资源的需求等。效率评测有助于判断模型能否满足实时性要求，以及它在资源有限的环境下的可行性。效率与模型大小、计算成本和推理速度相关，规模越小，速度越快，效率通常也越高。但大模型的推理速度也与运行时的硬件环境与资源相关。在资源相对充裕的环境里，大模型的推理速度相对更快。
- 鲁棒性评测：评测模型对于输入数据的变化和噪声的敏感性。鲁棒性评测旨在检验模型在不同场景下的稳定性和可靠性，例如对输入数据的微小扰动的容忍度、语音模型在嘈杂环境中输出内容的一致性等。
- 可解释性评测：评测模型提供的可解释性程度。对于某些高风险应用场景，如金融、医疗等，模型的可解释性至关重要。可解释性评测旨在验证模型是否能够提供合理且易于理解的解释，以增加用户对模型决策的信任。例如，对于一个金融信贷大模型来说，可解释性意味着企业能了解促使大模型拒绝贷款申请人的因素，如申请人负债过多或年龄不满 18 岁等。可解释性通常是非数值指标，重点关注模型是否能提供清晰的决策解释。模型的决策过程越容易理解，说明模型的可解释性越高。

- 安全性评测：评测模型在面对恶意输入或攻击时的稳定性和安全性，包括但不限于对攻击样本的抵御能力，以及对隐私和安全性的保护等。
- 多样性评测：评测模型在处理不同类型、风格或领域数据时的表现，包括领域适应性、多模态处理能力、文化和语言多样性，以及风格和主题多样性等方面。多样性通常通过生成文本的多样性指标来评测，例如文本生成中不同输出内容之间的差异程度。多样性越高表示模型能够生成越多不同的结果。
- 泛化能力评测：评测模型在从未见过的数据上的表现，通常难以用具体数值衡量。泛化能力强的模型能良好地适应新数据和新任务。例如，对于图像识别大模型，在训练时它只接触过猫和狗的图像数据，如果该模型在新的、从未见过的动物图像（如鹿或马）上同样也能够准确识别，那就说明它具备了出色的泛化能力。

3. 数据准备

具体可参考 5.1.2 节内容，收集具有代表性的数据集，用于训练和测试模型。

4. 选择合适的评测指标

在模型的评测过程中，企业应当全面、细致地评测其性能，这就意味着需要综合考虑前文提及的一个或多个指标。它们各自在不同的应用场景和任务中扮演着不同的角色，其重要性也各有差异。

语音识别系统的评测往往更重视准确性和鲁棒性这两个指标。对于用户来说，一套语音识别系统最重要的是能够准确识别各种语音并稳定运行。例如，在智能家居或车载系统中，用户发出指令后，系统必须能够准确无误地识别并执行用户指令，这就要求系统不仅要在标准环境下表现良好，还要在各种噪声环境中保持高识别率，即要求系统有很好的鲁棒性。

而聊天机器人的应用可能更加看重多样性和可解释性。多样性指的是聊天机器人能够给出丰富多样的回答，而不是一成不变的机械式回应。例如，当用户询问天气时，聊天机器人不仅能提供基础的天气信息，还能根据用户的兴趣和习惯，给出个性化的出行建议或穿着建议。同时，可解释性也是聊天机器人评测中的重要一环。用户需要理解聊天机器人为什么会给出这样的回答，这有助于建立用户对模型的信任感。再比如，当聊天机器人推荐某个餐馆时，它应该能够解释这种推荐是基于用户的历史偏好、位置信息，还是基于餐馆的评分和特色等其他因素。

因此在进行大模型评测时，必须根据具体的任务和应用场景，对这些指标进行合理的权重分配，以确保模型在实际使用中能够达到最佳效果。

根据模型类型和上述评测目标，就可以选择适当的评测指标了。例如，对于准确性评测，可以选择准确率、召回率、F1 分数等指标；对于效率评测，可以关注模型的推理时间、内存占用等。

5. 进行评测

评测时应使用独立的测试集对训练好的模型进行评估。确保测试集与训练集没有交集，并且涵盖各种类型、风格和领域的数据，以客观评估模型的各项性能，特别是在安全性和多样性方面。

6. 结果分析与撰写报告

评测结束后要对评测结果进行详细的分析，包括各项指标的统计数据和模型的性能表现。重点应该体现企业特别关注的目标，如安全性和多样性评测的结果，以便发现模型在这些方面的潜在问题。在撰写评测报告时，不仅要总结模型的优点和不足，还要针对每个评测目标给出具体的分析和改进建议。

7. 迭代与优化

根据评测结果，企业需要对模型进行迭代和优化，以不断改善其性能，并满足各项评测目标。主要应该针对企业重点关注的目标，如安全性和多样性等方面的问题进行优化，以提高模型的稳定性和广泛适用性。重复上述评测过程，直到模型达到预定的性能指标或满足业务需求为止。

8. 监控与维护

模型在生产环境部署后，企业需要持续监控其性能，并针对每个评测目标定期重新评测，确保模型始终保持最佳状态。企业还应及时调整和优化模型，以适应业务需求和数据变化。

5.3 大模型与企业应用无缝衔接

在评测并建设完企业的大模型之后，需要采用一系列措施将大模型与企业已有应用进行整合与接入，这个过程通常也被称作大模型应用开发。企业可借助软件开发人员的力量，同时结合大模型应用开发框架，如 LangChain、Semantic Kernel 等，将大模型与企业应用无缝衔接，真正实现大模型落地。为了确保大模型与企业实际业务高度契合，企业应在这个过程中实施以下步骤。

1. 明确业务需求与目标

- 确定应用场景：明确要开发的大模型在具体业务中的应用场景、目标用户和核心价值。
- 设定最小化可行产品（MVP）并持续迭代：为了避免大规模投入后效果不佳，可以先开发最小化可行产品，验证大模型实际效果，然后再逐步完善和优化。

2. 进行技术选型与框架安装

- 选择合适的开源大模型框架：根据实际项目的需求，选择一个适合的开源大模型框架，如 LangChain、Semantic Kernel 等。
- 安装和配置框架：下载并安装所选框架的代码库，如通过 pip 安装 LangChain，并根据项目需求进行配置。

3. **搭建架构**

- 搭建整体架构：采用“特定类型的数据库 + Prompt + 通用大模型”的架构，实现从用户输入到应用输出的全流程贯通。
- 搭建向量数据库：由于大模型应用需要进行向量语义检索，一般使用诸如 Faiss 之类的向量数据库，收集数据并进行预处理，再进行向量化并存储到向量数据库中。目前为了解决大模型的幻觉问题，很多企业也会借助向量数据库，实现检索增强生成（详见第 7 章）。
- 实现外部系统调用：如果企业需要的知识既不在大模型中，也不在向量数据库中，则可能需要大模型使用类似 Function Calling 之类的技术手段，来实现外部系统调用，从而执行进一步的知识检索、API 调用、执行外部任务等，如购买机票、搜索订单进度等。

4. **完成集成与部署**

- 集成模型：将训练好的大模型集成到应用中，确保与应用的其他部分无缝衔接。
- 部署应用：选择合适的服务器和云平台进行模型部署，确保应用的稳定性和可扩展性。

5. **进行测试与优化**

- 进行全面测试：包括功能测试、性能测试、安全测试等，确保应用的质量。
- 优化性能：根据测试结果进行针对性的优化，提高应用的响应速度和用户体验。

6. **进行维护与更新**

- 进行监控与维护：应用上线后，企业应定期对应用进行监控和维护，确保应用的正常运行。
- 进行更新与升级：根据业务需求和技术发展，企业需要不断更新和升级应用功能。

企业通过实施以上步骤，就可以结合大模型开发框架等技术，有效地开发企业级大模型应用。企业在开发完大模型应用之后，如果其他应用需要调用它，则需要设计针对性的 API 并与其他系统进行集成。

5.4 部署上线

企业完成对大模型的微调工作或者完全自主研发出大模型之后，接下来至关重要的一步便是将大模型部署上线，使其能够在实际应用中发挥应有的作用。

在部署方案的选择方面，企业拥有多种可行的途径。其中，云服务部署是一种备受青睐的方式，企业可以充分利用云服务提供商的强大基础设施，通过云平台快速扩展资源，并根据实际业务的需求灵活地调整计算能力。云服务通常都配备了一套完善且高效的管理工具和服务，这无疑为模型的监控和维护工作提供了极大的便利。

如果企业自身拥有充足的硬件资源和强大的 IT 支持团队，那么在本地服务器上部署模型也是一个值得考虑的选项。这种方式赋予了企业对数据更强的控制力，能够更好地保障企业核心数据的安全性。然而，选择本地部署意味着企业必须自行承担硬件和软件的后期维护工作，包括设备的更新换代、软件的升级优化等，这对企业的技术实力和运维能力提出了较高的要求。

此外，运用 Docker 等容器技术来部署模型也是一个极具吸引力的选择。容器技术能够提供更好的可移植性和隔离性，使模型可以在不同的环境中实现快速部署和高效管理。无论是从开发环境迁移到测试环境，还是从测试环境上线到生产环境，容器技术都能够大大降低部署的复杂性和风险。

对于那些对响应时间要求极高的应用场景，企业还可以考虑在边缘计算设备上部署大模型。通过这种方式，能够显著减少数据传输过程中产生的延迟，极大地提高大模型的响应速度，从而为用户提供更加实时、流畅的服务体验。

然而，在部署过程中，大模型对不同芯片的适配工作也不容忽视。例如，企业可能需要考虑如何让大模型适配华为昇腾、Intel、AMD 等芯片。不同芯片在架构、性能特点和指令集等方面存在差异，要实现良好的适配，需要对大模型进行针对性的优化和调整。这不仅需要耗费一定的人力和时间成本，还可能需要投入资金用于购买适配所需的工具和技术支持。

在整个部署过程中，企业必须高度重视数据安全和隐私保护。企业应采取切实有效的措施，例如运用先进的加密技术来保障数据在传输和存储过程中的安全，严格遵守相关隐私保护的法律法规，防止数据泄露和滥用。

性能和扩展性也是不容忽视的重要因素。企业需要全面考虑模型的性能和扩展性需求，从而能够精准地选择合适的硬件和软件配置；同时，确保部署环境能够为大模型的高效运行提供强有力的支持，并且具备根据未来业务增长和变化进行灵活扩展的能力。

此外，建立一套完善的模型版本控制机制也很重要。当模型在实际应用中出现问题或者需要进行调整时，企业就能够迅速、准确地将其回滚到之前的稳定版本，从而有效地保障服务的连续性和稳定性。

部署完成之后，企业还需要持续不断地对大模型的性能指标进行监控和评估，如响应时间和准确率等；同时，需要定期对大模型进行全面的检查，及时发现是否存在偏差或者准确性下降等问题，以便迅速采取相应的维护和更新措施，确保大模型始终保持良好的性能。

只有严格遵循上述的部署方案、注意事项和实施步骤，企业才能够有效地将微调后的大模型或者自研大模型成功部署上线，并确保其在实际应用中的稳定性和优良性能，从而为企业的业务发展提供坚实的技术支撑和保障。

例如，某家互联网企业在部署其自主研发的图像识别大模型时，选择了云服务部署，但在适配芯片时遇到了困难。针对华为昇腾芯片独特的架构，技术团队花费了数周时间进行深度优化，投入了一定的人力和财力，最终成功实现了适配，大模型的性能得到了显著提升，使企业的图像识别业务更高效、精准。

5.5 效果评估与数据反馈闭环

待大模型成功上线之后，企业应定期进行全面的效果评估。生成的报告应当重点分析 5.2 节所提及的准确性、效率、鲁棒性、可解释性、安全性、多样性和泛化能力等评测目标，展开周期性且成体系的评测工作。

比如说，对于一个用于金融风险预测的大模型，在准确性评测中，要评估其对市场波动的预测准确率；在效率评测中，要衡量模型生成风险报告的速度；在鲁棒性评测中，应考察模型在不同经济形势下的稳定表现。通过定期评测，企业能够发现模型在实际运行中的潜在缺陷并及时调整。

更为关键的是，企业务必定期对业务的投资回报率进行全面的评估并细致分析大模型带来的实际收益与运行维护成本的比例关系。

以某家电商企业为例，它利用大模型进行商品推荐，需要考量大模型推荐带来的销售额增长情况，并与模型在训练、部署和更新上的成本进行对比。通过深入分析，企业能够明确大模型的实际价值，并据此做出后续调整决策。

与此同时，为了能够不断提升大模型的效果，从而顺利达成 AI 辅助人力甚至替代人力的目标，在大模型落地的进程中，企业应将阶段性目标设定为构建高度自动化的 AI 系统，形成数据反馈闭环。

例如，某家制造业企业在产品质量检测环节构建了一套高度自动化的 AI 系统，其中 95% 的检测任务由该系统完成，它会通过图像识别技术快速判断产品是否存在缺陷。5% 的人工抽检则作为最后的质量保障手段。这样的安排能够有效确保关键环节的准确性和可靠性，最大程度地降低错误的发生。

采用这种创新的工作模式和策略，企业不仅能显著提升工作效率，还能构建高效、良性的数据反馈闭环。

在这个高效的数据反馈闭环中，AI 的自动化处理结果及人工检查成果，都将源源不断地反馈给模型，这些反馈信息也将有助于模型的持续优化。

通过这样的良性循环，企业的大模型就能长期稳定运行，为企业创造源源不断的价值，成为企业在激烈市场竞争中脱颖而出的强大助力和核心竞争力。

5.6 大模型迭代

大模型在上线后可能会取得不错的效果，为了保持其持续领先性，企业需要持续地投入资源对大模型进行迭代与优化。大模型的持续迭代是一个系统性的过程，涉及多个关键步骤和策略。以下是一些帮助企业持续迭代大模型的建议。

1. 数据收集与更新

企业首先应不断收集最新的业务数据，包括用户反馈、市场趋势、业务变化等，以反映模型应用的实际环境和需求；其次要定期更新数据集，确保模型训练基于最新、最全面的数据。

2. 模型评估与优化

企业需定期对模型进行评估，识别性能瓶颈和存在的问题，根据评估结果对模型进行优化，包括调整模型结构、改变参数设置、优化算法等。

3. 算法改进与创新

企业应关注最新的 AI 技术和算法进展，评估其对企业大模型的适用性。此外，企业还要结合自身业务需求和技术特点，进行算法改进和创新，提高模型性能。

4. 平台与工具升级

企业还需注意硬件和软件平台的升级，以提高计算效率和模型质量。此外，企业要利用新的工具和框架，简化模型迭代的过程，提高开发效率。

5. 安全与隐私保护

在迭代过程中，除了加强模型的安全性和隐私保护能力，防止数据泄露和恶意攻击，企业还要遵循相关法律法规和标准，确保模型应用的合规性。

6. 用户反馈与参与

企业应积极收集用户反馈，了解模型在实际应用中的问题和需求。例如，百度的文心一言会在每次输出内容的底部给出用户反馈选项，作为大模型后续优化的参考依据，如图 5-1 所示。

另外，企业可邀请用户参与模型的迭代过程，采用众包、A/B 测试等方式收集用户意见，提高模型的实用性和满意度。

7. 团队协作与知识共享

企业应建立高效的团队协作机制，确保团队成员之间能够顺畅地沟通和协作，促进团队内部的知识共享和经验交流，提高团队整体的技术水平和创新能力。

通过以上策略的综合应用，企业可以持续地进行大模型迭代，不断提高模型的性能和实用性，为业务发展提供有力支持。同时，企业还需要关注市场动态和技术趋势，灵活调整迭代策略和方向，以适应不断变化的市场环境。

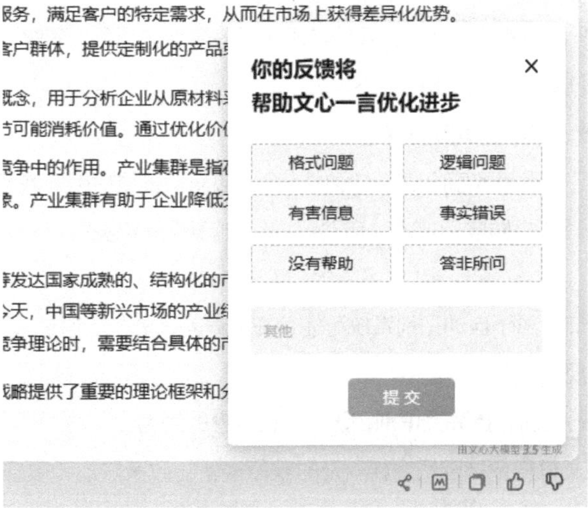

图 5-1　百度文心一言的用户反馈选项

5.7 大模型安全建设

在当今数字化转型与信息爆炸的时代，企业必须高度重视大模型的安全建设。无论是国家，还是行业层面，都对企业的数据安全提出了更高的要求，因此企业必须对大模型的安全进行专项建设。下面针对大模型安全建设给出策略。

1. 确保数据的安全

数据安全是大模型安全的首要任务。企业应采取数据加密、数据访问控制和数据脱敏等基本措施来保护数据。数据加密可以确保数据在传输和存储过程中的机密性，防止未经授权的访问；数据访问控制则通过设定权限和身份验证机制，限制只有特定人员才能访问和使用数据；数据脱敏则是对敏感数据进行处理，使其在不泄露实际信息的前提下用于模型训练和分析，例如在大模型的输入和输出内容中绝不能直接包含用户手机号、身份证、密码等私人信息，必要场景下务必先进行脱敏处理。

2. 重视模型训练的安全性

在模型训练过程中，需要确保训练数据的完整性和可靠性。企业可以采用数据验证、异常检测等技术手段，来检查数据的质量。同时，为了防止恶意攻击者在训练过程中篡改模型或注入有害代码，可以使用模型签名和模型完整性检测等技术，以此来验证模型的完整性，确保训练出的模型是可信的。

3. 防止信息泄漏和被攻击

大模型可能面临信息泄漏和被攻击的风险，因此应采取一系列隐私保护技术来减少风险。例如，可以采用模型盲化、差分隐私和安全多方计算等技术来保护模型的隐私。同时，建立入侵检测和防御系统也是必要的，以便及时发现和应对各种网络攻击。

4. 规避涉黄、涉政、涉恐等敏感内容

在规避涉黄、涉政、涉恐等敏感内容的过程中，企业应采取多重措施确保万无一失。

- 利用自然语言处理和机器学习技术，自动识别和过滤不良信息，从源头上防范违规内容的产生和传播。
- 加强人工复审环节，对于自动识别系统可能存在的误差，进一步通过人工审核进行纠正和补充，以确保内容的合规性。
- 定期对大模型进行更新，提高其识别和防范不良信息的能力。
- 与政府部门和相关机构保持密切合作，及时获取最新的政策法规和敏感词库，不断完善内容安全策略。

通过综合应用这些措施，可以有效规避涉黄、涉政、涉恐等敏感内容，保障大模型的内容安全，为用户提供一个健康、安全的网络环境。

5. 防止模型盗用

为了防止恶意用户将模型复制或滥用，企业可以采用水印技术、模型拆分或分布式训练等方法。

- 水印技术可以在模型中嵌入特定的标识信息，以便追踪和识别模型的来源。
- 模型拆分和分布式训练则可以将模型拆分成多个部分或分散在多个节点上进行训练，降低模型被完整复制的风险。

6. 进行对抗攻击防护

为了防止恶意用户通过对抗攻击来改变模型的输出结果，企业可以使用对抗性训练、防御性增强学习、模型鲁棒性验证等方法，增强模型抵御对抗攻击的能力，提高模型的稳定性和可靠性。

7. 全面的模型评估和验证

企业应对模型进行全面的评估和验证，包括对模型架构、参数、输入输出等进行分析，从而确认模型的安全性。

8. 建立严格的访问控制和权限管理机制

通过建立严格的访问控制和权限管理机制，企业可以确保只有经过授权的人员才能访问和使用大模型。

大模型安全需要从数据安全、模型训练安全、防止信息泄漏和被攻击、防止模型被盗用、对抗攻击防护及模型评估和验证等多个方面采取综合措施。只有多管齐下，才能确保大模型的安全性，为企业的业务发展提供有力支持。

5.8 大模型算法备案

如果大模型产品直接或间接用于商业活动，尤其是直接面向个人消费者用户，在国内需要进行大模型算法备案，在国外需要遵循各国家或地区的相关规定。大模型算法备案在国内是一个必不可少的环节，旨在确保这些模型在合法、安全和可控的框架内运营。整体来看，大模型算法备案是一项专业性较强的工作，如果企业自身不具备较强的合规和备案能力，就应当聘请外部专业合规机构帮助完成任务。

5.8.1 进行大模型算法备案的必要性

首先，大模型算法备案的主要目的是确保大模型产品的合法性和规范性，确保它遵守国家相关的法律法规。通过备案，政府部门可以监管和审核大模型产品的数据来源、算法原理及应用场景，从而保护用户数据的安全，确保大模型的合规运营。

国家陆续出台了一系列法律法规，如《互联网新闻信息服务新技术新应用安全评估管理规定》《互联网信息服务算法推荐管理规定》《互联网信息服务深度合成管理规定》《生成式人工智能服务管理暂行办法》等，明确要求对特定技术和服务履行备案手续，以确保其安全性和合规性。这些规定适用于利用生成式人工智能技术向国内公众提供服务的技术支持者与服务提供者，并要求在提供服务后的 10 个工作日内履行备案手续。

5.8.2 算法备案合规的要点

算法备案的合规要点主要包括以下几个方面。

1. 内容合规性

- 提供和使用生成式人工智能服务时，必须遵守国家的相关法律和行政法规。
- 必须遵循社会伦理标准，坚决不传播任何有害、误导或不道德的信息，始终承担起相应的社会责任，确保 AI 技术的发展能够为社会带来正面的影响。
- 需要对训练数据进行严格的筛选，确保其不包含任何非法或不当的内容，如仇恨言论、色情或暴力信息等。

- 在特定的应用场景中，如新闻发布、教育材料等，必须确保生成的内容具有高度的准确性和真实性。这是为了防止误导公众，确保 AI 生成的内容是可靠和有价值的。

2. 数据处理活动的合法性

- 应依法进行数据采集、预训练、优化训练等数据处理活动。
- 应具备完整的输入数据预处理和输出结果后处理流程，数据模态需要与模型保持一致。如果是多模态大模型，则需要准确描述每一种模态的算法、流程和干预策略。

3. 明确服务协议

- 服务提供者应与使用其生成式人工智能服务的用户签订明确的服务协议。
- 服务协议中应详细规定双方的权利和义务，确保服务的透明性和公平性。

4. 数据来源合规性

- 必须确保数据来源的合规性，严格遵守隐私和数据保护的原则，尤其在涉及个人数据（如个人照片、对话记录等敏感信息）时，必须高度重视数据的隐私保护。
- 要尊重并保护相关的知识产权，如版权、专利和商标等，以确保数据的合法使用。

5. 内容标识要求

根据《互联网信息服务深度合成管理规定》，对于利用生成式人工智能技术生成的图片、视频等内容，应当进行明确标识。这有助于用户区分真实内容与生成内容，以维护信息的真实性。

6. 消费者权益保护

- 建立健全的投诉和举报机制，为用户提供便捷的投诉和举报入口。
- 及时处理用户的投诉和举报，保障用户的合法权益。

7. 安全性和可靠性保障

- 服务提供者应对其提供的服务承担安全责任，采取有效的安全措施和技术手段保护用户信息安全。
- 定期进行算法安全评估，及时发现和修复潜在的安全漏洞。

这些合规要点是确保算法服务在法律框架内运行、保护用户权益和维护市场秩序的重要保障。遵循这些要点，有助于提升算法服务的公信力，推动行业的健康发展。

在算法备案中，针对算法方面的描述应当详细且全面，以确保审核机构能够充分理解算法的工作原理、潜在风险及相应的防控措施。以下是对算法备案合规要点的说明。

（1）阐述算法操作步骤、信息资料和计算模式

- 操作步骤：详细阐述算法从信息输入到成果产出的整体处理流程，涵盖数据初步处理、特征捕捉、模型训练、预测推断等所有步骤。

- 信息资料：说明用于模型训练和优化的数据来源、类型、规模，以及数据的清理和标注流程。同时，要说明数据的合规情况，包含用户隐私保护和数据使用权的授权等。
- 计算模式：具体描述模型的构建、参数配置、训练方法和优化策略等。解释模型的理论支持和预期性能，以及在实际操作中的成效。

（2）详述介入方法并进行成果标记

- 介入方法：介绍在计算过程中可能采用的介入手段，如人工查验、模型调整等，以确保算法结果的合理性和准确性。
- 成果标记：对算法结果进行明确的标记，以区别真实内容与算法生成的内容。这有利于用户正确理解和使用算法结果。

（3）分析算法误用、算法缺陷以及识别算法安全威胁

- 分析算法误用隐患：分析算法可能被错误运用或滥用的场景，如用于欺骗、歧视或市场操纵等不正当行为。
- 评估算法缺陷：评估算法可能存在的瑕疵和弱点，如模型过度拟合、数据偏见等，这些瑕疵可能导致算法结果不准确或无法预测。
- 识别算法安全威胁：识别并评估潜在的安全威胁，如网络攻击、模型窃取等，这些威胁不仅会影响算法的安全性，还可能破坏其稳定性和可靠性。

（4）制定风险预防措施，并分析其实效性

- 风险预防措施：针对上述隐患，采取相应的预防措施，如加强数据安全保护、优化模型设计、实施定期的安全审查等。
- 实效性分析：对所采取的预防措施进行实效性评估，确保能够切实降低算法风险，并提高算法的安全性和稳定性。

（5）进行内容环境治理

- 描述如何通过制定规章和制度来管控算法生成内容，以确保其符合社会道德和伦理要求。
- 介绍如何通过技术手段对违规内容进行监测和筛选，以维护一个健康、积极的内容环境。

（6）进行算法安全评估

定期对算法进行全面的安全评估，包括漏洞扫描、恶意攻击模拟等，以确保算法的安全性能达到行业标准。

（7）算法安全事件监测与应急处理

- 建立完善的监测体系，实时监控算法的运行状态和性能表现，及时发现并处理潜在的安全事件。
- 制定应急响应方案，明确在发生安全事件时的处理流程和责任人，确保问题能够得到迅速而有

效的解决。

（8）对算法的内在机制进行审核

- 对算法的内在机制和原理进行深入审核和分析，确保其逻辑合理性和科学性。
- 通过审核发现潜在的问题和隐患点，为算法的进一步优化和改进提供有力支持。

5.8.3 算法备案的流程

首先，需要深入了解国家和地方关于大模型备案的相关政策和要求。然后，根据这些要求准备相应的备案材料，主要包括如下内容。

- 模型内容安全建设
- 隐私政策及相关协议
- 模型用户服务协议
- 模型测试问题集
- 信息审核和标注规范
- 模型和公司概况

接下来，按照如下步骤开展工作。

1）登录互联网信息服务算法备案系统。这是算法备案的第一步，任何希望在我国境内运营的大模型算法都必须在这个系统上进行备案。注册时，需要提供相关的企业或个人信息，并设置账号和密码。

2）填报主体信息并提交。这一步主要是为了让备案机构了解算法运营者的基本情况，包括企业名称、注册地、经营范围等。这些信息将作为备案的基础数据，便于后续的管理和监管。

3）提交算法安全主体责任落实情况报告。这份文件主要阐述了算法运营者如何落实算法安全主体责任，包括但不限于算法的设计、开发、测试、部署、监控等环节的安全措施。

4）提交证件信息。这里需要提供的证件包括企业营业执照、组织机构代码证等法定证件，以证明运营者的合法身份和经营资质。此外，还需要提交法定代表人和算法安全负责人的信息。这一步是为了确保在算法出现问题时，能够迅速找到相关责任人并进行处理。

5）提交算法相关信息。这些信息包括算法的基本原理、技术架构、应用场景等内容，是备案机构全面了解算法的重要途径。

6）提交《算法安全自评估报告》。这份报告是算法运营者自行对算法安全性进行评估后得出的结论，包括算法可能存在的风险点和相应的防范措施。

7）提交产品功能信息。这一步主要是为了让备案机构了解算法在实际应用中的功能和作用，以便更好地进行监管和指导。

5.8.4　国内已通过备案的大模型产品

2024 年 4 月，国家互联网信息办公室公布了生成式人工智能服务已备案信息，我国已有超过 100 个生成式人工智能服务产品办理了国内备案手续。备案的大模型产品文心一言、智谱清言、云雀等已被广泛应用于搜索引擎、对话生成、语音识别等多个领域。此外，其他知名的大模型产品还包括通义千问、Kimi、abab、日日新、星火、盘古及滴滴出行的大模型等。这些大模型产品的备案不仅彰显了我国在人工智能领域的技术实力，也为用户提供了更多安全可靠的选择。更多详细信息可查询国家互联网信息办公室最新公布的生成式人工智能服务已备案信息。

5.9　大模型内容的版权问题

大模型输出内容的版权及训练数据集的知识归属和付费问题非常复杂，需要依据具体情境的差异进行专门判定和精准调整。

5.9.1　大模型输出内容的版权问题

1. 输出内容的性质

大模型输出的诸如图片、文章和视频等各类内容，尽管是由机器生成的，但在其创作流程中可能吸纳了人类创作者的作品元素，所以这些输出内容在特定情况下可能属于衍生作品。比如，当大模型生成的文章在结构、风格或主题上与某些已有的人类作品有相似之处时，就可能引发版权方面的争议。

2. 版权归属的复杂性

由于大模型的训练进程中涉及海量数据的输入与深度学习，确切判定输出内容的版权归属颇具挑战。一方面，如果输出内容展现出显著的原创性特征，那么它有可能被视作全新的作品，此时其版权或许归属于大模型训练方，或归属于实际的使用者；另一方面，如果输出内容主要是基于既有作品改编或汇编，那么版权的归属就会变得较为复杂，例如大模型基于多部小说生成了一部新的小说，版权的归属就需要仔细考量。

3. 国内外情况

在国内外诸多的实际案例中，针对 AI 生成内容的版权归属并未形成统一的判定标准。例如，存在案例判定版权归属于创作者个人，而同时也存在将版权归属于大模型训练方或实际使用大模型生成内容的主体的案例。这充分凸显了 AI 时代下版权归属问题的复杂性。

5.9.2 训练数据集的知识归属和付费问题

1. 数据来源的多样性

大模型的训练数据集通常来自众多渠道，包括公开的数据库、通过购买获取的数据集，以及借助网络爬虫工具获得的数据等。这些数据的知识产权可能广泛分布在多个权利主体手中。比如，公开数据库中的数据可能由众多的机构或个人贡献，而从网络上抓取的数据可能涉及相关网站和平台的版权。

2. 付费问题的考量

关于使用某些数据集进行模型训练是否需要付费，取决于众多因素。假如数据集是公开的且未明确标注版权声明，那么无须付费。然而，如果数据集受到版权保护或需要通过购买来获取使用权，那么就必然需要支付相应的费用。例如，某些专业的数据集供应商可能会要求 AI 开发者支付一定的费用来获取其数据集的使用许可。

3. 行业趋势与实践

当前，一些大型的内容提供商已经开始明确要求，AI 公司在进行大模型训练时使用其内容必须付费。比如，有相关报道指出，OpenAI 等 AIGC 研发企业在运用媒体品牌内容进行大模型训练时，需要向媒体品牌支付费用。这清晰地表明，随着 AI 技术的持续进步，社会对于数据集的知识归属和付费问题的关注程度也在不断提升。

综上所述，大模型输出内容的版权问题及训练数据集的知识归属和付费问题是既复杂又敏感的问题。在处理这些问题时，需要综合考虑多个层面的因素，包括法律法规、版权声明、数据的来源及行业实践等。同时，企业也必须密切关注国内外相关案例的判决结果和行业的发展趋势，以便能够更加有效地应对和妥善解决这些问题。

四、大模型原理篇

本篇从大模型的基础原理讲起，详细阐述了其训练方式、基座单元等内容。除了大语言模型，本篇还介绍了扩散模型、多模态大语言模型。此外，对大模型的应用方法及相关理论也进行了详细说明，方便读者了解大模型应用过程中所涉及的原理知识。

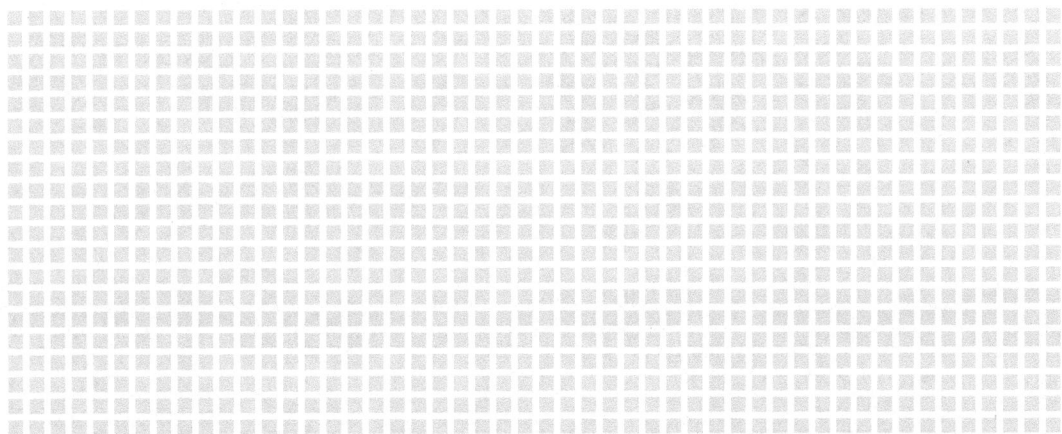

第 6 章

大模型基础原理

本章旨在通俗易懂地介绍大模型基础原理，让读者了解大模型的运行机制，从而对其有更加深刻的理解。为了帮助读者了解除大语言模型之外的其他大模型种类，本章还将介绍扩散模型、多模态大语言模型。

6.1 大模型原理及基础概念

我们首先来了解大模型的定义，然后以大语言模型为例，探讨大模型的基础结构，最后学习大模型的参数训练方式，从而更好地理解大模型。

6.1.1 大模型的定义

大模型本质上是通过海量数据训练而成的深度神经网络模型，通常拥有海量参数。因为巨大的训练数据和参数规模，大模型会表现出智能涌现的现象，展现出类似人类的智能。

2024 年诺贝尔物理学奖被授予约翰·J. 霍普菲尔德（John J. Hopfield）和杰弗里·E·辛顿（Geoffrey E. Hinton），以表彰他们在人工神经网络领域对机器学习做出的基础性发现和发明。这些开创性的工作为现代深度学习和人工智能的发展奠定了坚实的基础。如图 6-1 所示，人工神经网络的神经元模拟人脑神经元：通过类似树突的机制接收输入信号，经内部处理后，再通过类似轴突的机制输出信号并传递给其他神经元。OpenAI 研发的 GPT-3 的参数量是 1750 亿个，而对于 GPT-4，专家预测有数万亿个参数，人脑中神经元的数量只有几百亿个，这意味着像 GPT-4 这类主流大模型的参数规模已经超过人脑的神经元数量。大模型通过模拟人脑神经元，基于大规模数据训练来调整海量参数，从而推动人工智能发展。现有的大模型技术是实现通用人工智能的一种方式。

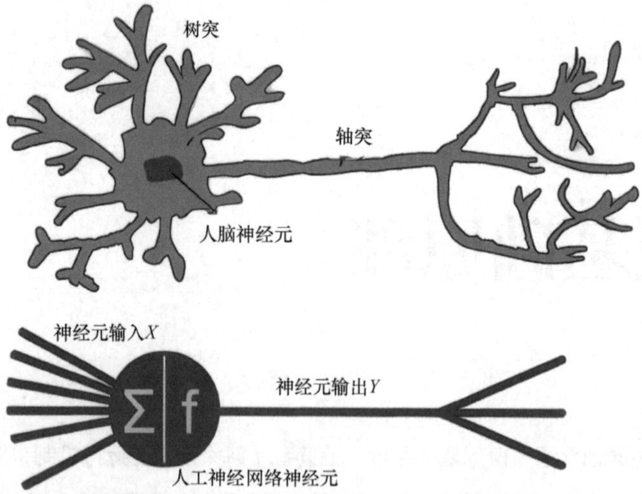

图 6-1　人工神经网络的神经元模拟人脑神经元

6.1.2　大模型基础结构

提到大模型时，人们往往会直观地想到通过增加大模型的参数量和训练数据来提升其性能。然而，这种方式虽然简单，但没有有效提高大模型处理复杂问题的能力。但为什么从 2023 年开始，以 ChatGPT 为基础的大模型开始颠覆传统的人工智能技术了呢？这主要得益于哪些基础理论和技术创新呢？我们先以 LLM 为例，介绍一下 LLM 的基础结构，然后一步步回答上述问题。

首先，我们看一下 LLM 具体是怎么工作的。

如图 6-2 所示，LLM 接收用户的输入，就像玩文字接龙游戏，先输出一个词，然后根据用户输入内容和上下文，再输出下一个词，如此循环直到输出特定标志，比如 END。

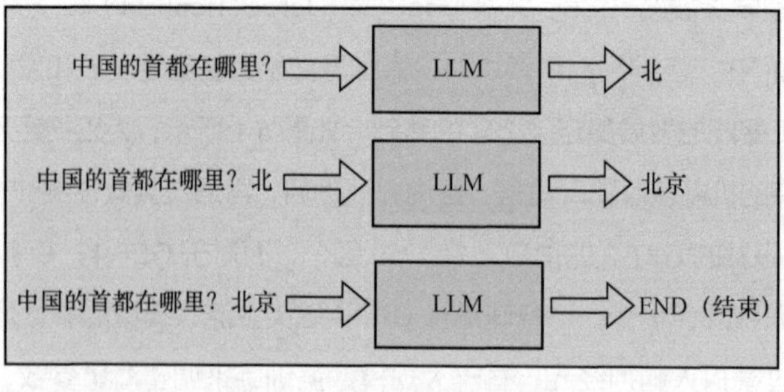

图 6-2　LLM 的工作方式

介绍完 LLM 的基本工作方式，我们再进一步探索 LLM 内部的细节（包括 Encoder-Decoder 结构及大模型的核心模块 Transformer）。

2017 年，谷歌前员工 Ashish Vaswani（阿希什·瓦斯瓦尼）等人在其论文“Attention Is All You Need”中首次提出 Transformer 架构，用来解决翻译问题。有关 Transformer 的基础内容将在 6.2 节中介绍，这里我们先认识一下 Encoder-Decoder 结构。

如图 6-3 所示，假设我们的任务是把中文“中国的首都是北京”翻译成英文，Encoder-Decoder 结构首先通过 Encoder 模块将其编码成特征向量，然后通过 Decoder 模块生成英文 The capital of China is Beijing。

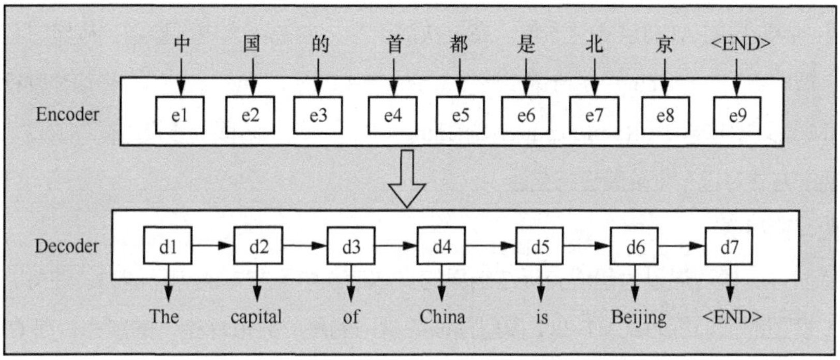

图 6-3　Encoder-Decoder 结构的翻译过程

将中文翻译成英文的过程可以简单进行如下描述。

1）将“中国的首都是北京 <END>”通过 Encoder 模块编码成特征向量，该特征向量称为 Encoder Embedding。

2）将 Encoder Embedding 和起始标记输入 Decoder 模块，此处我们得到第一个单词 The。

3）将 The 和 Encoder Embedding 再次输入 Decoder 模块，得到第二个单词 capital。

4）重复步骤 3，直到最后输出 <END> 标志，得到完整的一句话：The capital of China is Beijing。

基于 Encoder-Decoder 结构，可以将 LLM 大体分为以下 3 类。

- 仅包含解码器 Decoder 模块，主要用于序列生成任务。我们平时非常熟悉的 GPT 模型的结构就属于此类，它们都是基于 Decoder-Only 的形式逐步演化而来的。
- 仅包含编码器 Encoder 模块，主要适用于单向任务类场景，如文本分类、情感分析等。这种架构的重点在于理解和编码信息，而不是生成新的文本。这类模型的代表是 BERT 相关模型，如 RoBERTa、ALBERT 等。

- 既包含编码器 Encoder 模块也包含解码器 Decoder 模块，先理解输入的信息（Encoder 模块），然后基于这个理解生成新的相关内容（Decoder 模块）。这类模型通常用于序列到序列任务，如机器翻译、对话生成等，其代表是谷歌推出的 T5 大模型。

6.1.3 大模型参数训练方式

我们已经熟悉了大模型的基本结构，并且了解了大模型的参数有上千亿个甚至更多，对于如此庞大的参数量，开发人员是如何对大模型进行训练和更新的呢？本节将介绍大模型参数更新的基本原理。

下面以 GPT-3 和 GPT-4 为例介绍大模型参数训练方式。OpenAI 的创始成员安德烈·卡帕西（Andrej Karpathy）担任特斯拉的 AI 总监长达 5 年。在一次演讲中，他说，大模型参数的确定过程大致可以分为 4 个阶段：预训练（Pretraining）、监督微调（Supervised Fine-tuning，SFT）、构建奖励模型（Reward Modeling，RM）及强化学习（Reinforcement Learning，RL）。每个阶段都涉及不同的算法，下面我们尝试用通俗易懂的方式对这几个阶段进行描述。

第一阶段：预训练

在预训练阶段，模型通过大量没有标注结果的文本信息学习文本的续写能力。注意，这有别于早期谷歌 BERT 模型的预训练方式，BERT 模型预训练学习的是“完形填空”的能力，而 GPT 预训练学习的则是续写能力。我们可以简单对比这两种预训练方式，如图 6-4 所示。从图中可以看出早期谷歌和 OpenAI 在自然语言处理领域采取不同的算法路径，这些路径有助于我们理解第一阶段大模型训练的目标。

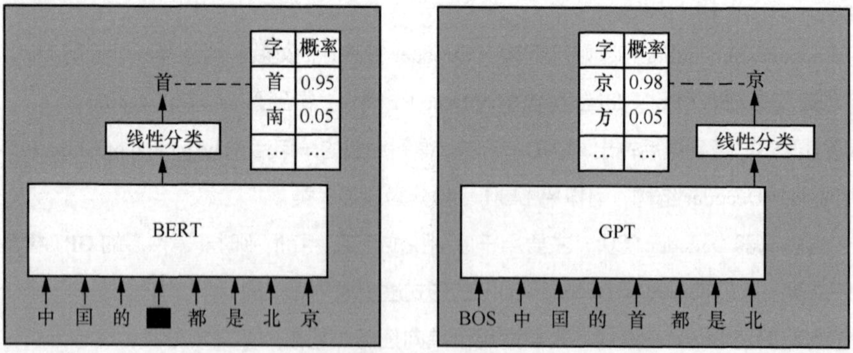

图 6-4 BERT 模型和 GPT 预训练方式对比

BERT 模型在预训练阶段采用了一种创新的掩码语言模型方法。该方法通过随机遮蔽输入文本中的一些单词，并用一个特殊的标记 mask 来替换这些被遮蔽的单词。随后，这些被修改的文本被送入 BERT 模型进行预测，确定被遮蔽的单词。可以说，BERT 模型主要通过"完形填空"的方式来完成预训练。我们在 BERT 模型输出的序列中寻找对应 mask 的输出向量，并将这个向量输入一个分类器，分类器的任务是预测原始文本中被遮蔽单词的可能选项。通过这种处理方式可自动构建 BERT 模型预训练所需要的输入和输出真值，BERT 模型的预训练不再需要人工标注数据。

在以往的机器学习预训练中，我们一般需要将大量的人工标注数据注入模型，以确保模型能够从中学习到准确的知识和信息。然而，获取和标注如此庞大的数据集不仅成本高昂，而且费时费力，几乎是一项不可能完成的任务。BERT 模型的出现，为这一难题提供了一种创新的解决方案。BERT 模型采用了一种不需要标注数据的训练方法，它通过自监督学习的方式，利用海量无标注文本数据进行训练。

与 BERT 模型不同，GPT 采用的是纯语言模型的方法。GPT 模仿人类书写习惯，不断预测下一个单词，通过反复训练迭代，将海量数据注入模型参数。

GPT 预训练效果如图 6-5 所示。可以看出，经过多次迭代，模型输出的结果逐渐消除了语病和乱码等问题。在初始化时，GPT 以完全随机的权重开始学习，因此也会获得完全随机的输出。但是，随着时间的推移，训练时间越长，模型输出的样本就会越连贯、一致。到最后，GPT 可以学会单词，以及在哪里放置空格，在哪里放置逗号，等等。

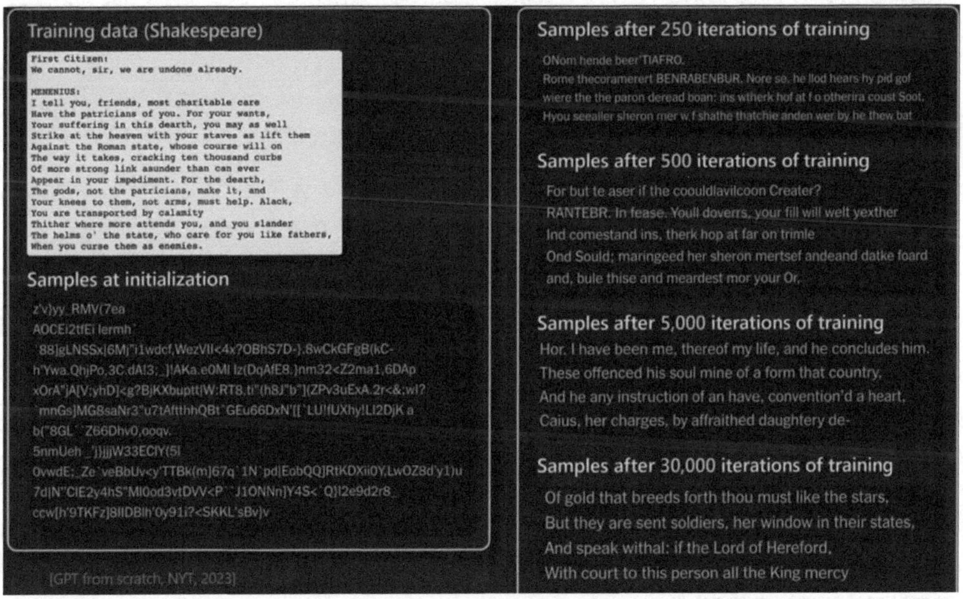

图 6-5　GPT 预训练效果

对比两种预训练方式，相对于 BERT 模型的随机 mask，GPT 的预训练方式很自然地与语言本身的书写规律保持一致。这也是 GPT 天然适合处理文本生成任务并成为主流大模型的主要原因之一。我们发现，这样一种无监督的训练方式虽然能将大量数据知识注入模型，但是到预训练结束时，模型学习的还仅仅是文字续写的能力，因此和 ChatGPT 采用的对话方式仍存在较大差异。比如，我们给经过预训练的 GPT 基础模型输入“写一首诗”这样的提示，它可能会输出如下续写内容。

- 写一首关于爱情的诗。
- 写一首诗歌。
- 写一首诗涉及田园风景。

这显然不是我们想要的最终形态，除非我们更换一种形式：“这是一首李白写的思念故乡的诗”。

这是一首李白写的思念故乡的诗：静夜思　床前明月光，疑是地上霜。举头望明月，低头思故乡。

后续 GPT 的训练还会经历哪些步骤，才能成为真正的私人助理呢？接下来，我们看一下第二阶段——监督微调，让模型一步步接近 ChatGPT 的最终形态。

第二阶段：监督微调

监督微调是指基于少量人工标注的数据进行微调，数据主要是提示（prompt）和回复（response）对（数量在 1 万到 10 万之间）。提示和回复类似于 Q（Question）和 A（Answer），即问答对。

在监督微调示例中，提示是人类指令，回复是标注员写的针对人类指令的示例回复。标注提示和回复对的过程需要满足“有益、真实、无害”这一约束条件。

监督微调示例如下。

提示：你能写一份关于“垄断”一词在经济学中相关性的简短介绍吗？

回复：“垄断”是指特定商品或服务只有一个卖家的市场结构。在经济学中，这个词与劳动力市场特别相关，在劳动力市场中，垄断雇主对员工的工资和工作条件有很大的控制权。垄断的存在可能导致工资下降和工人就业机会减少，因为雇主几乎没有动力提高工资或提供更好的工作条件。

在监督微调后，模型形态已经跟最终 ChatGPT 的形态一致，这是否代表已经可以结束训练，直接使用了呢？当然不是，监督微调的标注数据中存在这样一个问题，即让标注员编写监督微调的提示和回复对是比较困难的，标注成本极高。然而，获取海量标注数据是输出优质模型的前提。有没有一种方式可以降低标注成本，以保证海量监督数据呢？答案是“有”，ChatGPT 引入了 RLHF 方法。在大模型的训练过程中，将人类反馈纳入奖励模型，以此增强传统强化学习方法，这种方法叫作 RLHF。RLHF 分为两步，即构建奖励模型和强化学习。

第三阶段：构建奖励模型

在大语言模型完成监督微调后，下一阶段是构建一个奖励模型，用于评估问答对的质量。奖励模型源于强化学习中的奖励函数，能对当前的状态给出一个分数，以反映该状态的价值。在大语言模型微调过程中，奖励模型会基于输入的问题和答案计算出一个分数。输入的答案与问题匹配度越高，奖励模型输出的分数也越高。

奖励模型本质上是一个机器学习模型，用于对大模型输出的结果进行评估，通过对比不同的输出结果，区分其优劣并进行排名。

奖励模型数据集示例如下。

给定一个提示（艺术的本质是什么？），基于经过监督微调的模型生成多个回复。比如下面生成了 3 个回复，然后让标注员来对生成结果进行排名。

提示：艺术的本质是什么？

回复 1（排名 1）：艺术的本质是一个复杂且多元的问题，涉及美学、哲学、社会学等多个领域，并且随着时间的推移和文化的演变，人们对艺术的本质的理解也在不断变化。可以从以下几个角度来理解艺术的本质，从社会和文化的角度来看，艺术被视为一种社会现象；从审美和创造的角度来看，艺术被认为是对美的追求和呈现；从哲学和理论的角度来看，艺术被解释为理念或客观宇宙精神的体现。

回复 2（排名 2）：艺术家们有想让时间停止的欲望。正常人过日子的办法是，面对它，解决它，放下它。而艺术家们所做的事是，面对它，观察它，画它，唱它，谱写它，写它，摄它，建造它，演绎它。艺术家的魔力在于他们像松胶一样，把现实变成晶莹剔透的琥珀。

回复 3（排名 3）：从创作上来说，艺术是“有意味的形式”。形式即艺术技巧，意味即艺术内容。技巧为了表达内容，技巧本身亦构成内容。美术中，形式是技巧，如色彩、笔触、轮廓，而“意味”则是美术作品的内容，可以是具体的一位妇人及其姿态表现出来的情绪，可以是抽象的几何图形及其给人带来的观感。电影中，形式是视听语言，是摄影、构图、剪辑、表演，而“意味”则是剧情片里的故事、纪录片里的主题，以及背后的社会意义。

我们基于排序数据训练了奖励模型，那么奖励模型是如何应用的呢？奖励模型的应用离不开强化学习，接下来，我们介绍强化学习。

第四阶段：强化学习

通常情况下，机器学习分为有监督学习、无监督学习和强化学习三种类别。有监督学习利用有标签数据来预测结果；无监督学习通过无标签数据寻找数据中隐藏的规律和结构；强化学习也是机器学习的一种范式，不同于有监督学习和无监督学习，强化学习在与环境交互的过程中，借助环境的反馈来调整自身的行为。

强化学习包括智能体和环境两大对象，智能体是算法本身，环境是与智能体交互的外部世界。强化学习的本质是解决如下核心问题：智能体在与环境交互的过程中如何通过学习策略实现回报最大化，从而实现特定目标。

强化学习过程可以简单地通过图 6-6 描述：智能体根据获得的状态和奖励信息，以回报最大化为目标规划进一步的行动；新的行动影响环境，环境的变化会更新状态和奖励，智能体基于新的状态和奖励采取新的行动，如此循环，直到满足特定的条件（例如实现了目标）。

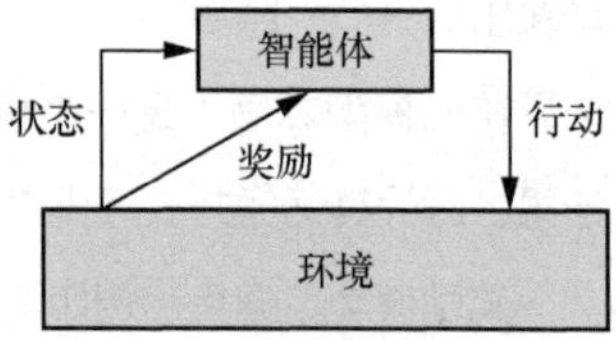

图 6-6　强化学习过程

强化学习是一个反复迭代的过程，特别像大学生走出大学校园、步入社会的过程：他们在社会上不断磨炼，接收各式各样的反馈，不断地修正自己的行为，成为更好的自己。

我们已经了解了强化学习的基本过程，智能体在采取行动时，需要一个衡量机制来判断最优的行动。前面在第三个阶段训练的奖励模型，起的就是这个作用。

RLHF 基于奖励模型进行强化学习训练。RLHF 训练框架如图 6-7 所示。

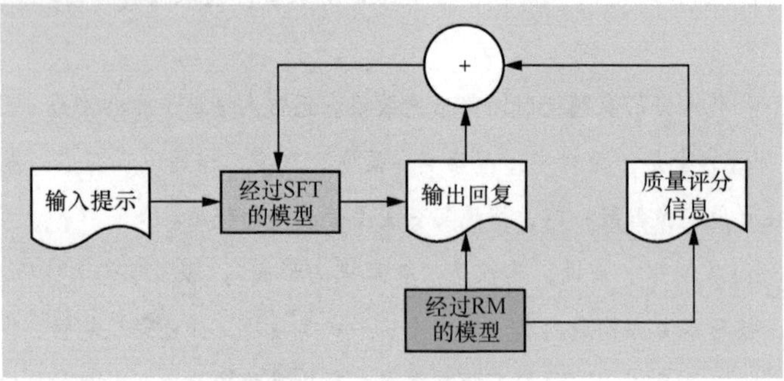

图 6-7　RLHF 训练框架

强化学习的过程可简单描述如下。

1）针对特定的输入文本，使用经过监督微调的模型获得多个输出文本。

2）基于奖励模型对多个输出文本的质量进行打分。

3）基于打分为多个输出文本结果加入权重。

4）将加权结果反向传播，对经过监督微调的模型参数进行调整。

6.2　大模型基座 Transformer

我们已经知道了大模型的定义、基本结构和参数训练方式。如果想进一步了解大模型的内部结构，就不得不了解 Transformer。

6.2.1　背景介绍

我们知道，GPT 的全称为 Generative Pre-trained Transformer，可见 Transformer 是 GPT 模型中的核心架构。当前的主流大模型都使用 Transformer 作为其基础组件，因此，对 Transformer 的理解，有利于我们进一步深入理解大模型的运行机制。

在过去十多年中，AI 经历了 3 次被公认为里程碑的技术变革。

第一次：2012 年 9 月，一种名为 AlexNet 的深度卷积神经网络（CNN）在 ImageNet 大规模视觉识别竞赛（ILSVRC）中取得了前所未有的成绩，刷新了记录，这充分证明了深度学习在图像识别任务中的潜力。这使得沉寂了几十年的神经网络理论再次成为研究的焦点。随后的几年里，深度卷积神经网络成为计算机视觉领域的主导力量。

第二次：2017 年，前谷歌员工 Ashish Vaswani（阿希什・瓦斯瓦尼）等人发表论文“Attention Is All You Need”，提出 Transformer 架构。2018 年，以 Transformer 为基础的 GPT-1、BERT 等模型，以及图神经网络等领域的进步，再次引发了自然语言处理领域的变革。此后，以 BERT 为代表的模型和预训练方式几乎统治了整个自然语言处理领域。此时的 GPT 还处于萌芽阶段。

第三次：随着训练方式的改进和计算机算力的提升，OpenAI 于 2022 年 11 月发布了 ChatGPT。ChatGPT 可以进行智能对话，提供创意建议，解决各种问题，甚至可以编写和解释代码。这一技术的突破不仅推动 AGI 快速发展，还迅速扩展到了多模态领域。基于 Stable Diffusion 的文生图、文生视频技术逐步创造让人印象深刻的效果，将 AGI 推上了前所未有的高度。

Transformer 架构在人工智能领域的影响类似于 2012 年深度卷积神经网络所引发的变革，它在第二次、第三次技术变革中发挥了至关重要的作用。下面来了解一下 Transformer 的基本结构和原理。

6.2.2　Transformer 的基本结构

需要指出的是，Transformer 的快速发展使其成为深度学习中主流的基座，其结构也在不断地发展和变化。所以，直接照搬论文“Attention Is All You Need”中的 Encoder-Decoder 结构来讲解 Transformer，显然无法体现 Transformer 的核心。

因此，在这里我们这样定义 Transformer：Transformer 是通过使用自注意力机制、多头注意力机制（Multi-Head Attention）处理序列数据的深度学习模型。

1. 自注意力机制

我们先看一下什么是自注意力机制，它解决的是什么问题。自注意力机制在处理序列数据时，序列中的每个元素都可以与其他元素建立联系，而不仅仅与相邻的元素建立联系。在处理序列任务时，传统循环神经网络（Recurrent Neural Network，RNN）的结构如图 6-8 所示。

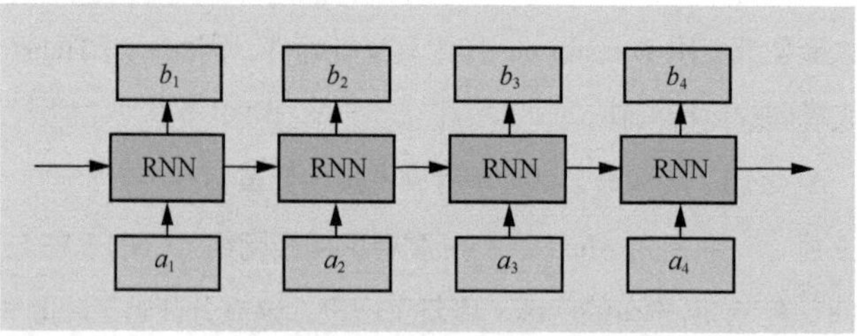

图 6-8 传统 RNN 的结构

随着序列任务复杂性的增加，模型的复杂性也会增加。传统的 RNN 存在以下两个问题。

问题 1： 因为 RNN 是逐个 token 地输出结果，在反向传播时，RNN 存在梯度消失的问题。

问题 2： 这样一种流式的处理方式不利于数据的并行处理，而且每个单元的计算都会成为流式处理的瓶颈，不利于输入信息的综合利用。

虽然后续的 GRU 和 LSTM 有效地解决了问题 1，但是问题 2 仍然存在。而自注意力机制很好地解决了问题 2，如图 6-9 所示。

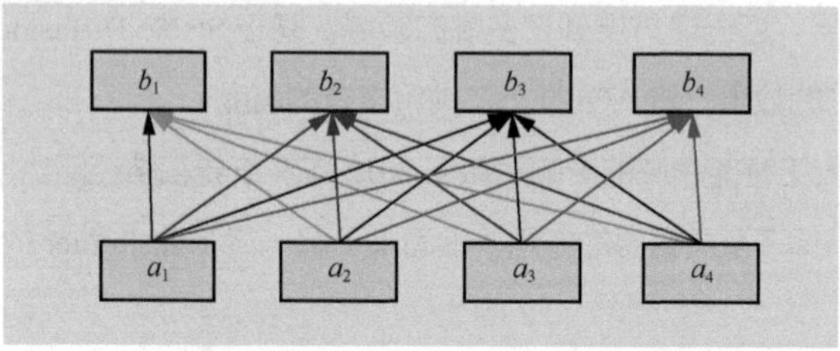

图 6-9 自注意力机制解决了问题 2

自注意力机制的一个优点是，序列中的每个单元都可以捕捉到整句的信息，而且输出的 $b_1 \sim b_4$ 还可以执行并行计算。对于“北京是中国的首都，它在北方”这句话，“它”到底代表的是“北京”还是“中国”呢？对机器来说，这是很难判断的。而自注意力机制就能够让机器把“它”和“北京”联系起来。接下来我们看一下详细的处理过程。下面以“北京是首都”这句话为例进行说明。

1）将“北京是首都”转化为特征向量，如图 6-10 所示。通过特征向量化的处理流程，我们将“北京是首都”转化为 $\boldsymbol{X}_1$、$\boldsymbol{X}_2$、$\boldsymbol{X}_3$、$\boldsymbol{X}_4$、$\boldsymbol{X}_5$ 向量，这 5 个向量组合为输入特征 $\boldsymbol{X}$。

2）自注意力会计算 3 个新的矩阵，这 3 个矩阵分别被称为 Query（$\boldsymbol{Q}$）、Key（$\boldsymbol{K}$）、Value（$\boldsymbol{V}$）。$\boldsymbol{Q}$、$\boldsymbol{K}$、$\boldsymbol{V}$ 这 3 个矩阵是用输入特征矩阵 $\boldsymbol{X}$ 与矩阵 $\boldsymbol{W}_q$、$\boldsymbol{W}_k$、$\boldsymbol{W}_v$ 相乘得到的结果，如图 6-11 所示。

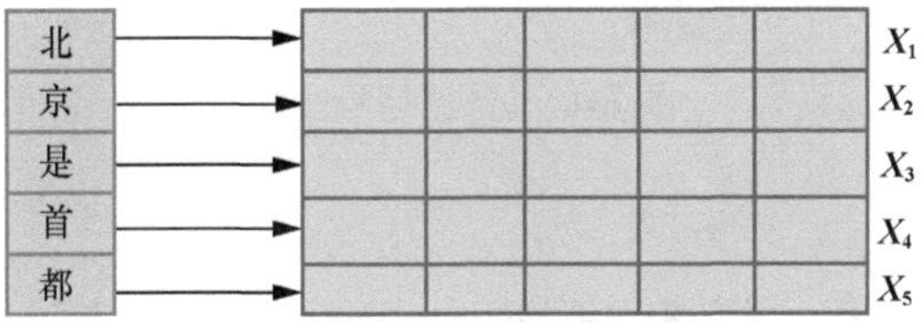

图 6-10 向量转化

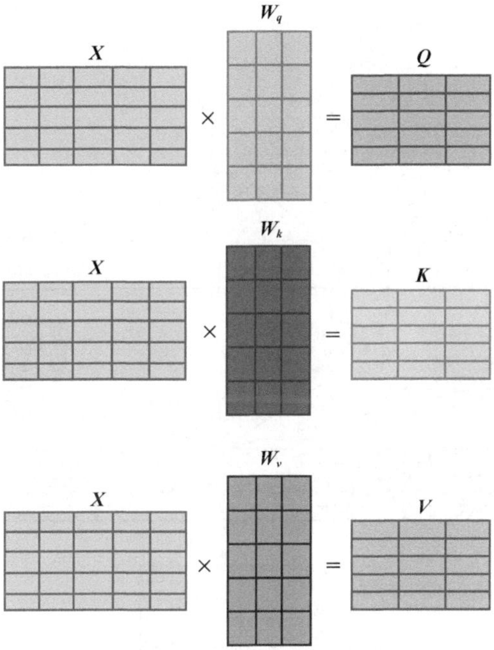

图 6-11 计算 $\boldsymbol{Q}$、$\boldsymbol{K}$、$\boldsymbol{V}$

3）基于矩阵 $\boldsymbol{Q}$、$\boldsymbol{K}$、$\boldsymbol{V}$ 计算目标矩阵 $\boldsymbol{Z}$，如图 6-12 所示。

计算矩阵 $\boldsymbol{Q}$、$\boldsymbol{K}$ 的点积，并除以一个缩放因子 $\sqrt{d_k}$，进行 softmax 操作，最后乘以矩阵 $\boldsymbol{V}$，得到最终的结果矩阵 $\boldsymbol{Z}$。

我们得到矩阵 $\boldsymbol{Z}$ 的过程就是自注意力机制的基础原理。

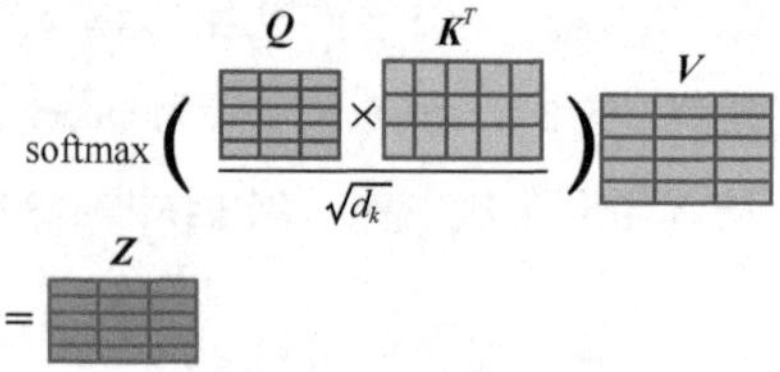

图 6-12　计算目标矩阵

2. 多头注意力机制

多头注意力机制很容易理解，简单来说就是初始化多组 Q、K、V 矩阵，并得到多组矩阵 Z_1、Z_2⋯ Z_n。论文“Attention Is All You Need”中的 Transformer 使用了 8 组 Q、K、V 矩阵，所以最后得到的结果也是 8 个矩阵，将 8 个矩阵拼接，再进行线性变换，得到最终的输出矩阵 Z。多头注意力机制示意图如图 6-13 所示。

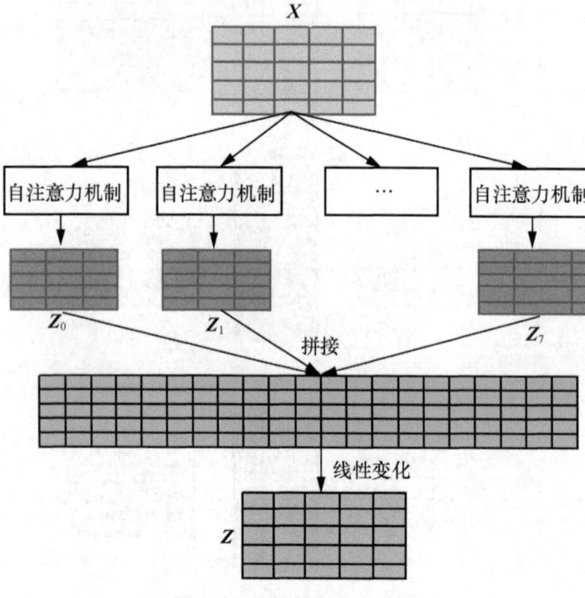

图 6-13　多头注意力机制

在 Transformer 中，经历多头注意力计算后，需要接入一个残差模块，然后是层归一化（Layer Normalization）。之后，将数据输入一个小的前馈神经网络（Feed Forward Neural Network）中，为每一个子层再次接入一个残差模块并层归一化。

前馈神经网络即全连接神经网络，其结构原理与早期的神经网络结构是一样的。残差模块借鉴了经典的 Resnet 的残差连接思想，层归一化是数据归一化的手段。图 6-14 所示就是 Transformer 架构的基础单元。

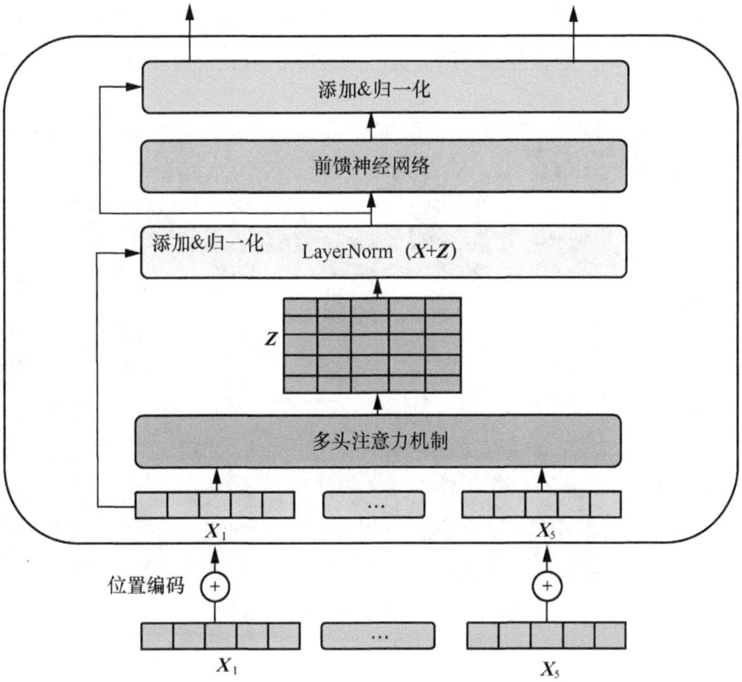

图 6-14　Transformer 架构的基础单元

6.3 扩散模型

以 GPT 为代表的大语言模型，推动了大模型的飞速发展，然而这些模型仅局限于文本处理单一领域。与之不同的是，扩散模型在图像生成、视频生成等领域展现出了独特的优势和潜力。本节将重点讲述扩散模型的基础原理和应用。

6.3.1 扩散模型背景介绍

OpenAI 发布的 DALL·E、谷歌发布的 Imagen 及 Stability AI 发布的 Stable Diffusion 等，这些广为人知的文生图模型都是基于扩散模型实现的。主流文生图服务效果如图 6-15 所示。

在广告、设计、艺术、游戏等领域都需要高质量、富有创意的图片内容来吸引用户，提升用户体验。随着基于文生图的图像生成模型的突破，扩散模型在文生图、文生视频领域大幅度提升了相关工作者的工作效率。那么，扩散模型的原理是什么呢？扩散模型本质上是一种生成模型，为了更好地理解扩散模型，下面先介绍一下生成模型。我们将生成模型分为三大类，分别是生成对抗网络（Generative Adversarial Networks，GAN）、变分自编码器（Variational Auto-Encoder，VAE）、扩散模型。

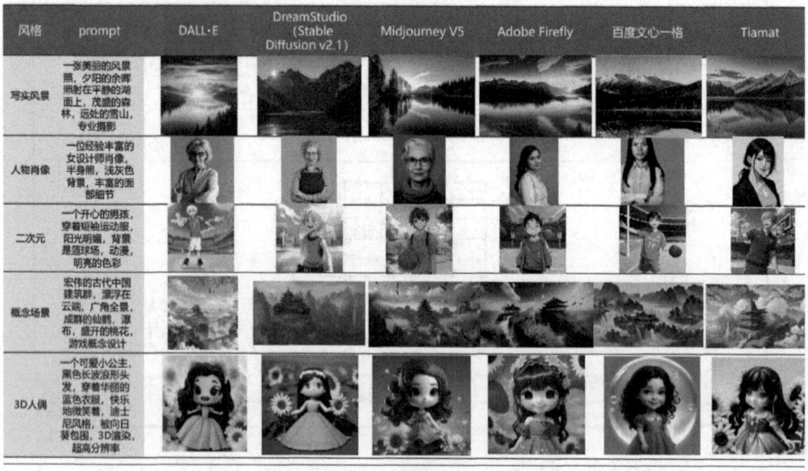

图 6-15　主流文生图服务效果

1. GAN

GAN 是一种基于相互竞争的博弈思想而设计的生成模型，它通过对抗方式进行学习，其基本结构如图 6-16 所示。

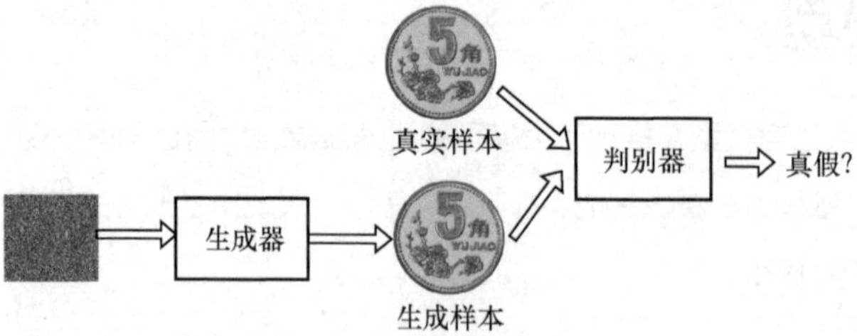

图 6-16　GAN 基本结构

博弈和相互竞争主要体现在 GAN 包含两个互相竞争的生成器（Generator）和判别器（Discriminator）。在论文“Generative Adversarial Nets”中，GAN 的提出者伊恩·古德费洛（Ian Goodfellow）举了一个特别生动的例子：生成器就像一个造假币的团伙，试图用假币蒙混过关；而判别器就像警察，目标是检查出假币。生成器想要骗过判别器，判别器试图不上当。当两组模型不断训练时，生成器不断生成新的结果进行尝试，直到生成器生成的样本看起来与原始样本没有区别。

具体来说，生成器从某种噪声分布中随机采样作为输入，输出与训练集中真实样本非常相似的生成样本，进行造假。判别器的输入是真实样本或生成样本，其目标是将生成样本与真实样本尽可能地区分出来。生成器和判别器交替运行，相互对抗，从而使各自的能力都得到提升。理想情况下，经过足够次数的对抗之后，判别器无法判断给定样本的真实性，即对于所有样本都输出 50% 真、50% 假的判断。此时，生成器输出的生成样本已经逼真到判别器无法分辨真假的程度，博弈停止。这样就可以得到一个具有“伪造”真实样本能力的生成器。

2. VAE

VAE 是一种生成模型，它通过捕获给定数据集的潜在概率分布来生成新样本。具体来说，VAE 使用了编码器 - 解码器结构，如图 6-17 所示。编码器将输入数据转换为潜在形式，解码器旨在基于该潜在表示重建原始数据。

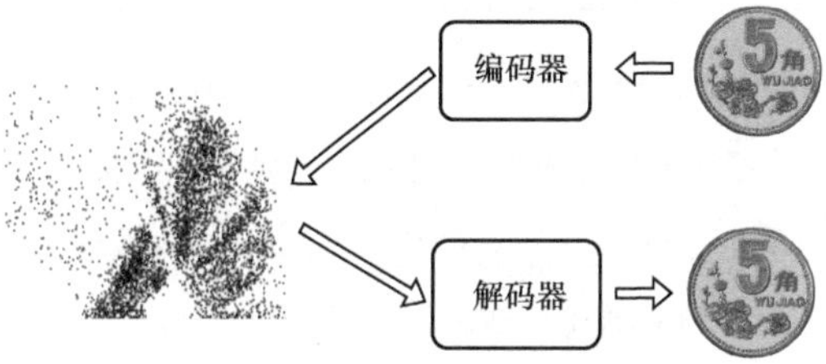

图 6-17　VAE 基本结构

3. 扩散模型

扩散模型首先逐步向输入数据增加高斯噪声，直到将其变为纯高斯噪声 z，然后通过对 z 进行去噪处理，最终生成新的图像。接下来我们会详细介绍扩散模型。

GAN、VAE、扩散模型之间的主要差异在于建模方式，图 6-18 简单概括了它们的建模方式。

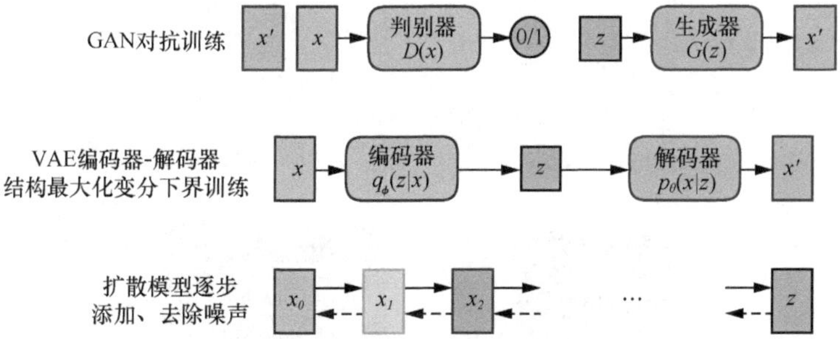

图 6-18　三种生成模型的建模方式

综上所述，GAN 学习生成类似于训练数据集的新数据。它由两个神经网络组成，一个是生成器，另一个是判别器，GAN 的工作原理类似于双方博弈的过程。生成器使用从正态分布中采样的随机值来生成合成样本，而判别器则尝试区分真实样本和生成样本。生成器经过训练可以生成足以欺骗判别器的合成数据，而判别器经过训练可以正确区分真实数据和生成数据。

VAE 由编码器和解码器组成。它的编码器通过预测均值和标准差向量，将高维数据编码为正态分布的低维表示，而解码器尝试通过将该表示映射回其原始形式来重建原始高维输入数据。

扩散模型由前向扩散和反向扩散过程组成。前向扩散是一个马尔可夫链，它逐渐向输入数据中添加噪声，直到获得白噪声。前向扩散过程不是一个可学习的过程，通常需要 1000 个步骤。反向扩散过程旨在将正向过程反向，从而逐步去除噪声以恢复原始数据。反向扩散过程是使用可训练的神经网络实现的。

6.3.2 扩散模型定义

扩散模型是由斯坦福大学的博士后索尔·迪克斯坦（Sohl-Dickstein）于 2015 年提出的，其基础理论来自非平衡态热力学。尽管扩散模型在发表之初并未受到广泛关注（因为它不像 GAN 那样好理解），但随着时间的推移，扩散模型的效果逐渐超越了 GAN，成为图像生成领域的主流模型。OpenAI 的 DALL · E 2 和谷歌的 Imagen，都是基于扩散模型实现的。

迪克斯坦在 MIT 的讲座中阐释了扩散模型的思想源自物理扩散现象。如图 6-19 所示，我们将染料放入水中后，染料不断扩散并最终溶解。假设我们把染料视作数据，那么“染料溶于水”的过程等同于“数据分布被不断破坏”的过程。由于“染料溶于水”这个过程在微观上可逆，我们推测“数据分布被不断破坏”的过程应该也可逆。我们能从一个最终结构被完全破坏的分布，重建出原始的数据分布，这就是扩散模型的基本思想。

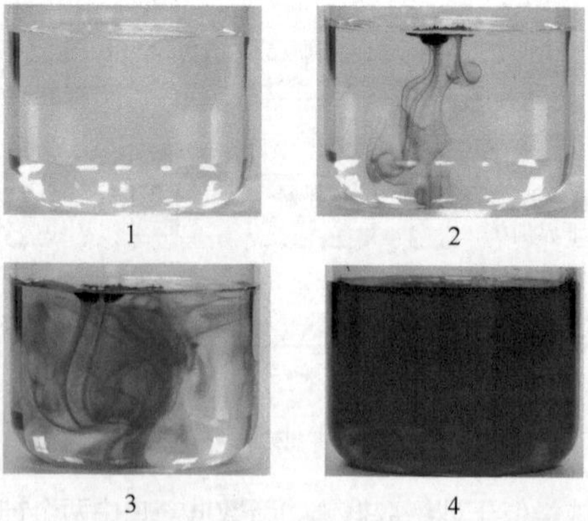

图 6-19 染料在水中扩散

进一步来说，扩散模型是一种生成模型，它通过模拟随机扩散过程，逐渐将随机噪声转变为目标数据分布，从而生成新的数据样本。简单来说，扩散模型就分为两个过程："加噪"和"去噪"（也称前向过程和逆向过程）。

- 加噪过程：如图 6-20 所示，不断向输入数据中加入噪声，直到其变成纯高斯噪声。这一过程是连续的，每一时刻都会基于前一时刻的结果继续添加噪声。

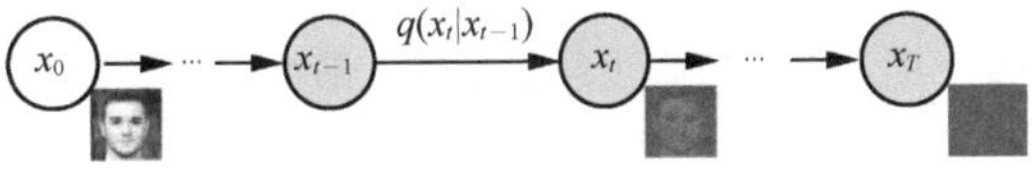

图 6-20　加噪过程

- 去噪过程：如图 6-21 所示，以一个纯高斯噪声作为开始，逐步地去除噪声，最终得到一个符合训练数据分布的图片。

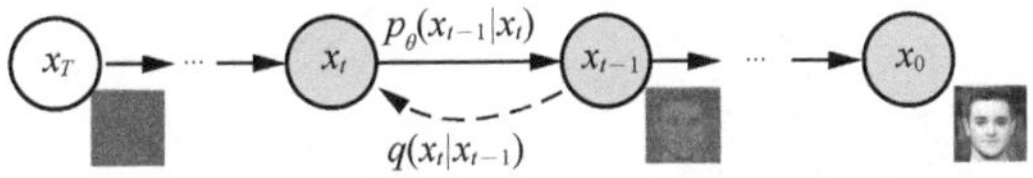

图 6-21　去噪过程

6.3.3　扩散模型实现文生图

我们已经熟悉了扩散模型的基本原理，那么基于扩散模型是如何实现文生图的呢？如图 6-22 所示，基于 Diffusion 的文生图模型使用 Text Encoder 生成文字 embedding，并将该 embedding 和随机噪声 embedding、时间步 embedding 一起作为 Diffusion 的输入，从而生成理想的图片。

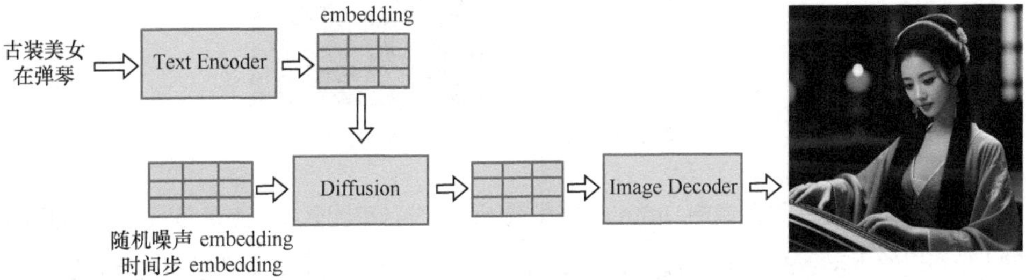

图 6-22　文生图模型结构

文生图模型基本上分为三个核心模型，即 Text Encoder、Diffusion、Image Decoder，这三个模型通常是各自分开训练的。

Text Encoder 模型一般单独训练，可以通过经典的 CLIP 模型来实现。实际上，CLIP 模型是使用从网络上抓取的图像及其文字说明进行训练的。

如图 6-23 所示，CLIP 模型结合了图像编码器和文本编码器，它的训练过程可以简化为给图片加上文字说明。首先分别使用图像和文本编码器对图片和文本进行编码，然后计算编码后图像和文字的余弦相似度来评估它们是否匹配。最开始训练时，相似度会很低。接着计算损失并更新模型参数，逐步优化图片和文字 embedding。通过在训练集上反复训练，最终得到较为准确的文字 embedding 和图片 embedding。

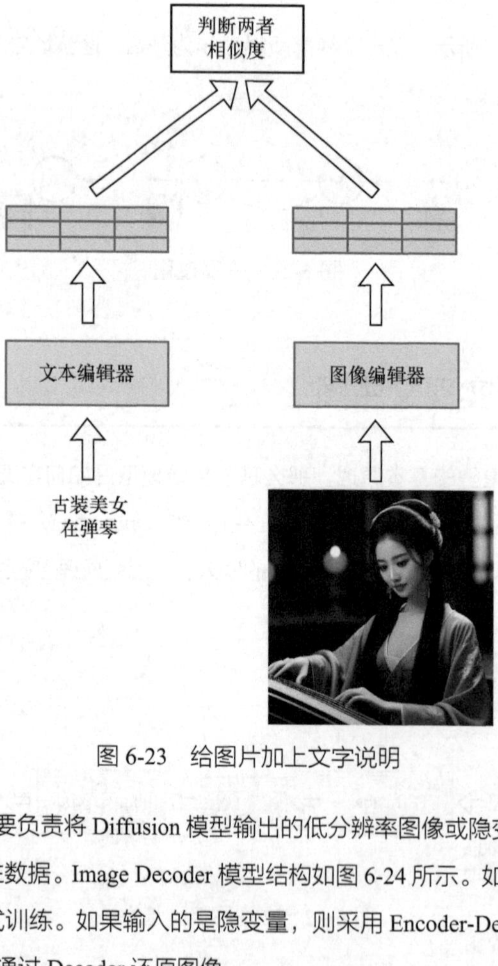

图 6-23　给图片加上文字说明

Image Decoder 模型主要负责将 Diffusion 模型输出的低分辨率图像或隐变量编码为最终的图像，这部分的训练可以使用非标注数据。Image Decoder 模型结构如图 6-24 所示。如果输入的是低分辨率小图，可以直接通过 Decoder 方式训练。如果输入的是隐变量，则采用 Encoder-Decoder 方式训练，即先通过 Encoder 获得隐变量，然后通过 Decoder 还原图像。

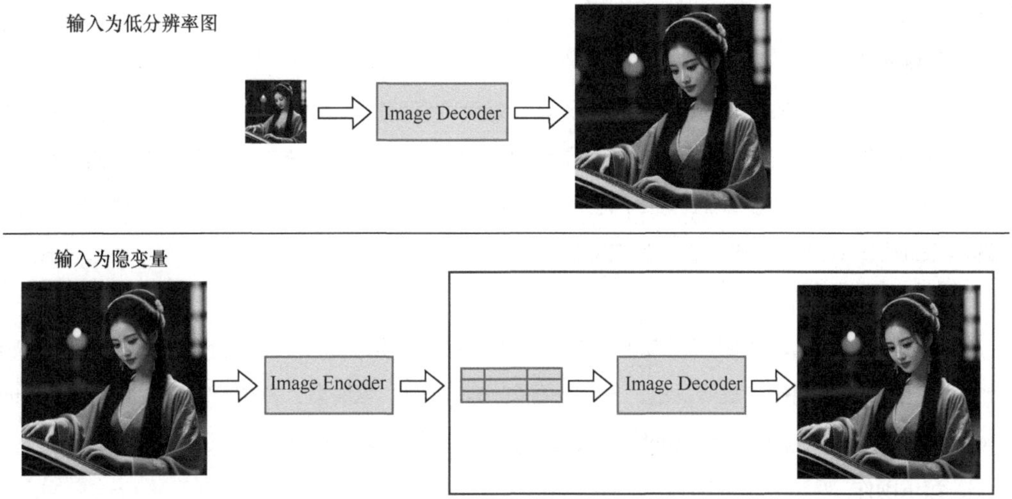

图 6-24　Image Decoder 模型结构

如图 6-25 所示，Diffusion 模型接受 Text Encoder 的 embedding、随机噪声 embedding 和时间步 embedding，并不断执行去噪（Denoise）操作，在完成特定步骤后，Diffusion 模型输出隐变量，该隐变量作为 Image Decoder 的输入。

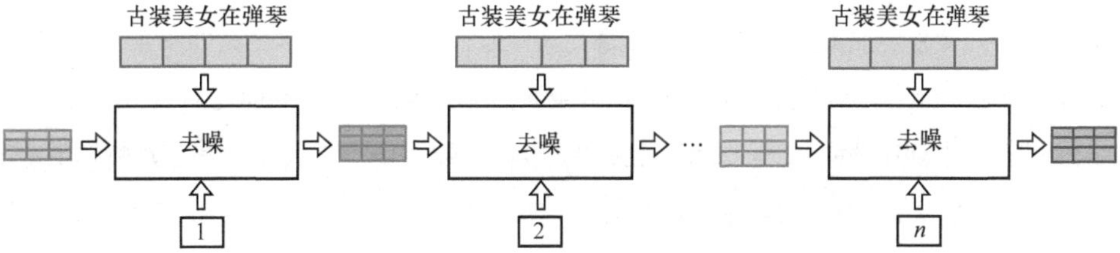

图 6-25　Diffusion 模型结构

6.3.4　扩散模型应用场景和前景分析

可以毫不夸张地说，扩散模型是深度生成模型中目前最先进的技术。扩散模型在图片生成任务中，远远超越了之前的 GAN 模型，并且在诸多应用领域都有出色的表现。

扩散模型深受艺术家们的喜爱，成为艺术界的新宠。艺术家们通过扩散模型把那些天马行空的想法变成一幅幅既精美又抢眼的画作。技术对艺术的深度赋能，使得技术与艺术之间的界限变得模糊，创作者能够探索以前难以或无法实现的新风格和新想法。在艺术创作的各个领域，扩散模型都已经得到不错的应用，比如平面设计、影视和动画制作、音乐创作、游戏制作等。

1. 平面设计

扩散模型可以作为快速生成视觉内容的工具。设计师借助扩散模型，输入绘制的草图、初步的布局或大致的文字描述，模型就会对这些输入元素进行处理，输出完整、精细的图像。这显著加快了设计过程，大大缩短了从最初的概念到最终产品的交付周期，提高了工作效率。通过和设计师的紧密合作，扩散模型生成了传统方式很难匹敌的视觉效果。

2. 影视和动画制作

扩散模型在影视和动画制作领域也有广泛应用。扩散模型可以生成逼真的影视素材、角色、动态元素，减少了传统制作方法所需的时间。动画创作者借助扩散模型，并结合 Unreal Engine、Adobe Photoshop、Adobe After Effects 和 Adobe Premiere 等工具，可制作具有完整动漫风格的短片。

3. 音乐创作

有人甚至通过扩散模型来进行音乐创作，扩散模型就像音乐创作智能助手，能在你创作音乐时给出建议。它可以帮你完成各种任务，比如在原有曲子的基础上进行创作，修补音乐瑕疵，或者把两首不同的曲子平滑地连接起来。它还能把你喜欢的风格特点融入创作的音频片段中。

4. 游戏制作

在游戏行业，扩散模型也能够发挥极大的作用。扩散模型能帮助游戏设计师创造出精细的游戏环境和角色，让游戏体验更加真实。扩散模型就像是游戏制作者的超级助手，让创作变得更精确、更高效，同时也更自由，让游戏制作者能够打破传统的束缚，轻松地把创意变为现实。

扩散模型在艺术创作领域，已经发挥了巨大的作用，展现出强大的潜力，甚至影响和重塑了相关的行业工作范式。那么扩散模型目前存在哪些问题，未来又将如何发展呢？这里我们简单总结一下扩散模型的不足。

1）主流的扩散模型目前都需要消耗大量的计算资源，对于需要实时处理或者大规模应用的场景来说，这可能会存在一定的问题。

2）扩散模型在处理没见过的数据时效果不够理想，要想让它们适应特定的领域，可能需要重新训练或者调优。

3）扩散模型可能会从训练数据中学到偏见，所以我们需要确保它们符合伦理规范。

6.4 多模态大语言模型

单纯的大语言模型和扩散模型在处理未见过的数据时可能存在局限性。那么，如何使人工智能模型能够处理复杂的多模态任务呢？近年来，人工智能从业者一直在探索上述问题的解决方案。以大语言模型为“大脑”的多模态大语言模型（MLLM）便是这一研究方向上的重要进展。

6.4.1 背景介绍

以 GPT 为代表的大语言模型在各领域表现出非凡的能力，然而这些模型主要处理文本信息，应用场景有限。人是复杂的个体，可以接收不同信号源的信号，并进行分析、规划和反馈。人工智能如何模仿人类，实现更高级更通用的智能一直是行业探讨的问题。

为了解决 AGI 的问题，以 GPT-4V 为代表的多模态大语言模型逐渐成为一个新的研究热点，这些模型的特点是利用强大的大语言模型作为“大脑”来接受和执行多模态任务。多模态大语言模型表现出令人惊奇的涌现能力，就比如根据图片编写故事或者不依赖 OCR 的数学推理，在一些传统的多模态模型中是很难实现的，这标志着一条通往 AGI 的潜在道路。

这种由大语言模型扩展而来、具备接收与推理多模态信息能力的模型，被称为多模态大语言模型。该类模型相较于热门的单模态大语言模型，更符合人类认知世界的习惯。该类模型相较于单模态大语言模型具有以下优势。

- 能够处理用于认知与完成任务的多模态信息。模型模拟人类通过多种感官接收多模态信息的方式，整合这些通常互为补充、具有协同作用的信息，从而形成对周围环境的全面理解。
- 具备更加强大且用户友好的接口。通过支持多模态输入，用户可以通过更加灵活的方式输入信息。
- 支持更广泛的任务。大语言模型通常只能完成纯文本任务，而多模态大语言模型利用多模态可以完成图片描述和视觉知识问答等更为复杂的任务。

下面以车载应用场景为例来说明多模态大语言模型的应用。在车载智能交互场景下，智能化是一个极其复杂的问题，仅视觉部分，就包含疲劳驾驶检测、手势识别、人脸识别、人脸属性识别等场景。语音语义层面又包括自动语音识别（ASR）、自然语言理解、操作控制、信息推荐等。这里面的每个技术点均包含了复杂的技术链条，同时复杂场景的产品逻辑的实现还涉及不同技术栈成员的协作和沟通。

现在，我们基于多模态大语言模型构建一个虚拟智能机器人，为驾乘人员提供主动服务和智能交互功能。该模型接受文本、图像、音频及视频信号，结合大语言模型技术，成为优化智能驾舱产品形态和提升用户体验的理想选择。车载多模态大语言模型架构如图 6-26 所示。

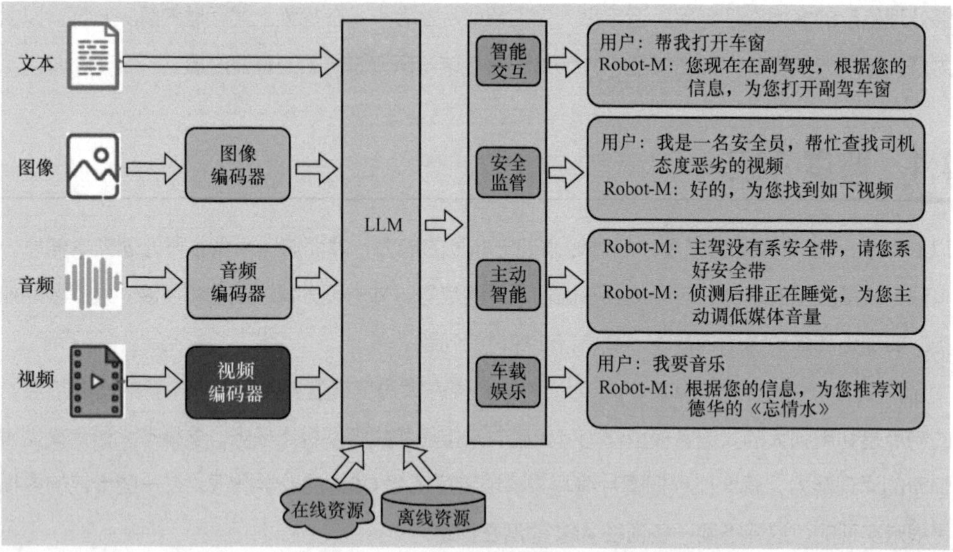

图 6-26　车载多模态大语言模型架构

通过这个应用场景案例，我们发现，以大语言模型为“大脑”的多模态大模型，通过一种新的、简洁的架构，搭建了一套新的智能交互系统，改变了原有的多模块复杂交互状况，大幅度提高了研发效率。

多模态大语言模型更加详细的定义如下。

多模态大语言模型通常包含 5 部分，分别是模态编码器、输入投影器、大语言模型骨干网络、输出投影器和模态生成器。多模态大语言模型核心模块的简单描述如下。

- 模态编码器：对不同的模态输入进行编码，得到对应的模态特征。
- 输入投影器：负责将编码后的模态特征投影到文本特征空间。
- 大语言模型骨干网络：以大语言模型作为核心，处理对齐后的特征，进行语义理解、推理和决策，并输出文本信息和信号令牌。
- 输出投影器：将大语言模型骨干网络中的信号令牌映射到多模态特征，以使其可被后续的模态生成器理解。
- 模态生成器：负责生成不同模态的输出，通常采用潜在的扩散模型，将输出投影器映射的特征作为条件输入，以生成多模态内容。

6.4.2　多模态大语言模型训练过程

多模态大语言模型的训练过程主要包括多模态预训练和多模态指令调优两个阶段。

1. 多模态大语言模型预训练

预训练是多模态训练过程的第一阶段，其核心目标是将不同的模态对齐并让模型学习多模态知识，以便理解并整合不同模态的信息。

以图像信息与语言信息对齐为例，首先采用一个预训练好的图像编码器来处理输入的图像数据，并将其转化为可被语言模型理解的表示。然后通过端到端的方式，在大规模图像 - 文本对齐的数据集上进行联合训练，确保模型能够在不修改原有语言模型参数的基础上，有效地捕获图像和语言之间的关联性。这种策略旨在使模型学习如何从图像信息中提取语义，并将其转换为语言形式的描述或推理。

多模态大语言模型通常利用与下面介绍的 X-Text 数据集类似的形式来训练输入投影器和输出投影器，以实现不同模态之间的对齐。对于多模态理解模型，只需优化输入投影器的目标函数即可。对于多模态生成模型，则需要优化输入投影器、输出投影器和模态生成器的目标函数。X-Text 数据集主要包括如下 3 种类型。

（1）图像 - 文本数据集

图像 - 文本数据集主要包括图像 - 文本对和交错图像 - 文本语料这两种类型。图像 - 文本对通常指的是一张图片配上一段描述该图片内容的文字。而交错图像 - 文本语料则是指图像与文本交错混合、相互嵌套的图文数据形式。图 6-27 为图像 - 文本数据集示例。

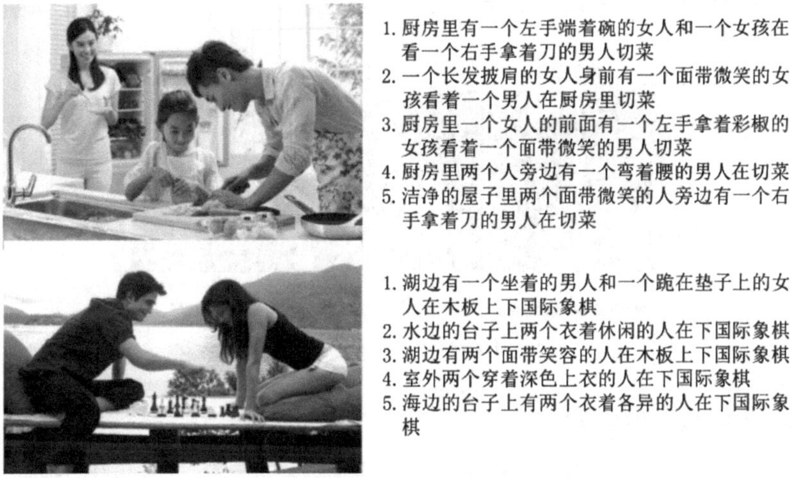

1. 厨房里有一个左手端着碗的女人和一个女孩在看一个右手拿着刀的男人切菜
2. 一个长发披肩的女人身前有一个面带微笑的女孩看着一个男人在厨房里切菜
3. 厨房里一个女人的前面有一个左手拿着彩椒的女孩看着一个面带微笑的男人切菜
4. 厨房里两个人旁边有一个弯着腰的男人在切菜
5. 洁净的屋子里两个面带微笑的人旁边有一个右手拿着刀的男人在切菜
1. 湖边有一个坐着的男人和一个跪在垫子上的女人在木板上下国际象棋
2. 水边的台子上两个衣着休闲的人在下国际象棋
3. 湖边有两个面带笑容的人在木板上下国际象棋
4. 室外两个穿着深色上衣的人在下国际象棋
5. 海边的台子上有两个衣着各异的人在下国际象棋

图 6-27 图像 - 文本数据集示例

（2）视频 - 文本数据集

视频 - 文本数据集主要包括视频 - 文本对和交错视频 - 文本语料这两种类型。视频 - 文本对是指一小段视频内容及其对应的文本描述，其中文本详细阐述了视频中发生的事件、背景及涉及的人物。而交

错视频 - 文本语料则是指视频内容与文本描述以交替方式出现、相互融合的数据形式。图 6-28 为视频 - 文本数据集示例。

1. 一个孩子在厨房做饭
2. 一个女孩正把手指伸进塑料杯里，里面有一个鸡蛋
3. 孩子们烧水，准备蛋清
4. 人们在厨房里做饭
5. 一群人正在厨房里做饭

图 6-28　视频 - 文本数据集示例

（3）音频 - 文本数据集

音频 - 文本数据集主要包含音频 - 文本对和交错音频 - 文本语料这两种类型。音频 - 文本对是指一小段音频及其对应的文本描述，其中文本可以是自动语音识别（ASR）的结果（精确转录音频内容），也可以是对音频类别如打雷声、女孩笑声等的描述。交错音频 - 文本语料则是指音频与文本以交替方式出现、相互对应的数据形式。图 6-29 为音频 - 文本数据集示例。

吹头发
女孩笑
打雷

图 6-29　音频 - 文本数据集示例

2. 多模态大语言模型指令调优

指令是任务描述。指令调优是一种微调预训练大语言模型的技术，它通过在一组以指令格式组织的数据集上进行额外的训练，来提高模型对未见过的任务的泛化能力。这一简单而有效的策略已经在自然语言处理领域的一系列工作中成功应用，典型案例包括 ChatGPT、InstructGPT、FLAN 和 OPT-IML。

多模态大语言模型指令调优阶段，通常使用一组指令格式的数据集对预训练的多模态大语言模型进行微调。这个阶段包括 SFT 和 RLHF，旨在更好地与人类意图保持一致，并增强多模态模型的交互能力。

SFT 将部分预训练阶段的数据转换为指令感知格式，并使用相同的优化目标对预训练模型进行微调。SFT 数据集可以组织成单轮问答或多轮对话的形式。在 SFT 之后，RLHF 会进一步微调模型，利用自然语言反馈（NLF）训练模型生成相应的响应。RLHF 数据集通常包括人类标注或自动生成的 NLF。

6.4.3　多模态大语言模型评估

评估是开发多模态大语言模型的重要环节，因为它不仅为模型优化提供了反馈，还有助于比较不同模型的性能。由于多模态大语言模型通常能够接收不同模态的输入并处理复杂任务，故与传统多模态模型的评估方法相比，确保多模态大语言模型评估的全面性至关重要。此外，多模态大语言模型展现出了许多新型能力（如没有 OCR 也可进行数学推理），如何评估这些新能力同样值得关注。

与传统多模态模型不同，多模态大语言模型需要新的评估策略。根据问题类型，多模态大语言模型的评估大致可以分为两类：封闭集问题和开放集问题。

封闭集问题指答案选项是预定义且有限的问题类型。评估通常在特定任务的数据集上进行。在此，我们介绍一个封闭集问题的评估数据集——ScienceQA。ScienceQA 数据集是从小学和高中科学课程中收集的，包含 21,208 个多模态选择性的科学问题。其中，10,332 个（48.7%）问题包含图像背景，10,220 个（48.2%）问题包含文本背景，6,532 个（30.8%）问题同时包含两者。

图 6-30 展示的是 ScienceQA 数据集的示例。该数据集中包含大量视觉问答（VQA）数据，通常包括一张图片、基于图片提出的问题以及备选答案，并提供正确答案选项。由于封闭集问题具有相对明确的答案，因此在评估时，可以直接使用准确度等指标进行衡量。

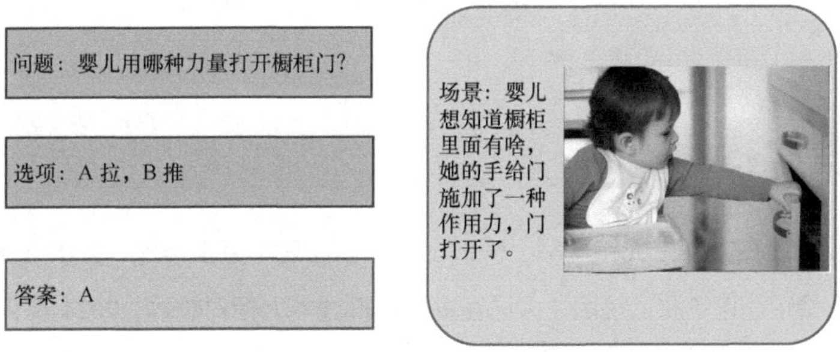

图 6-30　ScienceQA 数据集示例

与封闭集问题相比，开放集问题的回答更加灵活。在开放集问题中，多模态大语言模型通常扮演聊天机器人的角色，可以接受不同模态的输入，并给出不同模态的反馈输出，且内容没有形式上的限制。由于聊天内容可以是任意的，因此评估开放集问题比封闭集问题更加复杂。尽管目前业内正在探索如 GPT 评分等自动评估方法，但人工参与的手工评分仍然是最科学合理且可信的评估方法。

关于开放集问题的评估，我们介绍一个多模态生成 AI 排名开放平台——GenAI-Arena。GenAI-Arena 用于评估不同的多模态生成模型，并鼓励用户积极参与这些模型的评估。利用集体用户反馈和投票，GenAI-Arena 提供了一个更民主和准确的模型性能衡量标准。该平台涵盖了文本到图像生成、文本到视频生成以及图像编辑三个领域。

图 6-31 展示了 GenAI-Arena 的用户评价界面。用户首先输入一个提示，然后从同一任务类别的两个匿名模型中选择生成输出。用户可以根据他们的偏好对匿名模型进行投票，投票选项包括：A 更好、B 更好、差不多和都很差。这四个选项用于计算模型得分和排名。

图 6-31　GenAI-Arena 用户评价界面

6.5 推理大模型

早期大语言模型虽在文本生成和理解上表现出色，但在复杂逻辑推理、数学证明、跨领域知识整合等任务中表现不稳定，这本质上是因为大语言模型的推理能力相对较弱。2024 年 9 月，OpenAI 发布了 o1 模型，作为首个以“推理”为核心定位的大模型，o1 的发布标志着大模型的技术探索转向更为复杂的“推理能力”研究。2025 年初，DeepSeek 公司开源了 DeepSeek-R1 模型，将大模型推理能力的研究推向高潮，并引发了全球范围内关于大模型发展及其相关问题的讨论。

6.5.1 背景介绍

传统大语言模型（如 GPT-4o）虽在文本生成上表现优异，但在复杂推理任务中存在显著局限。例如，在某次国际数学奥赛资格考试的模拟测试中，GPT-4o 仅能正确解答 13% 的问题，难以满足教育、科研等领域对深度逻辑推理的需求。

对于需要较高推理能力的问题，比如经典的“狼 - 山羊 - 卷心菜”过河问题，该问题要求农夫用船将狼、山羊、卷心菜依次运到河对岸，且任何时候都不能让狼和山羊、山羊和卷心菜单独留在同一岸。菲尔兹奖得主蒂莫西·高尔斯（Timothy Gowers）在使用 GPT-4o 进行测试时，它给出了错误解答，未能正确规划过河步骤，忽视了不能让危险组合（即狼和山羊、山羊和卷心菜）单独留在同一岸的重要约束条件。

OpenAI 意识到，单纯依赖模型规模扩展（如增加参数）的边际效益正在递减，因此必须转向算法创新，以强化模型的推理能力。在大模型的研究进程中，不应过度聚焦于知识注入。虽然知识储备是基础，但真正推动大模型迈向更高智能层级的关键在于对其推理能力的深度挖掘与强化。知识注入虽然能在一定程度上丰富模型的信息库，却难以赋予模型灵活应对复杂多变情境、进行深度逻辑推导的能力。只有将研究重心置于推理能力的提升上，大模型才有可能突破现有局限，实现从“数据堆积”到“智能思考”的跃升，并在实际应用场景中展现出更强大、更具适应性的价值。

2024 年 9 月 12 日，OpenAI 发布了推理模型 o1 系列，其推理能力表现令人惊艳，在诸多领域展现出远超前代模型的强大实力。

- 数学推理一骑绝尘：在国际数学奥林匹克资格考试（AIME）中，模型 o1 的准确率高达 83%，而 GPT-4o 仅为 13%。面对复杂的数学问题，模型 o1 能抽丝剥茧，例如在处理韦东奕不等式这类高等数学难题时，GPT-4o 被难倒，而模型 o1 却能在约 50 秒内给出全部正确答案。
- 编程领域大放异彩：在 Codeforces 编程竞赛中，模型 o1 的排名达到了第 89 百分位，远超 GPT-4o。模型 o1 能够精准理解编程需求，高效生成高质量代码，完成复杂算法设计与程序调试任务，为开发者提供了有力支持，在编程场景的实际应用中表现卓越。
- 科学研究表现卓越：在测试化学、物理和生物学专业知识的 GPQA-diamond 基准测试中，模型 o1 的表现全面超越了人类博士专家。
- 复杂逻辑推理游刃有余：对于复杂逻辑推理问题，如“狼 - 山羊 - 卷心菜”过河问题，GPT-4o 给出了错误解答，而模型 o1 却能在短时间内理清逻辑，给出正确的推理步骤。在面对某物流公司配送线路优化这类复杂实际问题时，模型 o1 能综合各项条件，通过合理规划，给出使油耗成本最小化的配送路线方案。

在模型 o1 发布 3 个月后，OpenAI 于 2024 年 12 月 20 日宣布推出模型 o3，进一步提升模型的推理能力。

- 模型 o3 在 2024 年 AIME 数学竞赛中的准确率达 96.7%，相较于模型 o1 的 83.8% 有了显著提升。
- 模型 o3 在 Codeforces 编程竞赛中的表现显著优于模型 o1。根据 OpenAI 发布的研究报告，模型 o3 在 Codeforces 上的评分为 2724 分，位于 99.8 百分位，而模型 o1 的评分为 1673 分，位于 89 百分位。这表明模型 o3 在复杂编程任务中的表现更出色，能够更好地应对高难度的编程挑战。
- 在博士级科学问题基准测试 GPQA-Diamond 中，模型 o3 的准确率为 87.7%，远超模型 o1 的 78.0%。

尽管模型 o1 和模型 o3 的发布在科技行业引起了轰动，但 OpenAI 延续了以往的风格，只提供闭源模型调用，并未开源算法和模型。当研究者纷纷猜测 OpenAI 推理能力的实现路径时，来自我国的 DeepSeek 公司开源了 DeepSeek-R1 模型，并在多个基准测试上对模型进行了评估，包括知识、推理、编码等任务。

图 6-32 所示的测试结果显示，DeepSeek-R1 在多数任务上表现出色，在推理任务中的表现与 OpenAI 的模型 o1-1217 相当。在各类基准测试（如 AIME、GPQA、MMLU）、编码任务（如 Codeforces）和数学任务（如 MATH-500）上，DeepSeek-R1 均展现出了优异的表现，与 OpenAI 的模型 o1-1217 不相上下。此外，DeepSeek-R1 蒸馏后的小模型也超越了部分基线模型。DeepSeek-R1 模型及其算法均已开源，接下来将重点介绍 DeepSeek-R1 的基本原理。

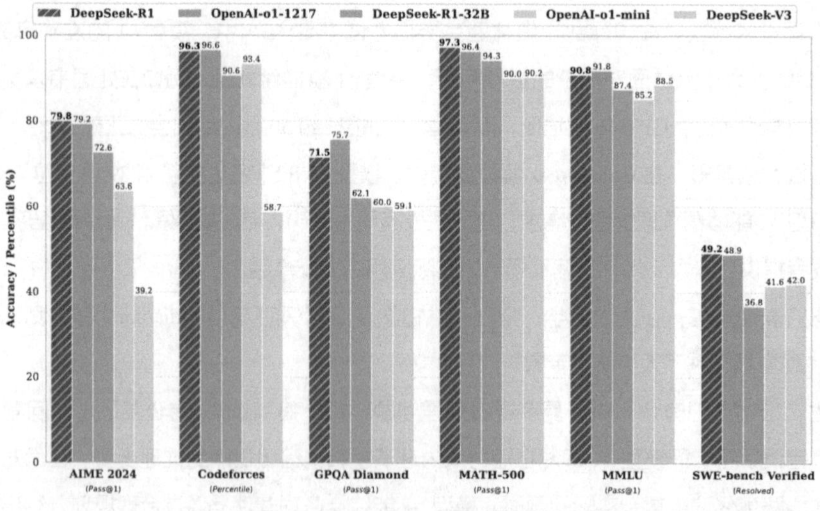

图 6-32　DeepSeek-R1 效果测试结果

6.5.2 DeepSeek-R1 核心原理

DeepSeek-R1 的基本原理涉及强化学习、思维链（Chain of Thought, CoT）提示、模型蒸馏（Model Distillation）等多个方面。

1. 强化学习

以 DeepSeek-V3-Base 为基础模型，采用组相对策略优化（Group Relative Policy Optimization，GRPO）算法进行强化学习训练。训练过程中，模型会根据奖励信号不断调整自身策略，以最大化奖励，从而提升在推理任务上的表现。奖励模型包括准确性奖励和格式奖励：准确性奖励用于判断模型的回答是否正确；格式奖励则要求模型按特定格式输出推理过程。在解决数学问题时，模型若得出正确答案，则获得准确性奖励；若按要求格式输出推理步骤，则获得格式奖励。通过不断训练，模型逐渐掌握解决复杂问题的推理能力。

图 6-33 为传统强化学习方法 PPO（Proximal Policy Optimization，近端策略优化）和 DeepSeek 使用的 GRPO 的对比示意图。GRPO 摒弃了价值函数，而是通过组分数来估计基线，显著减少了训练资源消耗。

GRPO 是 PPO 改进后提出的强化学习算法，旨在提升语言模型的数学推理能力，同时降低训练资源消耗。

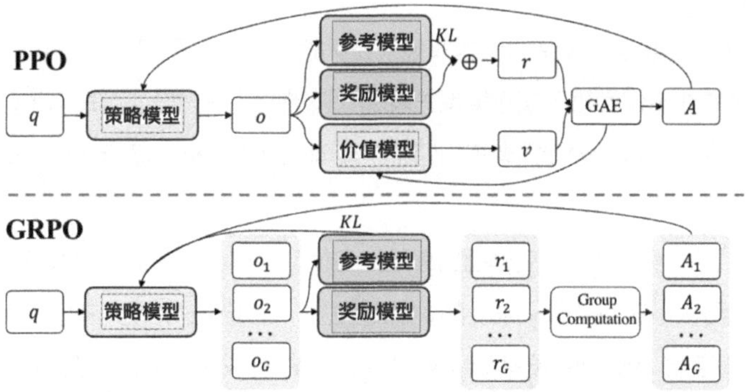

图 6-33　PPO 与 GRPO 的对比示意图

（1）算法背景与改进动机

PPO 在大语言模型的强化学习微调阶段应用广泛，但其训练过程中需要额外训练一个与策略模型规模相当的价值函数，这带来了较大的内存和计算负担。特别是在语言模型场景下，价值函数的训练尤为困难，因为通常只能对输出的最后一个 token 赋予奖励分数，难以对每个 token 进行精准评估。为了解决这些问题，DeepSeek 团队提出了算法 GRPO。

（2）核心原理

- 摒弃价值函数：GRPO 不再依赖单独的价值函数来计算优势，而是从旧策略模型中为每个问题采样一组输出，使用这组输出的平均奖励作为基线。这一改变简化了计算过程，降低了训练资源的需求。
- 组相对优势计算：基于采样得到的一组输出，GRPO 计算组内每个输出的相对奖励，进而确定每个输出的优势。这种计算方式与奖励模型的比较性质相契合，能够根据不同输出的奖励差异更灵活地调整策略，对不同质量的输出给予适当的强化或惩罚。
- 直接添加 KL 散度正则化：相较于 PPO 通过在奖励中添加 KL 散度惩罚项来防止奖励模型过度优化（这种方法计算复杂且可能影响优势计算），GRPO 直接在损失函数中添加训练后的策略与参考策略之间的 KL 散度进行正则化。这一改变避免了复杂的计算，使得训练过程更加稳定、高效。

（3）算法效果

在 DeepSeekMath 模型的训练中，我们应用了算法 GRPO，实验结果表明该算法能显著提升模型的数学推理能力。在 GSM8K 和 MATH 基准测试中，使用 GRPO 训练的 DeepSeekMath-RL 7B 模型超越了众多开源以及部分闭源模型，充分展示了 GRPO 在提升模型性能方面的有效性。

2. 思维链提示

思维链提示工程方法通过将复杂问题拆解成一系列逻辑步骤，引导模型按步骤进行推理，模仿人类的推理过程。这种方法不仅优化了语言模型的表现，还借助大语言模型实现了更具逻辑性的推理、微调以及模型调试。在数学计算、逻辑推理等问题中，模型会逐步分析，展示推理的每一个步骤，使整个推理过程更加清晰、可解释。

在 DeepSeek-R1 的技术报告中，明确指出思维链在模型训练和性能提升中发挥了关键作用。

- 训练阶段的运用：在 DeepSeek-R1 的训练过程中，思维链得到了充分利用。在冷启动阶段，通过收集数千条精心设计的长思维链数据，对 DeepSeek-V3-Base 模型进行微调。这些数据融入了人类先验知识，并通过不同方式收集，如使用少样本提示、直接提示模型生成带反思和验证的详细答案等。这不仅提高了模型输出的可读性，还为后续的强化学习提供了良好的初始状态。
- 推理任务中的体现：在推理任务方面，DeepSeek-R1 通过思维链展示了强大的推理能力。以数学任务为例，在 AIME 2024 基准测试中，DeepSeek-R1 取得了 79.8% 的 Pass@1 分数；在 MATH-500 测试中，Pass@1 分数更是高达 97.3%。在解决这些数学问题时，模型会按照思维链逐步推导，将复杂问题拆解成一系列逻辑步骤，并系统地分析每个步骤，就像人类解题一样展示推理过程，从而得出准确答案，提高了答案的准确性和可解释性。

3. 模型蒸馏

模型蒸馏是一种将知识从较大的模型（教师模型）转移到较小的模型（学生模型）的技术，旨在降低计算资源需求的同时，保留并提升模型的推理能力。DeepSeek-R1 利用其训练生成的 800K 样本，对 Qwen、Llama 等开源小模型进行了微调，显著提升了这些小模型的推理能力。

如图 6-34 所示，蒸馏后的 DeepSeek-R1-Distill-Qwen-32B 模型在多个基准测试中展现出了良好的蒸馏效果。

Model	AIME 2024		MATH-500	GPQA Diamond	LiveCodeBench
	pass@1	cons@64	pass@1	pass@1	pass@1
QwQ-32B-Preview	50.0	60.0	90.6	54.5	41.9
DeepSeek-R1-Zero-Qwen-32B	47.0	60.0	91.6	55.0	40.2
DeepSeek-R1-Distill-Qwen-32B	**72.6**	**83.3**	**94.3**	**62.1**	**57.2**

图 6-34 DeepSeek-R1-Distill-Qwen-32B 模型蒸馏结果对比

- AIME 2024 测试：在 AIME 2024 测试中，DeepSeek-R1-Distill-Qwen-32B 的 Pass@1 成绩为 72.6%，远超 QwQ-32B-Preview 的 50.0%，同时也高于 OpenAI-o1-mini 的 63.6%。这表明在数学推理相关的 AIME 2024 测试中，32B 蒸馏模型的推理能力具有明显优势。
- MATH-500 测试：在 MATH-500（Pass@1）测试中，DeepSeek-R1-Distill-Qwen-32B 得分 94.3%，表现出色。相比之下，QwQ-32B-Preview 的成绩为 90.6%，OpenAI-o1-mini 的成绩为 90.0%，DeepSeek-R1-Distill-Qwen-32B 的成绩高于这两者，进一步证明了其在数学推理任务上的强大能力。
- GPQA Diamond 测试：在 GPQA Diamond（Pass@1）测试中，DeepSeek-R1-Distill-Qwen-32B 的成绩为 62.1%，高于 QwQ-32B-Preview 的 54.5% 和 OpenAI-o1-mini 的 60.0%。这再次展现了 DeepSeek-R1-Distill-Qwen-32B 在复杂问答任务方面的优势。

通过在多个基准测试中的对比可以看出，将 DeepSeek-R1 的知识蒸馏到 32B 模型上效果显著。DeepSeek-R1-Distill-Qwen-32B 在推理能力方面超越了 QwQ-32B-Preview，并且在多数测试中比 OpenAI-o1-mini 表现更出色。这证明了模型蒸馏技术能够有效提升小模型的推理能力，使小模型在不同类型的任务中都能取得较好的成绩。

6.5.3 DeepSeek-R1 训练过程

DeepSeek-R1 在模型训练、架构设计、推理能力和应用拓展等方面均实现了显著创新，这些创新提升了模型的性能和应用价值，有力推动了 AI 技术的发展。DeepSeek-R1 的训练过程精心设计了 4 个主要阶段，以确保模型能够全面、高效地学习和提升。

阶段 1：冷启动

在冷启动阶段，我们收集了数千条长思维链数据。这些数据被用来对 DeepSeek-V3-Base 模型进行微调，从而得到 RL 训练的初始模型。冷启动数据的收集方法多种多样，包括少样本提示、直接提示模型生成带反思和验证的详细答案，以及收集 DeepSeek-R1-Zero 的可读输出并经人工标注后处理等。与 DeepSeek-R1-Zero 相比，冷启动数据不仅提升了模型输出的可读性，还通过融入人类先验知识，展现出了更好的性能潜力。

如图 6-35 所示，这一阶段的训练过程本质上就是通过冷启动数据对 DeepSeek-V3 进行监督微调训练（SFT），从而得到微调后的模型（这里简称其为 DeepSeek-R1-SFT1）。这一阶段的训练为后续的强化学习等高级训练阶段奠定了坚实的基础。

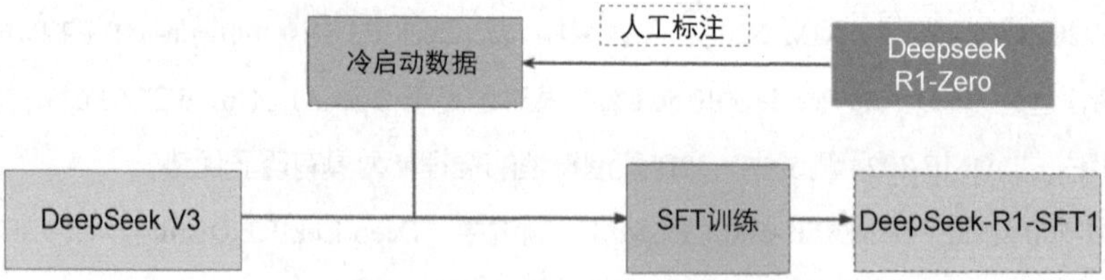

图 6-35　第一阶段的训练

阶段 2：推理导向的强化学习

在冷启动数据微调得到 DeepSeek-R1-SFT1 模型的基础上，DeepSeek 团队采用了与 DeepSeek-R1-Zero 相同的大规模强化学习训练过程。这一阶段的重点是进一步提升模型在编码、数学、科学和逻辑推理等复杂任务上的推理能力。

在训练过程中，思维链有时会出现语言混合现象，这可能会影响模型的输出质量和一致性。为了解决这个问题，DeepSeek 团队引入了语言一致性奖励机制，通过计算思维链中目标语言单词的比例来评估语言的一致性。随后，将推理任务的准确性奖励和语言一致性奖励直接相加，作为模型训练的最终奖励信号。通过持续不断地训练，模型在推理任务上的表现逐渐趋于收敛状态。

图 6-36 展示了这一阶段的训练流程，即以 DeepSeek-R1-SFT1 为基础，采用 GRPO 强化学习方法进行训练，最终得到 DeepSeek-R1-RL1 模型。

图 6-36 第二阶段的训练

阶段 3：拒绝采样和监督微调

在推理导向的强化学习训练达到收敛后，利用此时的模型检查点，通过拒绝采样的方法广泛收集推理数据。这一阶段的推理数据来源更为广泛，既包括能够用基于规则的奖励进行评估的数据，也纳入了使用生成式奖励模型进行评估的数据。在收集过程中，会严格过滤掉语言混合、冗长段落和代码块等不符合要求的思维链，对每个提示采样多个响应，并仅保留正确的答案，最终共收集了约 600,000 条推理相关的训练样本。

对于非推理数据，如写作、事实性问答、自我认知和翻译等任务，采用了 DeepSeek-V3 的处理流程，并复用了其部分 SFT 数据集，共收集了约 200,000 条非推理训练样本。

随后，将这些推理数据和非推理数据整合在一起，对 DeepSeek-V3-Base 模型进行了两个 epoch 的微调训练。

如图 6-37 所示，这一阶段利用 DeepSeek-R1-RL1 模型制作的推理数据和非推理数据，再次对 DeepSeek-V3 进行 SFT 训练，最终得到第二版 DeepSeek-R1-SFT2 模型。

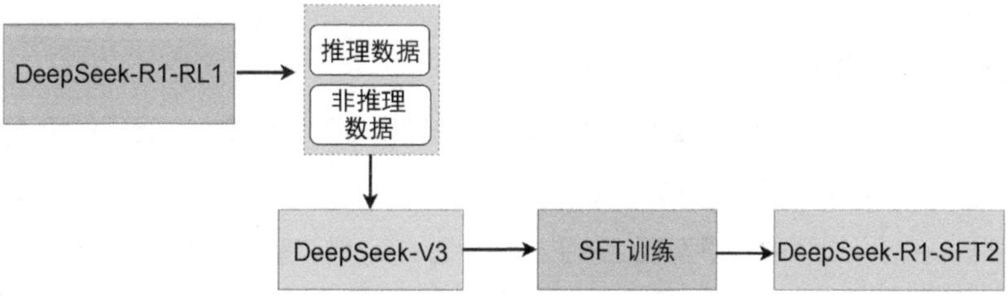

图 6-37 第三阶段的训练

阶段 4：全场景强化学习

为了使模型在更多场景下更加符合人类的偏好，DeepSeek 团队进行二次 RL 训练。对于推理数据，继续沿用 DeepSeek-R1-Zero 中基于规则的奖励机制，引导模型在数学、代码和逻辑推理等领域进行深入学习；对于一般数据，借助奖励模型来捕捉人类在复杂和细微场景下的偏好，使模型能够更好地适应这些场景。

在评估模型时，从有用性和无害性两个方面入手。有用性评估主要聚焦于模型的最终总结，确保响应对用户来说既有用又相关；无害性评估则涵盖模型的整个响应过程，包括推理过程和总结，以识别并降低潜在的风险、偏差或有害内容。通过整合奖励信号和多样化的数据分布，最终训练出了一个在推理能力上表现优秀，同时兼顾有用性和无害性的模型，即 DeepSeek-R1 模型。

如图 6-38 所示，这一阶段是在 DeepSeek-R1-SFT2 模型的基础上，基于 GRPO 算法再次进行了强化学习训练，最终得到 DeepSeek-R1 模型。

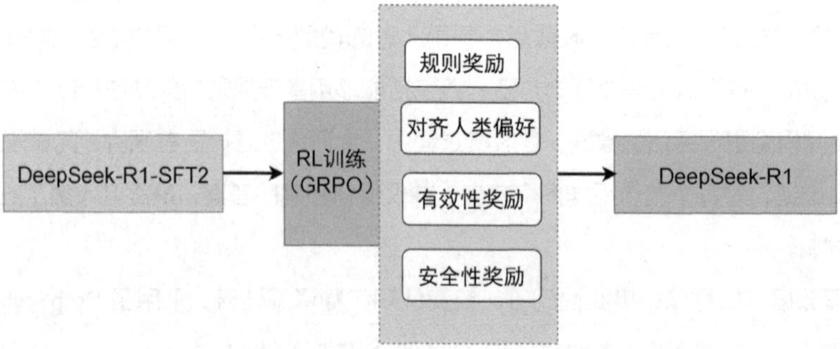

图 6-38　第四阶段的训练

6.5.4　DeepSeek-R1 历史意义

DeepSeek-R1 具有多方面的重要历史意义。

1. 训练方法创新突破

DeepSeek-R1 首次成功地通过纯强化学习激发了大语言模型的推理能力，无须依赖监督微调。在训练过程中，DeepSeek-R1-Zero 直接在基础模型上应用了强化学习方法，使模型能够自主探索思维链，从而解决复杂问题。在这一过程中，模型展现出了自我验证、反思等高级认知能力，为大语言模型领域的研究开辟了新的方向。

2. 性能表现卓越

DeepSeek-R1 在多种推理任务上的性能表现与 OpenAI 的 o1-1217 模型相当，甚至在某些方面超越了它。例如，在 AIME 2024 测试中，DeepSeek-R1 的 Pass@1 得分高达 79.8%，超过了 OpenAI-o1-1217；在 MATH-500 测试中，DeepSeek-R1 的得分达到了 97.3%，与 o1-1217 持平，并远超其他参与测试的模型。这一卓越的性能表现为其他研究人员和机构提升模型推理性能提供了优秀的范例和参考标准。

3. 模型蒸馏技术推进

DeepSeek-R1 的成功还证明了大型模型的推理模式可以有效地蒸馏到小型模型中，从而显著提升小型模型的性能。从 DeepSeek-R1 蒸馏得到的小型模型在基准测试中表现出色，如 DeepSeek-R1-Distill-Qwen-7B 在 AIME 2024 测试中的成绩超越了 QwQ-32B-Preview。这一成果为小型模型的发展提供了新的途径，推动了模型的轻量化和高效化发展。

4．开源推动研究发展

DeepSeek-R1 及其蒸馏的多个模型已经开源，包括 1.5B、7B、8B、14B、32B、70B 等不同规模的基于 Qwen 和 Llama 的模型。这些开源资源为研究社区提供了丰富的素材和工具，便于其他研究者在此基础上开展进一步研究。这一开源举措促进了大语言模型领域的整体发展和创新，为未来的研究提供了坚实的基础和广阔的空间。

第 7 章

大模型应用原理

随着大模型技术的飞速发展，部分大模型被逐步应用到各行业中。接下来我们看一下在模型部署和应用时涉及的基础原理和方法。

本章将重点讲解大模型微调技术原理、模型部署时使用的量化技术，以及应用开发涉及的 AI Agent 框架。

7.1 大模型微调原理

随着大模型的飞速发展，各行业都在构建各自的垂域大模型。构建垂域大模型有很多关键技术，其中大模型微调技术在此过程中起到了非常关键的作用。它充分利用通用模型的基础能力，通过垂域数据微调模型参数，既提高了大模型的生成效率，又增强了其适应性，使其能在不同行业的应用场景中发挥巨大的价值。

本节将深入介绍大模型微调原理，主要包括大模型微调的定义、大模型微调的主要应用场景及方法。

7.1.1 大模型微调定义

自 2018 年谷歌推出经典模型 BERT 后，自然语言处理领域逐步形成了一个重要范式，即先在大规模通用数据集上对模型进行预训练，再针对特定任务或领域进行微调。这一范式逐步影响了计算机视觉领域，并在其中发挥着越来越重要的作用。

从前文可以知道，通用大模型通常难以解决特定领域的专业问题。如何在通用大模型的基础上进行参数训练，以适应特定的任务，是一项富有挑战的工作。大模型微调技术就是为了解决这一问题而出现的。

大模型微调的定义是在已经预训练好的大型深度学习模型基础上，使用新的、针对特定任务的数据集对模型进行进一步训练的过程。这种微调技术的主要目的是使模型能够适应新的、具体的任务或领域，而无须从头开始训练一个全新的模型。

7.1.2　大模型微调应用场景

这里以 OpenAI 的 GPT-3 为例说明，GPT-3 是一个为广泛自然语言处理任务设计的先进大语言模型。假设一家医疗组织希望使用 GPT-3 帮助医生根据患者的文本笔记生成患者报告。虽然 GPT-3 具备理解和生成文本的基本能力，但它可能未针对复杂的医学术语和特定的医疗语境进行优化。为了提高 GPT-3 在这一专业角色中的性能，该组织会在包含医疗报告和患者笔记的数据集上对 GPT-3 进行微调。它可能会使用 SuperAnnotate（超级注释）等定制编辑器来辅助微调数据的标注等。通过这个过程，模型会变得更加熟悉医学术语和临床语言的细微差别和报告的典型结构。微调后，GPT-3 能够协助医生生成准确且连贯的患者报告，展示它对特定任务的适应性。

在实际应用大模型时，微调涉及以下几个关键步骤。

1）选择预训练模型：选择一个在大规模数据集上预训练好的模型，这些模型通常具备良好的泛化性能。

2）准备新任务数据集：收集并处理与特定任务相关的数据集，这些数据集用于在微调过程中训练模型，以使其适应新的任务需求。

3）选择微调方式：根据任务特性和模型特点，选择合适的微调方法。

4）进行微调训练：在新任务数据集上对预训练模型进行进一步训练，通过调整模型权重和参数来优化模型在新任务上的性能。

5）评估与调优：使用验证集对微调后的模型进行评估，根据评估结果调整模型结构和参数，直到达到满意的效果。

大模型微调的优势在于能够充分利用预训练模型的通用特征，并在少量新数据的基础上快速适应新的任务需求。这种技术不仅提高了模型的训练效率，还降低了对大规模标注数据的依赖。大模型的微调方法将直接影响最终的效果，因此选择合适的微调方式，将有助于解决实际场景中的问题。

7.1.3 大模型微调方法总结

这里以大语言模型微调为例介绍大模型的微调方法。大语言模型微调是一种有监督学习，通过标注数据集来更新模型权重，从而提高模型处理特定任务的能力。

1. 指令微调

指令微调是在由指令输出对组成的数据集上进一步训练大语言模型的过程。其中，指令是用户给出的明确指示，输出是执行这些指令后得到的预期结果。这个过程有助于缩小大语言模型在预测下一个词时与用户指令目标之间的差距。

指令微调是有监督微调的一种特殊形式，但其目标有所不同。监督微调是使用标注数据（也就是说只有带标签的数据）对预训练模型进行微调的方法，以便模型能够更好地执行特定任务。指令微调则是为了增强模型的能力和可控性。指令微调的特殊之处在于其数据集结构，该数据集包含人类指令及其对应的期望输出，这使模型专注于理解和遵循指令。

总的来说，指令微调专注于通过理解和遵循人类指令来增强大语言模型的能力和可控性。尽管目标相似，但指令微调的数据结构和任务关注点使其成为监督微调的独特子集。

指令微调通过示例来训练模型，使其学会应该如何响应特定查询。用于微调大语言模型的数据集必须符合人类指令的意图。例如，如果想提高模型的摘要能力，就应该构建一个包含摘要指令和相关文本的数据集，在翻译任务中则应包含"翻译这段文本"等指令。这些指令有助于让模型以新的专业方式"思考"，并服务于特定任务。

2. 全微调

全微调（Full Fine-Tuning，FFT）是更新模型所有权重的过程。这个过程会产生一个具有更新权重的新模型版本。需要注意的是，与预训练一样，全微调需要大量的内存和计算资源来存储和处理训练过程中的所有梯度、优化器和其他更新组件。

3. 参数高效微调

参数高效微调（Parameter-Efficient Fine-Tuning，PEFT）是训练语言模型的一项计算密集型任务。与全微调相比，进行参数高效微调所需内存有较大不同。全微调时，内存不仅要用于存储模型，还要存储训练过程中必要的参数。计算机可能能够处理模型权重，但在训练过程中为优化状态、梯度和前向激活分配足够的内存通常存在困难。而参数高效微调旨在减少这种内存需求。

从成本和效果的角度综合考虑，PEFT 是目前业界比较流行的微调方法。这里详细介绍几种比较流行的 PEFT 方案。

（1）Prompt Tuning

Prompt Tuning 的出发点是基座模型（Foundation Model）的参数不变，为每个特定任务训练一个包含少量参数的小模型，在具体执行特定任务时按需调用。Prompt Tuning 是现在大模型微调常用的一种方法，其经历了多个版本（包括 Prefix-Tuning、P-Tuning v1、Parameter-Efficient Prompt Tuning 和 P-Tuning v2）的演进。这里我们重点看一看最初的 Prefix-Tuning。

以往，使用大模型进行下游任务微调时，由于大模型参数量过大，需要大量的数据和算力来更新学习参数，因此不够实用。2021 年，Prefix-Tuning 算法被提出，并在自然语言生成任务（Natural Language Generation，NLG）上进行了验证。请注意区分 NLG 与 NLU（自然语言理解）这两个概念。

Prefix-Tuning 是一种在预训练语言模型的基础上进行微调的方法，它通过在模型输入中添加一个连续的与任务相关的 embedding 向量（continuous task-specific vectors）来进行训练。图 7-1 是 Prefix-Tuning 算法微调示意图。

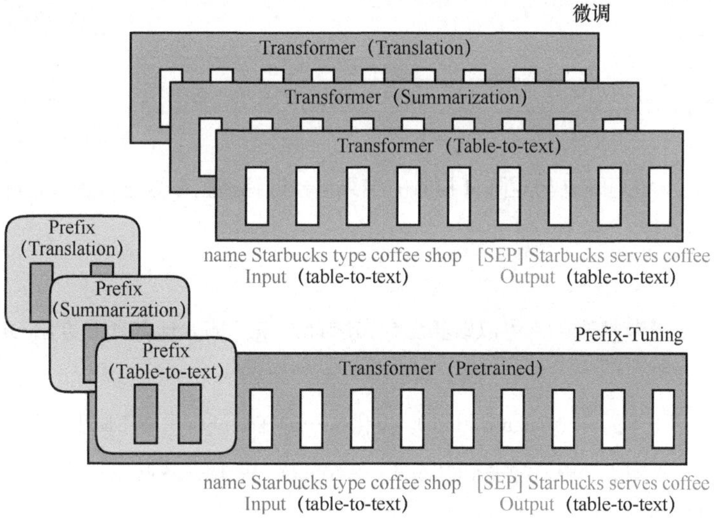

图 7-1　Prefix-Tuning 算法微调

Prefix-Tuning 的灵感来源于提示工程的实践，即在不改变大模型的前提下，在提示上下文中添加适当的条件，从而引导大模型有更加出色的表现。Prefix-Tuning 的核心思想与 Prompt Tuning 的类似，只不过它们在具体实现上有一些差异。Prompt Tuning 是在 embedding 环节在输入序列 X 前面增加特定的 token。而 Prefix-Tuning 则是在 Transformer 的 Encoder 和 Decoder 中都加了一些特定的前缀。Prefix-Tuning 也保证了基座模型本身不发生变化，只是在推理过程中根据需要在网络的每一层前面添加一些可学习的参数。

（2）LoRA

LoRA 采用了与 Prompt Tuning 和 Prefix-Tuning 完全不相同的技术路线。LoRA 有一个核心假设：我们现在看到的这些大语言模型，都是被过度参数化的。而过度参数化的大模型背后，往往有一个低维的本质模型。通俗来讲，大模型参数很多，但这些参数的重要程度并不相同，部分关键参数影响生成结果，这些关键参数构成了上述低维的本质模型。

LoRA 假设模型在学习过程中权重的变化具有较低的“内在秩”，从而提出低秩适应（LoRA）方法。LoRA 基于大模型的内在低秩特性，通过增加旁路矩阵来模拟全参数微调。这是目前最通用、效果最好的微调方法之一，并且它能和其他参数高效微调方法有效结合。利用 LoRA 方法对 175B GPT-3 进行微调，需要训练更新的参数量仅为全参数微调参数量的 0.01%。

图 7-2 为 LoRA 的实现原理，其实现流程如下。

1）在原始预训练语言模型的线性层旁边增加一个旁路，做降维再升维的操作来模拟内在秩。假设输入向量 $\boldsymbol{X}$ 是 d 维空间的向量，预训练权重 $\boldsymbol{W}$ 是 $d \times d$ 的矩阵。

2）用随机高斯分布初始化矩阵 $\boldsymbol{A}$，用零矩阵初始化矩阵 $\boldsymbol{B}$，固定预训练模型的参数 W，且只训练矩阵 $\boldsymbol{A}$ 与矩阵 $\boldsymbol{B}$。

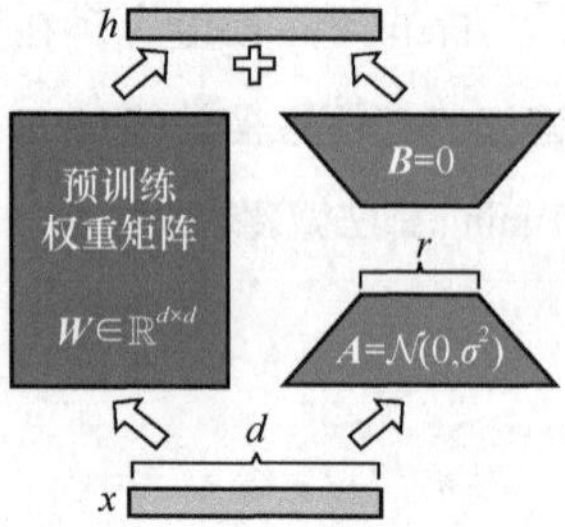

图 7-2　LoRA 的实现原理

3）训练完成后，将矩阵 $\boldsymbol{B}$ 与矩阵 $\boldsymbol{A}$ 相乘的结果与预训练模型参数进行合并，得到微调后的模型参数。

（3）QLoRA

LoRA 的效果已经非常好了，可以媲美全参数微调方法，那为什么还要推出 QLoRA（Quantized Low-Rank Adapter）呢？

这里先简单介绍一下量化（Quantization）。量化是一种在保证尽可能不降低模型性能的前提下，通过降低参数的精度，来减少计算资源需求的方法。量化的核心目标是降低成本，包括降低训练成本，特别是降低后期的推理成本。

在大语言模型领域，微调是提高性能和调整行为的关键过程。然而，由于内存需求巨大，对于大语言模型进行微调成本可能非常高。最近，华盛顿大学发表了解决这一问题的创新方案——QLoRA。

QLoRA 就是量化版的 LoRA，是在 LoRA 的基础上进行进一步量化，将原本用 16 位表示的参数改为用 4 位表示，从而在保证模型性能的同时极大地降低成本。

QLoRA 是一种新的微调大语言模型的方法，它能够在节省内存的同时保证处理速度。其工作原理是先将大语言模型进行 4 位量化，显著减少模型的内存占用。接着，使用 LoRA 方法对量化的大语言模型进行微调。LoRA 方法使得改进后的模型能够保留原始大语言模型的大部分准确性，同时具备更小的体积和更快的速度。

QLoRA 是一种高效的微调方法，通过将梯度反向传播到 LoRA 中来显著减少内存使用量。它可以在单个 48GB GPU 上微调有 650 亿个参数的模型，并且能够保持完整的 16 位微调任务性能。

LoRA 和 QLoRA 都是微调大语言模型并减少内存需求的方法。然而，QLoRA 引入了多项创新，能够在保持性能的同时进一步减少内存使用。以下是具体分析。

- LoRA 使用了一小组可训练的参数（适配器），QLoRA 在此基础上通过冻结的 4 位量化预训练语言模型将梯度反向传播到 LoRA 中。
- QLoRA 引入了 4 位 NormalFloat(NF4)，这是一种适用于正态分布数据的最优量化数据类型，可产生比 4 位整数和 4 位浮点更好的经验结果。
- QLoRA 应用一种对量化常数进行量化的方法——双量化，每个参数平均节省约 0.37 个存储位。
- QLoRA 使用具有 NVIDIA 统一内存的分页优化器，以避免在处理长序列小批量时在梯度检查点期间出现内存峰值。
- 与完全微调相比，LoRA 内存利用率高，但仍需 16 位精度训练，而 QLoRA 通过使用 4 位量化进一步降低了内存需求，且不会降低运行时间或预测性能。

总之，QLoRA 建立在传统 LoRA 的基础上，引入了 4 位量化、4 位 NormalFloat 数据类型、双重量化和分页优化器，以进一步减少内存使用，同时保持与 16 位微调方法相当的性能。

4. 检索增强生成

说到模型微调，必然绕不开检索增强生成（Retrieval Augmented Generation，RAG）。RAG 是微调的一种替代方法，结合了自然语言生成和信息检索。RAG 确保语言模型将外部最新知识或相关文档作为信息来源。这种技术弥合了通用模型广泛知识与最新知识需求之间的差距。

RAG 已经成为当前最火热的大语言模型应用方案。RAG 的工作原理不难理解，就是通过自有垂域数据库检索相关信息，然后将这些信息整合到提示模板中，给大模型生成准确的回答。

经历了 2023 年初那一波大模型浪潮，想必大家对大模型的能力有了一定的了解，但是当我们将大模型应用于实际业务场景时会发现，通用的基础大模型基本无法满足实际业务需求，主要有以下几方面原因。

- 知识的局限性：模型自身的知识完全源于它的训练数据，而现有的主流大模型（ChatGPT、文心一言、通义千问、DeepSeek-V3）的训练数据基本都是基于网络公开的数据构建的，无法获取到一些实时性的、非公开的或离线的数据，这部分知识大模型也就无从具备。
- 幻觉问题：当我们问国内某个开源的大语言模型，谁是第一个登上月球的女性，大语言模型给出的回答是俄罗斯人瓦莲京娜，而瓦莲京娜其实是登上太空的女性，并非第一个登上月球的女性。这显然是错误的回答。如果我们试探性地问个错误的问题，比如秦始皇统一六国发生在 19 世纪哪年？大语言模型为了对应 19 世纪，会给出明显错误的回答，比如 1862 年。大语言模型的底层原理基于数学概率，其模型输出本质上是一系列数值运算的结果。正因如此，当模型自身缺乏某一领域的知识或处于不擅长的场景时，便可能出现看似合理实则错误的输出，这便是幻觉问题。区分这种幻觉问题是比较困难的，因为它要求使用者自身具备相应领域的知识。

- 数据安全性：对于企业来说，数据安全至关重要，没有企业愿意承担数据泄露的风险。然而，由于大多数企业不具备模型训练的能力，若要在自身场景下应用大语言模型，通常只能将自身的私域数据上传至第三方平台进行训练，但这一做法会带来严重的数据泄露风险。

截至目前，RAG 技术是解决上述问题最有效的方案。我们可以用一个公式来总结：RAG = 检索技术 + 大语言模型提示增强。例如，我们向大语言模型提问一个问题，RAG 会从各种数据源检索相关的信息，并将检索到的信息以及问题注入大语言模型的提示中，以便大语言模型最后给出答案。在我们使用 DeepSeek 的时候，会发现有一个功能选项叫联网搜索，本质上该功能使用的就是 RAG 技术。在企业内部应用该技术时，检索的是企业内部文档，而 DeepSeek 检索的是公开的互联网信息。RAG 的架构如图 7-3 所示。

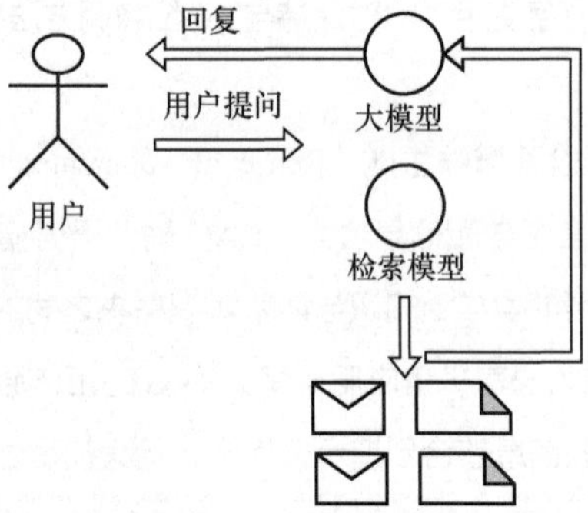

图 7-3　RAG 的架构

相比于微调，RAG 的一个优势在于信息管理。传统的微调将数据嵌入模型架构，实质上是“硬编码”知识，难以对知识进行修改。而 RAG 则支持检索数据源的持续更新，允许对检索到的数据进行移除或修订，从而确保模型生成结果的准确性。

如果没有 RAG，大语言模型会接受用户输入，并根据其训练过程中获取的信息或它已经知道的信息创建响应。 RAG 引入了一个信息检索组件，该组件利用用户输入首先从新数据源提取信息，然后将用户输入以及检索到的相关信息都提供给大语言模型。大语言模型使用新知识及其训练数据来创建更好的响应。

本质上，使用 RAG 技术的目的是从外部知识库检索相关信息来辅助大模型生成更准确、更丰富的文本内容。我们可以将 RAG 的操作概括为三个步骤：检索、增强和生成。

（1）检索

RAG 系统先从预先建立的知识库中检索与问题相关的信息，为后续的生成过程提供有用的上下文信息和知识支撑。

（2）增强

RAG 系统将检索到的信息用作大模型的上下文输入，以增强模型对特定问题的理解和回答能力。此步骤旨在将外部知识融入生成过程，使生成的文本内容更丰富、准确且符合用户需求。通过增强步骤，大模型能够充分利用外部知识库中的信息。

（3）生成

生成是 RAG 操作的最后一步，其目的是利用大模型结合检索到的信息生成符合用户需求的回答。在该环节，RAG 系统会将检索到的信息作为上下文输入给模型。

对上述步骤的一句话总结就是：从知识库中检索到的相关信息增强了提示词（prompt）的上下文信息，大模型通过结合外部信息与原始提示词生成问题的答案。

RAG 通常与微调结合使用，以提升大模型在特定应用场景的效果。微调可以改进 RAG 操作中检索或生成等组件的性能，帮助系统在特定任务上表现更出色。随着大模型推理能力的持续突破，特别是 DeepSeek-R1 模型展现出的卓越逻辑推理能力，大模型在代码生成、科学计算等专业领域的应用表现已达到人类专家水平。

企业在实际应用中会发现，当大模型具备足够强的推理能力时，对微调的依赖将逐渐降低，结合使用推理模型与 RAG 技术，将逐渐成为大模型落地的首选方案。

7.2 大模型量化技术

大模型因其庞大的参数量，在性能上表现出色，但同时也带来了部署成本显著增加的问题。在将大模型训练完以后，我们通常会采取以下两种策略进行实际的产品部署。

1. 移动和边缘设备部署

移动和边缘设备的计算和存储资源通常有限，面对昂贵的芯片成本及海量的移动和边缘设备，我们通常会思考这样的问题：如何将大模型压缩到适合移动和边缘设备的大小，以便实现更高效的推理？

2. 云端部署

在云端部署大模型时，存储和计算成本也是一个重要的考虑因素，因为如果大模型算法服务每秒需要处理 100 万次查询（Query Per Second，QPS），将会耗费大量的显卡资源。举个例子，GPT-3 模型拥有 175B 的参数量，如果我们在云端部署一个与 GPT-3 参数规模相当的模型，使用半精度浮点数（FP16）格式加载，需要占用 350GB 的显存，这通常意味着需要至少 5 张 80GB 的 A100 GPU。如果将 GPT-3 模型的权重压缩至 3 位，则可以使用单张显存为 80GB 的 A100 GPU 完成所有模型权重的加载。

模型量化是一种将神经网络模型中的参数从浮点数（FP32）转换为低比特宽度整数（如 INT8、INT4 等）的技术。为了降低计算和存储开销，同时保证模型的性能，在大模型部署中应用模型量化技术的需求越来越迫切。本节将介绍什么是模型量化，以及如何通过量化提高模型的推理效率。

7.2.1 量化的技术原理

我们已经知道，模型量化会将浮点数值转化为整数值，同时会尽可能地减少计算精度损失。这里再举一个具体的例子，采用最简单的量化方法来描述量化过程。

如图 7-4 所示，假设有一组用 FP32 表示的、需要量化的权重 W，W=[1.2,0.7,−4.5,−2.1,2.5,6.5]，我们的目标是通过量化的手段，用 INT8 表示 W（注意 INT8 的取值范围是 [−127,127]）。

首先，提取 W 中绝对值最大的数 6.5，然后通过 INT8 取值范围的最大值计算量化系数，S=127÷6.5≈19.5。基于量化系数计算 $W \times S$，然后取整，得到最终用 INT8 表示的取值，即 [23,14,−88,−41,49,127]。通过这样一个计算过程，我们成功用 INT8 表示了原本用 FP32 表示的权重。

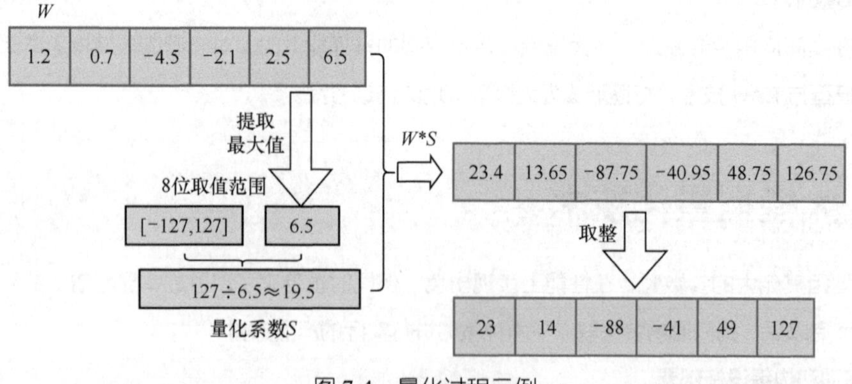

图 7-4　量化过程示例

从这样一个示例中，我们可以发现模型量化本质上就是建立一种浮点数据和定点数据间的映射关系。如图 7-5 所示，我们将取值范围为 [−T，T] 的浮点数值映射到取值范围为 [−127，127] 的整数。

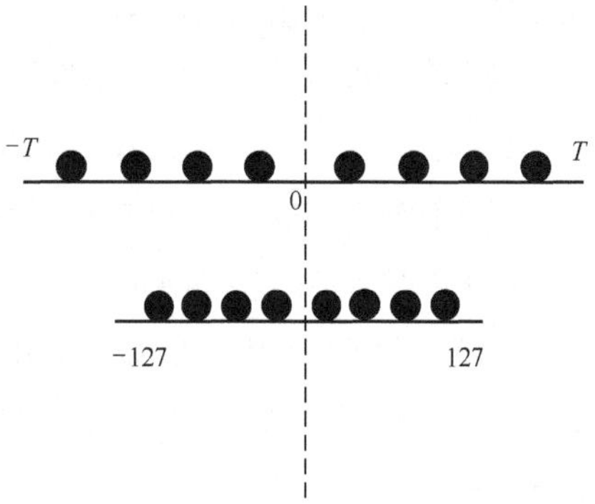

图 7-5　量化映射

基于量化的基本概念将量化技术应用于大模型，通过对模型参数进行压缩和量化，可降低大模型的存储和计算复杂度。降低权重的精度，大模型的整体质量会受到一些影响，但这种影响取决于所使用的技术。相比之下，参数量更大的模型对精度变化的影响较小。参数量超过 70B 的模型即使量化到 4 位，其性能也不会受到影响。因此，对于这些参数量较大的模型，4 位量化似乎是性能和大小 / 速度之间的最佳平衡点。而对于参数量较小的模型，8 位量化可能更合适。

下面以 Qwen-7B-Chat 为例，看一下 INT8 和 INT4 量化的效果。这里先介绍一个基础的大模型评估数据集：大规模多任务语言理解（MMLU）。MMLU 基准数据集涵盖 STEM、人文科学、社会科学等 57 个科目。它的难度从初级专业水平到高级专业水平，考验的是知识理解和解决问题的能力。科目范围从传统领域（如数学和历史）到更专业的领域（如法律和道德）。主题的粒度和广度使基准测试成为识别模型盲点的理想选择。表 7-1 展示了不同参数规模的大模型量化结果对比。

表 7-1　不同参数规模的大模型量化结果对比

大模型名称	BF16 得分	Int8 得分	Int4 得分
Qwen-1.8B-Chat	43.3	43.1	42.9
Qwen-7B-Chat	55.8	55.4	55.1
Qwen-14B-Chat	64.6	63.6	63.3
Qwen-72B-Chat	74.4	73.5	73.4

你会发现，模型量化并没有对模型的性能产生太大影响，同时还大幅度降低了显存的占用率。我们已经了解了神经网络的数据类型，对量化的效果也有了初步的了解，接下来看一下如何进行量化。

7.2.2　量化过程

这里我们通过一个例子来阐述量化的过程，进而一步步揭开量化的细节。

假设分别有数据类型 D5 和数据类型 D3，D5 可以表示的数值为 [0,1,2,3,4,5]，D3 可以表示的数值为 [0,2,4]。对于 D5 中的每个数值，我们使用 D3 中与之最接近的数值表示。例如，我们将使用数据类型 D5 表示的向量 [3,1,2,3] 量化到数据类型 D3，具体步骤如下。

1）找到向量 [3,1,2,3] 中绝对值最大的数字 3。

2）向量 [3,1,2,3] 除以最大值 3，近似得到 [1,0.33,0.66,1.0]。

3）将向量 [1,0.33,0.66,1.0] 与 D3 中绝对值最大的数字 4 相乘，得到 [4.0,1.32,2.64,4.0]。

4）将向量 [4.0,1.32,2.64,4.0] 中的每个值用 D3 中最接近的数值表示，则变为 [4,2,2,4]。

这样，我们就将 D5 表示的 [3,1,2,3] 量化到了 D3 表示的 [4,2,2,4]。由于低精度整数运算的速度远快于浮点数运算，量化技术通过降低计算复杂度实现了计算加速，从而在保证模型性能的同时提高了模型推理速度。

通过量化的例子我们发现，模型量化方法的本质是函数映射，它在高精度的浮点数值和量化后低精度的定点数值之间建立了数据映射。

根据量化函数的形式，量化可以分为线性量化和非线性量化。线性量化是目前最常用的量化方法，在工业界应用比较广泛的 8 位量化方案采用的都是线性量化。而非线性映射函数是多种多样的，通常需要根据不同场景的权值输入分布特点来确定使用何种映射方式。

我们已经熟悉了量化的方法，那么在模型的整个构建和应用过程中，应在何时进行量化操作呢？我们可以根据量化发生的时刻，将量化技术分为三大类。

- 量化感知训练（QAT）：该技术将量化集成到训练过程中。通过允许模型从一开始就学习低精度表示，QAT 减少了通常与量化相关的精度损失。
- 量化感知微调（QAFT）：该技术采用预训练的高精度模型，在保证模型质量的前提下使用较低的精度权重。QAFT 技术包括 QLoRA 和量化感知自适应（PEQA），它们的目的都是在减小模型大小的同时保证模型在量化后的性能。
- 训练后量化（PTQ）：这种技术可在模型训练完之后，将大语言模型的参数转换为精度较低的数据类型。PTQ 的目标是在不改变其架构或不需要重新训练的情况下降低模型的复杂度。

7.2.3 量化算法

在大语言模型的量化中，训练后量化的应用最为广泛。接下来，我们重点介绍两种比较有代表性的大语言模型量化算法：LLM.int8() 和 GPTQ。

1. LLM.int8() 量化

我们先来看一个例子，weights_fp32=[0.001,0.0015,0.0016,0.002,55.0] 经过量化处理后变为 quantized_weights [-128,-128,-128,-128,127]，其中 4 个原本不同的权重经量化后转化为相同的数值，导致模型出

现较大误差。这种情况一般是因为出现了离群值 55。那么如何解决离群值带来的问题呢?

LLM.int8() 采用混合精度处理以及分离计算方式解决上述问题，即对离群值进行 FP16 矩阵运算，对非离群值特征进行线性量化，并将两者的计算结果相加。

LLM.int8() 通过以下 3 个步骤完成矩阵乘法计算。

1）从输入的隐含状态中按列提取离群值（即大于某个阈值的值）。

2）对离群值进行 FP16 矩阵运算，对非离群值进行线性量化，执行 INT8 矩阵运算。

3）反量化非离群值的矩阵乘结果，并与离群值矩阵乘结果相加，得到 FP16 最终的结果。

虽然 LLM.int8() 量化方案降低了显存的占用率并提高了准确度，但是这种分离计算方式大大降低了推理速度。对于 BLOOM-176B 模型，相比于使用 FP16 精度的方案，使用 LLM.int8() 后，模型的运行速度慢了 15% ～ 23%；对于更小的模型（如参数量为 3B 或 11B），LLM.int8() 的速度慢了 3 倍以上。

INT8 线性量化对于小参数模型的影响较小，在量化后模型效果可以几乎不变，并且可以直接用 INT8 进行计算，推理速度也可以得到提升。但是随着模型参数量的增加，离群值的出现会导致线性量化的效果会变差。改良后的 LLM.int8() 方法可以改善大参数量模型的效果，但由于采用了分离计算，推理速度会降低。

2. GPTQ 量化

GPTQ 并不是凭空出现的，它源自另一个量化方法 OBQ（Optimal Brain Quantization），而 OBQ 实际上是对OBS（Optimal Brain Surgeon，一种比较经典的剪枝方法）的改进。而OBS则来自OBD（Optimal Brain Damage，是杨立昆（Yann LeCun）在 1990 年提出的剪枝方法）。因此要想弄懂 GPTQ，首先需要弄懂 OBD、OBS、OBQ。

OBD 是 1990 年由杨立昆提出的方法，主要用于卷积神经网络剪枝。神经网络剪枝技术主要是假设网络训练好后，选择性删除对模型影响小的权重，以减小网络大小且不引入过多误差。

为解决这一问题，需要先定义删除权重带来的误差。在机器学习中，目标函数起核心作用，因此可以通过评估删除某个参数后目标函数的变化来定义该参数的重要性或显著性。机器学习中的目标函数就是该模型的损失函数 L。但是通过暂时删除参数并重新计算目标函数值来评估参数显著性是极其烦琐的。

而求解海森矩阵的逆就可以计算每个参数权重对目标影响的大小，可以按照影响从小到大的顺序对参数排序，这样就可以确定参数剪枝的顺序。每次对一个参数进行剪枝，其他参数也会更新一次，这可减少误差。

OBQ 将剪枝引入量化，可以将剪枝看作一种特殊的量化。常用量化是把数值近似到接近值，而剪枝直接近似成 0。

OBQ 理念虽好，但速度太慢，量化一个 ResNet50 需要一小时，量化一个大模型（如 GPT3）可能要数天。GPTQ 对 OBQ 进行了算法和性能上的优化，在降低量化算法复杂度的同时保留了模型精度，实现了大模型高效量化。可将 GPTQ 视为 OBQ 的加速版，使用 GPTQ 量化参数量为 176B 的 Bloom 模型只需要不到 4 小时，并且 GPTQ 的量化有严谨的数学理论推导，所有的算法步骤都有理论支撑。

总体来说，OBD 开创了利用剪枝损失二阶信息挑选最佳权重的思路，OBS 在此基础之上构造凸优化问题求解权重修正量，而 OBQ 则将 OBS 的思想应用模型量化。GPTQ 提出若干优化措施进一步加速量化过程，使得量化技术在大语言模型中也能得到有效的应用。

7.3 AI Agent

AI Agent 是一种能够感知环境、进行决策和执行动作的智能实体。不同于传统 AI，AI Agent 具备通过“独立思考”、调用工具逐步完成给定目标的能力。

7.3.1 背景介绍

长期以来，人类在追求 AI 发展的过程中，一直试图让 AI 达到或者超过人类水平。AI Agent 的快速发展，尤其是大语言模型的突破，使得这一目标的实现有了更加有效的路径。越来越多的人通过大语言模型构建 AI Agent，并取得了突破性进展。

2023 年 6 月，谷歌 DeepMind 团队研发了用于机器人的 AI Agent——RoboCat，它是一个可以自我改进、自我提升的机器人智能体，如图 7-6 所示。RoboCat 通过 100 次左右的演示，可以学会操控机械臂来完成各式各样的任务，并且可通过自生成的数据来进行迭代改进。

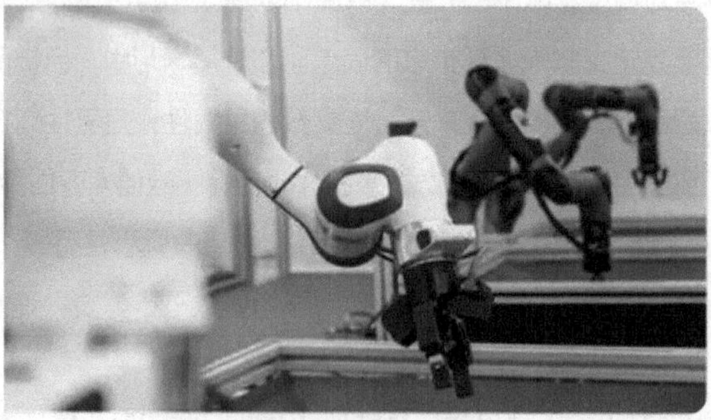

图 7-6　RoboCat

亚马逊云科技的 Agents for Amazon Bedrock 可以自动分解企业的人工智能应用开发任务。在

Amazon Bedrock 中，通过完全托管的方式消除了人工智能服务对基础设施管理和配置的需求，而且在这个过程中，用户无须编写任何新代码。通过 Bedrock 控制台和 SDK，开发人员可以便捷地上传 API 请求，代理程序会与基础模型协调任务，并使用 AWS Lambda 函数高效地执行 API 的调用。

2023 年 8 月，美国斯坦福大学与谷歌合作搭建的名为 Smallville 的虚拟小镇开源了。小镇上生活着 25 个 AI Agent，它们有工作，会聊八卦，能组织社交活动，甚至举办情人节派对，每个“小镇居民”都有其独特的个性和背景故事。

著名的人工智能科学家、斯坦福大学教授吴恩达认为：“AI Agent 工作流会在 2024 年推动人工智能取得巨大进步——甚至可能超过下一代基础模型。这是一个重要的、令人兴奋的趋势。”

既然 AI Agent 的发展如此迅速，那么我们应该如何理解 AI Agent，又该如何借鉴 AI Agent 的思想去解决实际问题呢？接下来，我们重点介绍 AI Agent 的定义、理论基础和核心架构，以帮助读者理解 AI Agent，并利用 AI Agent 解决实际问题。

7.3.2 什么是 AI Agent

在哲学领域，AI Agent 可以是人或动物，甚至是一个具有自主性的概念或实体。在计算机智能领域，“人工智能之父”马文·明斯基（Marvin Minsky）在《心智社会》（*Society of Mind*）一书中定义了 AI Agent 的概念：AI Agent 通常是指一个能够自主规划和决策，运用多种工具完成复杂任务的系统。

在本书中，我们将 AI Agent 定义为可以感知环境、进行决策和执行动作，进而完成特定目标的智能系统。它使用大语言模型作为核心计算引擎，能够感知周围环境，规划和决策执行步骤，综合利用各种工具来完成目标，在完成目标的过程中，通过交互学习和反思来优化决策。

7.3.3 AI Agent 的组成部分

若将 AI Agent 核心的能力（记忆、思考、决策、规划）类比成人类大脑的功能，AI Agent 的决策过程就好比人类大脑的决策过程。在完成具体的目标时，AI Agent 的控制器（大脑）通常需要先感知外部环境信息，再进行思考与决策，最后规划不同的动作并执行。因此，一个简单的 AI Agent 系统必须拥有 3 个核心模块：控制器（大脑）、感知、执行，如图 7-7 所示。

控制器（大脑）模块承担记忆、思考和决策等任务，目前这个模块的实现大多依赖大语言模型；感知模块接受来自外部环境的多模态信息；执行模块负责规划不同的动作并执行。我们通过一个例子来说明其工作流程：当一个人问是否会下雨时，感知模块先将问题转换为控制器（大脑）模块可理解的表示；

然后控制器（大脑）模块开始根据当前的天气情况和互联网上的天气预报进行推理；最后，执行模块做出响应，将雨伞等提供给这个人。重复上述过程，AI Agent 可以不断获得反馈并与外部环境进行交互。

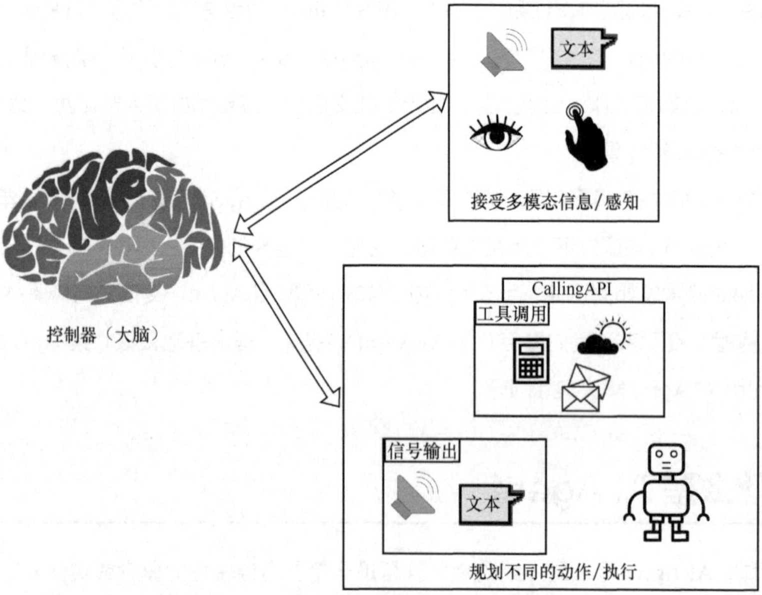

图 7-7　AI Agent 系统拥有 3 个核心模块

通过类比我们描述了 AI Agent 的功能和内部组成。那么在人工智能领域是如何定义以大模型为核心的 AI Agent 框架的呢？这里引用 OpenAI 公司安全系统主管翁丽莲（Lilian Weng）提出的大模型驱动的自主 AI Agent 系统架构，其中包含记忆（Memory）、工具（Tools）、规划（Planning）、执行（Action）四大要素，如图 7-8 所示。

基于大模型驱动的 AI Agent 所包含的 4 个核心模块的说明如下。

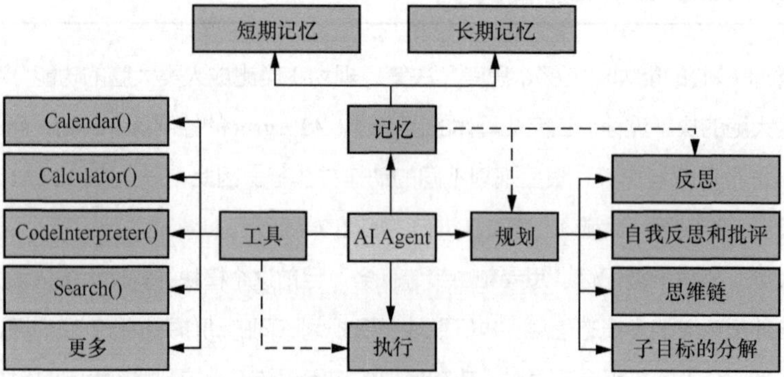

图 7-8　AI Agent 系统架构

- 记忆：大模型的记忆中心包含了短期记忆和长期记忆两部分。短期记忆与上下文学习（In Context Learning）有关，属于提示工程的一部分，而长期记忆涉及信息的长时间保留和检索（通常借助外部向量进行存储和快速检索）。
- 工具：负责调用外部工具以扩展大模型功能。该模块涵盖 AI Agent 可能调用的各种工具，如日历、计算器、代码解释器和搜索功能以及其他可能的工具。大模型一旦完成预训练，其内部能力和知识边界就基本固定下来，而且难以拓展，因此这些工具对于扩展 AI Agent 的能力，使其能够执行超出核心功能的任务至关重要。
- 规划：负责任务规划，AI Agent 需要具备规划（也包含决策）能力，以有效地执行复杂任务。这涉及子目标的分解（Subgoal decomposition）、思维链推理、自我反思以及对过去行动的总体评估。
- 执行：负责映射具体执行的动作。AI Agent 基于规划和记忆来执行具体的行动。这可能包括与外部环境互动，或者通过调用工具来完成动作。

7.3.4　AI Agent 的挑战与展望

前文概述了 AI Agent 的相关内容，并总结了 AI Agent 涉及规划、记忆、执行和工具等模块。在研究过程中，我们也发现了 AI Agent 框架当前面临的一些挑战。

虽然 OpenAI-o1、DeepSeek-R1 等先进的大模型显著增强了推理能力，部分表现甚至超越人类水平，但其存在可靠性不足，能力边界不清晰等问题。同时，基于这些大模型的 AI Agent 在处理复杂任务时能力不够理想，这些因素共同制约着 AI Agent 的实际应用效果，如处理长期规划和任务拆解时，AI Agent 表现欠佳、开销极高。2025 年 3 月，中国创业公司 Monica 发布了全球首款通用 AI Agent 产品 Manus。虽然其通用任务完成能力令人印象深刻，但在处理复杂任务时，仍需数小时甚至半日时间。

AI Agent 在交互灵活性与稳定性方面也面临着挑战。当前框架中，系统常因交互信息处理不当而运行不稳定，这主要归因于大语言模型作为概率模型，在部分场景下会产生随机性结果。正如著名计算机科学家吴恩达（Andrew Ng）所指出的，“当前 AI Agent 尚存在不稳定性，但其有效运行时的表现确实令人惊艳”。

多模态支持主要涉及 AI Agent 对多模态信息的处理能力。当前学术界普遍采用将非文本模态信息转换为文字后再交由大语言模型处理的方案。然而，这种模态转换过程可能造成信息损失，并引发处理时延。随着大模型技术的飞速发展，如何助力开发者乃至普通用户轻松构建专属 AI Agent，使其真正成为贴心的个人助理，已成为学术界共同关注的课题。Monica 发布的通用 AI Agent 产品 Manus 虽尚处于初步探索，但随着大模型技术的持续迭代，此类智能助理有望逐步改变人们的工作与生活方式。

长久以来，人类始终期盼通过人工智能解决复杂问题、处理烦琐事务，AGI 正是承载这一愿景的终极形态。AGI 以具备与人类相当的思考、学习及多任务执行能力为特征，被视为人工智能领域的前沿发展方向。

近年来，随着大语言模型的快速崛起，AI Agent 在 AI 领域的关键作用愈发凸显。作为通往 AGI 的核心探索路径，AI Agent 领域正吸引全球关注。当下，AI Agent 正成为创业新风口，头部互联网企业与科研机构纷纷布局相关框架研发。2023 年 3 月，开发者 Significant Gravitas 发布的开源项目 AutoGPT，借助 GPT-4 实现了自主目标导向操作，无须用户持续输入指令，这迅速在 AI 领域引发广泛关注。自 AutoGPT 引发关注后，AI Agent 在多领域的落地应用进程显著加速，部分产品已在特定场景下展现出显著优势。

尽管 AI Agent 领域仍处于发展初期，但产业界与学术界的积极参与，已为其快速发展注入了强劲动力。展望未来，AI Agent 框架将在任务驱动机制、定制化便捷设计、多 AI 代理协同管理与交互、自然人机交互以及结构化通信协议等核心方向上持续创新，可为用户创造更智能、高效的应用体验。

五、应用开发篇

本篇主要介绍企业大模型应用中的实战经验，探讨如何利用大模型解决实际业务中的问题。为帮助读者更好地应对实际应用中的挑战，本篇将介绍几个经典的大模型落地案例。通过这些案例，读者可以了解大模型落地的方式，以及过程中可能遇到的问题。

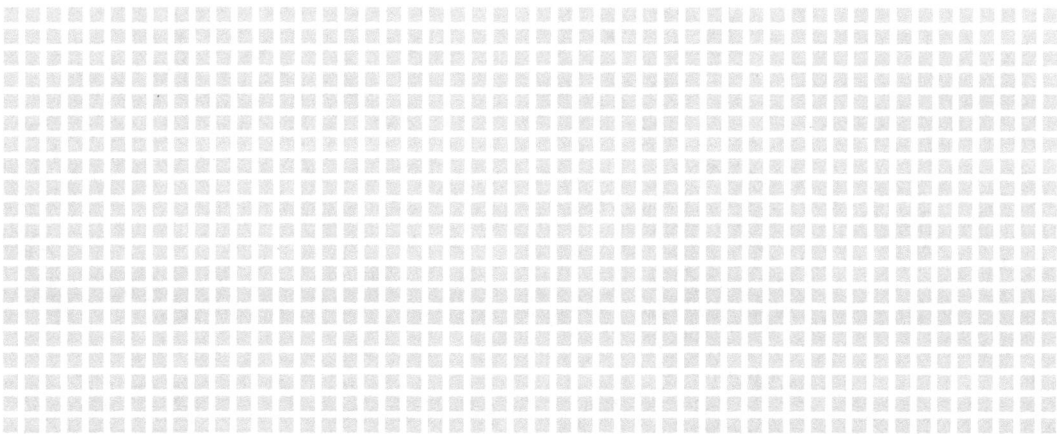

第 8 章

企业大模型应用实战

本章从大模型实战的角度，详细讲述了大模型应用的具体实现方式：首先介绍了基础的提示工程，即企业如何应用提示工程解决实际业务问题；其次，从提示工程进一步深入，讲述了企业如何构建自己的垂域大模型；最后介绍了 AI Agent，即企业如何基于 AI Agent 构建自己的产品应用架构。

8.1 企业基于提示工程解决业务问题

前文曾提到，大量大模型展现出了许多连研究者都未曾预料到的能力。这些在小模型中未显现，但在大模型中却突然出现的不可预测的能力，被称作“涌现能力”。恰当的提示词能够有效地激发大模型的潜能。如何撰写优质的提示词，以便高效地利用大模型解决实际问题，正是“提示工程”所关注的焦点。

提示工程是指通过设计特殊的提示来激发模型的涌现能力。这种方法不需要对模型进行额外的训练，只需要设计合适的提示来引导模型完成特定任务即可。提示工程通常用于不更新模型参数的情况，可以快速解决新问题。

输入更加合理的提示，引导模型进行更有效的结果输出，本质上是一种引导和激发模型能力的方法。通过设计合理的提示，企业可以直接使用开源大模型解决实际问题，这是目前最直接、最便捷的大模型应用方式。

在大语言模型中，提示是用于引导模型生成文本的输入文本。提示可以是一个问题、一个主题、一段描述等，它可以帮助模型理解用户的意图，并生成相应的文本。提示的选择和设计非常重要，将直接影响生成文本的质量和准确性。这里，我们将提示分为 4 类：零样本提示（Zero-Shot）、少样本提示（Few-Shot）、思维链提示和任务分解。下面让我们分别看一下企业应如何应用提示解决自身业务问题。

8.1.1 零样本提示

零样本提示是指在给定模型背景信息和数据的基础上，不提供任何相关案例参考，直接用自然语言指令对模型进行提问，让模型输出内容，从而完成一个任务。比如，我们想让 GPT 写一首诗，GPT 的回复结果如图 8-1 所示。

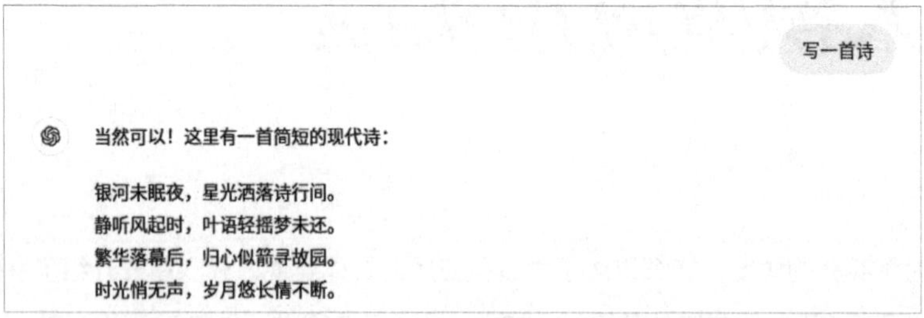

图 8-1　GPT 写的诗示例

我们发现，GPT 写的是一首现代诗。这里需要注意设计提示的技巧，确保提示清晰、明确，避免使用任何可能会引起歧义的措辞。在我们尝试对提示做出更加清晰的描述后，GPT 的回复结果如图 8-2 所示。

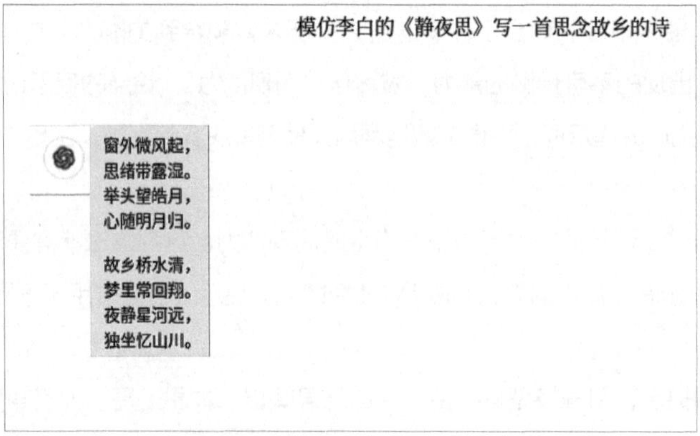

图 8-2　给出更清晰的提示后 GPT 写的诗示例

我们指定诗歌的风格和主题后，成功引导 GPT 生成了符合我们预期的作品。除了确保提示清晰、明确，我们还可以指定输出的格式，以避免 GPT 产生杂乱无章的输出。比如，让 GPT 整理北京的旅游景点，GPT 的回复如图 8-3 所示。

我们发现，GPT 列出了著名的景点，并简单地做了介绍。但是，如果我们只想要景点名称，不需要多余的介绍，就需要调整提示词，指定输出格式，结果如图 8-4 所示。

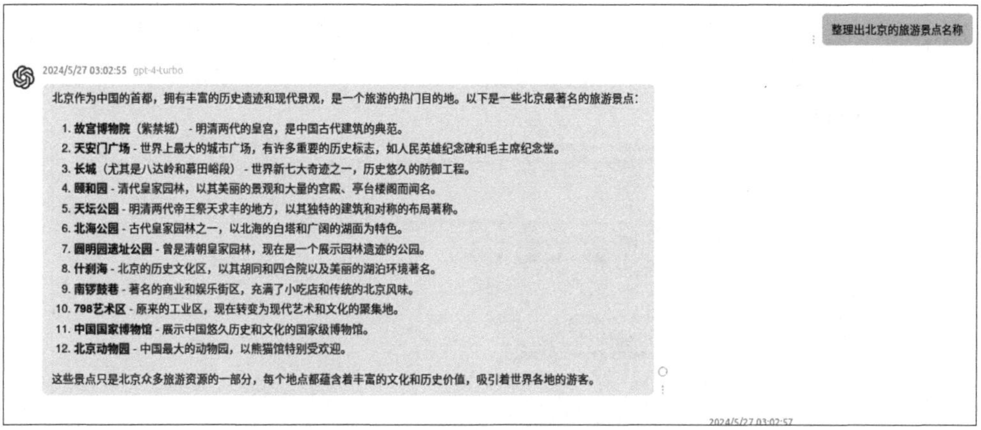

图 8-3　GPT 给出北京旅游景点介绍示例

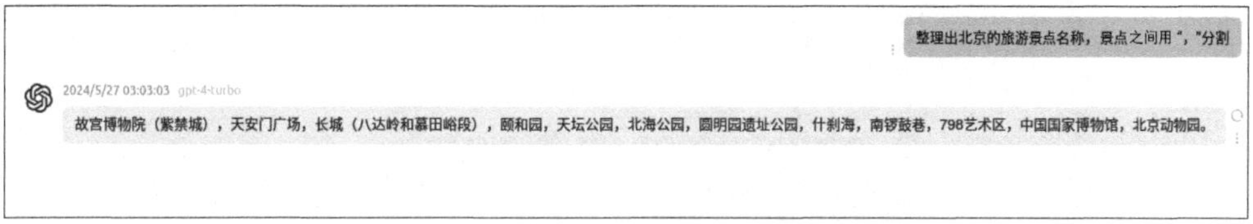

图 8-4　GPT 给出北京旅游景点名称示例

可以看到，在指定输出格式后，GPT 给出了符合预期的简单、明确的结果。

在提示工程的实际应用中，如果为 GPT 赋予特定的角色，它输出的答案会更加专业。比如，我们想要 GPT 给出适合中学生的写作文建议，GPT 给出的答复如图 8-5 所示。

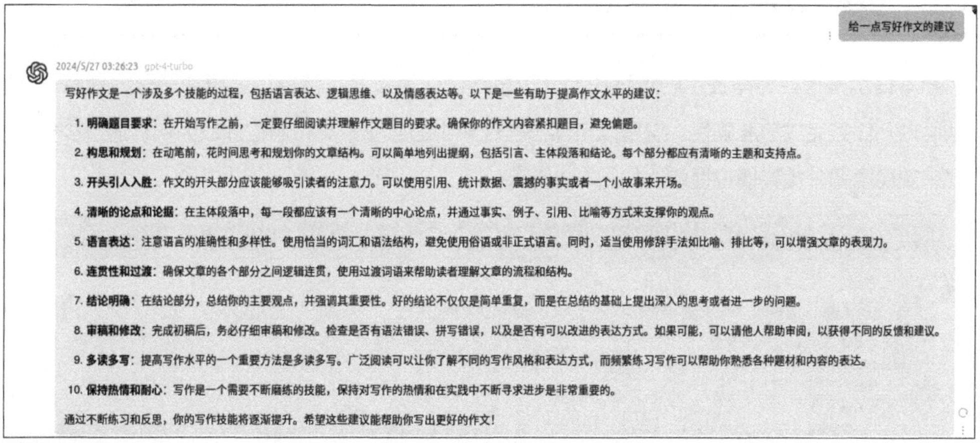

图 8-5　GPT 给出的写作文建议示例

如果我们换一种问法，代入老师角色，GPT 会给出更加合理和可操作的建议，如图 8-6 所示。

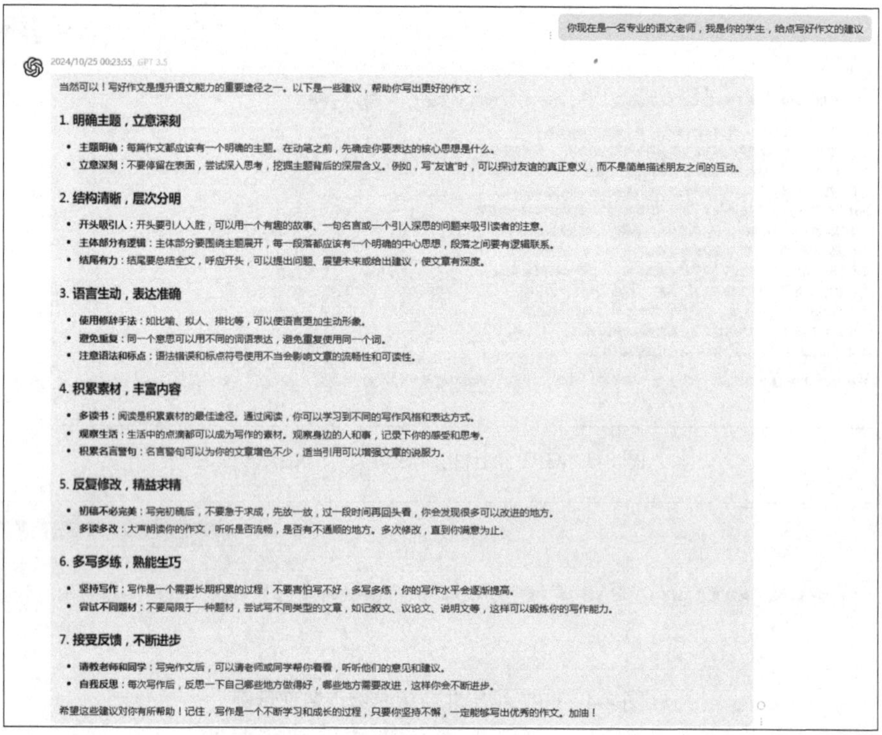

图 8-6　GPT 以老师身份给出的写作文建议示例

8.1.2　少样本提示

少样本提示是指在编写提示的过程中加入少量案例作为参考，使模型能更加充分地理解任务的目标，从而提升任务完成的准确性。这里以自然语言理解中的意图分类和槽位提取为例，通过少样本提示的方式来实现意图分类和槽位提取，如图 8-7 所示。

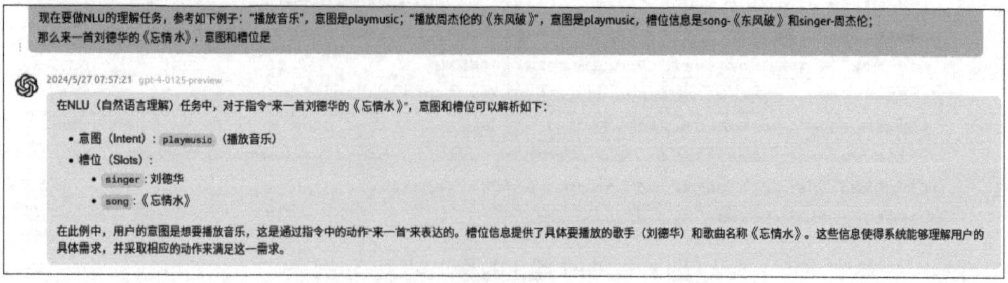

图 8-7　少样本提示自然语言理解示例

对于结果的输出，我们也可以通过增加参考示例，使模型输出更加明确的 JSON 格式的答复。增加输出示例后，GPT 的答复如图 8-8 所示。

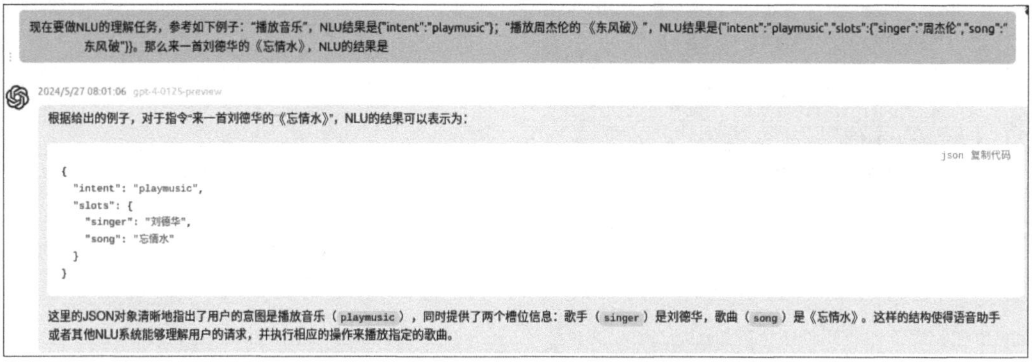
现在要做NLU的理解任务，参考如下例子："播放音乐"，NLU结果是{"intent":"playmusic"}；"播放周杰伦的《东风破》"，NLU结果是{"intent":"playmusic","slots":{"singer":"周杰伦","song":"东风破"}}。那么来一首刘德华的《忘情水》，NLU的结果是
2024/5/27 08:01:06 gpt-4-0125-preview
根据给出的例子，对于指令"来一首刘德华的《忘情水》"，NLU的结果可以表示为：
json 复制代码
{
"intent": "playmusic",
"slots": {
"singer": "刘德华",
"song": "忘情水"
}
}
这里的JSON对象清晰地指出了用户的意图是播放音乐（playmusic），同时提供了两个槽位信息：歌手（singer）是刘德华，歌曲（song）是《忘情水》。这样的结构使得语音助手或者其他NLU系统能够理解用户的请求，并执行相应的操作来播放指定的歌曲。

图 8-8　增加输出示例后 GPT 的答复

8.1.3　思维链提示

在设置提示的过程中，除输入任务并等待输出结果外，还应该在提示中包含推理的中间步骤。

思维链的本质是将复杂任务拆解为多个简单的子任务，体现一系列紧密相连的逻辑推理过程。思维链通常用于解决问题、做决策或进行推理。通过将复杂的问题分解为更简单的步骤或概念，思维链能够帮助我们以更清晰和有序的方式理解和解决问题。

这里举一个简单的数学方面的例子。如果我们直接问 GPT“15.1 乘以 79.3 是多少”，GPT 的回答如图 8-9 所示。

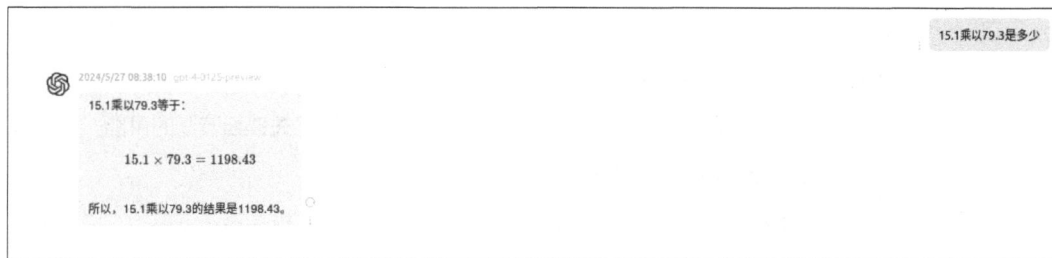

15.1乘以79.3是多少
2024/5/27 08:38:10 gpt-4-0125-preview
15.1乘以79.3等于：
15.1 × 79.3 = 1198.43
所以，15.1乘以79.3的结果是1198.43。

图 8-9　GPT 回答数学问题示例

实际上，15.1×79.3 应该等于 1197.43，显然 GPT 的回答是不对的。我们按照思维链方式重新组织提示词后，结果如图 8-10 所示。

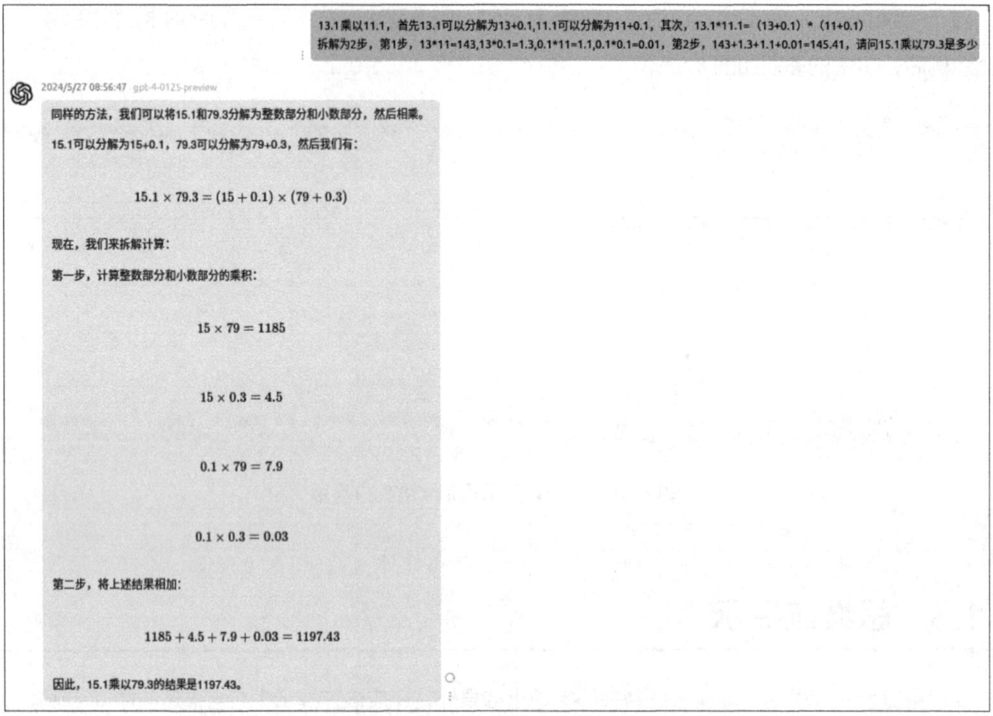

图 8-10　按照思维链方式重新组织提示词后的结果

不同于传统的提示从输入直接映射到输出 <input → output> 的方式，思维链方式实现了从输入到思维链再到输出的映射，即 <input → reasoning chain → output>。如果将使用思维链的提示进行分解，可以更加详细地观察到思维链的工作流程。

自从思维链问世以来，其能力已经被无数研究或实践成果所验证。如果要总结使用思维链的好处，那么可以归纳为以下 4 点。

- 增强了大模型的推理能力：通过将复杂问题分解为多步骤的子问题，思维链显著增强了大模型的推理能力，它不仅最大限度地减少了大模型在求解问题时忽略“关键细节”的可能，而且确保了计算资源总是被用于求解核心步骤。
- 增强了大模型的可解释性：相比直接输入问题、输出答案的方式，思维链通过展示大语言模型的“解题过程”，让我们可以更好地判断大模型求解当前问题的方式。同时“解题步骤”的输出也为我们定位其中的错误步骤提供了依据。
- 增强了大模型的可控性：让大模型一步一步地输出其推理步骤，我们通过这些步骤的呈现可以对大模型的问题求解过程施加更大的影响，避免大模型成为无法控制的“完全黑盒”。

- 增强了大模型的灵活性：仅仅添加一句“Let's think step by step”（让我们一步一步地思考），就可以在现有的各种不同的大模型中使用思维链。同时，思维链赋予大模型一步一步思考的能力并未局限于“语言智能”，其在科学应用及 AI Agent 的构建之中都有用武之地。

8.1.4　任务分解

人类在面对复杂问题时，通常会将其拆解成容易解决的子问题，并逐一解决，最后汇总得到最终结果。任务分解就是采用自顶向下的问题分解策略，首先将问题一次性拆解成若干子问题，之后逐个解决，进而汇总得到最终答案。这种任务分解方法和思维链类似，主要区别在于任务分解方法在分解任务的过程中还会进行多轮问答，针对子问题的回答会被加入下一次的提问。这种逐步填充问题上下文的方法，有效降低了多步推理问题的难度。

下面举一个简单的例子，说明这种任务分解方法的操作过程和效果，如图 8-11 所示。

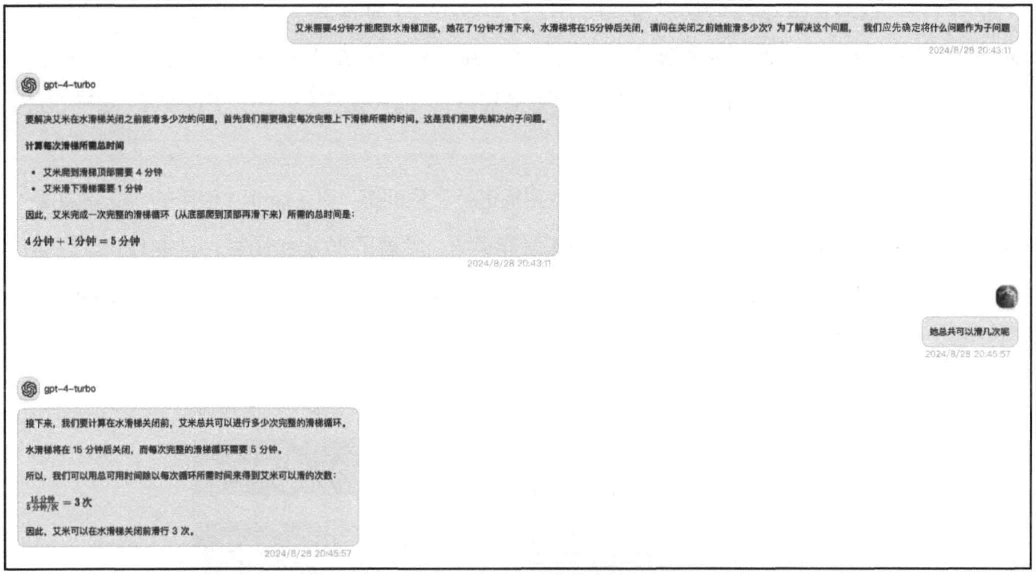

图 8-11　任务分解示例

8.2　企业如何构建私有垂域大模型

OpenAI 发布的 GPT-4 大模型在 120 层中总共包含了 1.8 万亿个参数。有人估算，单次的训练成本为 2000 万 ~ 6000 万美元。因为从无到有训练大模型的成本极高，大多数企业难以承受，所以对大多数企业而言，一种比较好的做法是构建垂域大模型。大多数垂域大模型可以基于现有的大模型服务和开源通用大模型进行开发。我们先看一下现有的开源大模型。

8.2.1 开源大模型

目前，经过快速发展和迭代，已发布的大模型数量超过了 100 个，已知的开源大模型数量也达到了几十个。接下来，重点介绍几个典型的开源大模型，它们分别是 Meta 公司的 Llama 3、阿里巴巴的通义千问（Qwen）系列模型、微软的 Phi-3。

1. Llama 3

毫无疑问，Llama 是开源模型中的佼佼者，目前国内很多大模型都是基于 Llama 实现的。和 GPT 系列一样，Llama 模型也是 Decoder-only 架构，但结合前人的工作做了一些改进。

Llama 系列大模型由 Meta 公司发布，目前包含 Llama 1、Llama 2、Llama 3 和 Llama 4 四代模型。Llama 3 是 Meta 公司于 2024 年 4 月发布的，它已经开源了 80 亿（8B）和 700 亿（70B）参数的版本。Meta 公司表示，Llama 3 比 Llama 2 的性能有了“显著提升”，跑分成绩甚至赶上了 GPT-4。基于 Llama 3 的这些优势，这里重点介绍 Llama 3。

Llama 3 使用超过 15 万亿（15T）token 的数据集进行了预训练，是 Llama 2 使用的数据集数量的 7 倍多。Llama 3 的训练语料中，95% 是英语，5% 是非英语，涵盖了 30 多种语言。其中 Llama 3-70B 版本的表现超过了很多闭源模型，包括 Claude 3 Sonnet、Mistral Medium 和 GPT-3.5 Turbo。Llama 3 与其余 4 个模型的性能对比情况如图 8-12 所示。

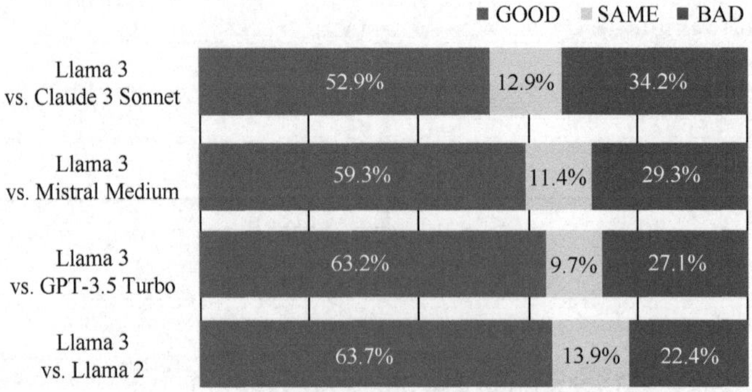

图 8-12 Llama 3 与其余 4 个模型的性能对比情况

2. 通义千问系列模型

通义千问是阿里云推出的大语言模型，目前阿里云开源了 Qwen 系列的多个模型，包括基础语言模型 Qwen-1.8B、Qwen-7B、Qwen-14B 和 Qwen-72B，以及聊天模型 Qwen-1.8B-Chat、Qwen-7B-Chat、Qwen-14B-Chat 和 Qwen-72B-Chat。

2024 年 2 月，Qwen1.5-110B 在 MMLU、TheoremQA、GPQA 等多个基准测评中展现了卓越的性能，其基础能力可与 Meta 公司发布的 Llama 3-70B 模型相媲美，相比于同系列其他 720 亿参数规模的开源模型，其性能也有明显提升。需要注意的是，Qwen1.5-110B 的预训练方法与同系列其他模型并无明显差异，性能提升主要来自参数规模的增加。

通义千问的多模态模型和专有能力模型在业界极富影响力。在多个多模态标准测试中，通义千问视觉理解模型 Qwen-VL-Max 的得分超过 Gemini Ultra 和 GPT-4V。目前，Qwen-VL-Max 模型已在多家企业落地。而其代码大模型 CodeQwen1.5-7B 则位居 HuggingFace 代码模型榜单 Big Code 的榜首，也是国内用户规模第一的智能编码助手通义灵码的底座。通义千问指标评估结果如图 8-13 所示。

	Qwen1.5-110B	Qwen1.5-72B	Llama 3-70B	Mixtral-8x22B
MMLU	80.4	77.5	79.5	77.8
TheoremQA	34.9	29.3	32.0	35.9
GPQA	35.9	36.3	36.4	34.3
HellaSwag	87.5	86.0	88.0	88.7
BBH	74.8	65.5	76.6	69.2
ARC-C	69.6	65.9	68.8	70.7
GSM8K	85.4	79.5	79.2	78.6

图 8-13　通义千问指标评估结果

3. Phi-3

Phi-3 有 3 个版本：Phi-3-mini、Phi-3-small 和 Phi-3-medium，分别对应 38 亿、70 亿和 140 亿参数规模。其中，mini 版本在 3.3T token 的数据集上做预训练，而其他两个版本都使用 4.8T token 的数据集做预训练。mini 模型声称可以在手机上部署。

Phi-3 的核心技术是通过对数据进行调制处理，利用基于大模型的数据过滤技术和数据合成技术，突出训练数据的常识推理和逻辑推理特性，从而使小模型可以达到与大模型相当的自然语言处理能力。

该想法挑战了传统的“幂律”，即“模型规模越大，性能越好”的观念，为大语言模型的“瘦身”提供了一种全新的思路。

Phi-3-mini 作为微软核心 Phi 语言模型家族的最新产品，以 38 亿参数的体量和 3.3T token 的庞大训练数据登场。相比于众多大模型，这样的数据量和参数设置让 Phi-3-mini 在性能上有着不输前辈的实力。

它为何如此优秀？简而言之，Phi-3-mini 不单纯追求参数数量的增加，而是更注重数据质量和算法精度。通过对训练数据的严格筛选，微软确保了每一个 token 的训练质量。不仅如此，Phi-3-mini 还有体积和内存占用极少的优势，这赋予它在各种移动硬件设备上运行的潜力。比如，即便安装在一部普通的 iPhone14 上，Phi-3-mini 也能够表现出色，每秒生成 12 个 token，这种轻盈与速度的结合，堪称现代工程的奇迹。

Phi-3-mini 采用了 Transformer 架构，支持 4K 和 128K 的上下文窗口，尤其是后者，使 Phi-3-mini 在同类小模型中表现出色。迭代训练策略和合成数据则进一步增强了 Phi-3-mini 在语言理解、逻辑推理等多个方面的能力。Phi-3 各版本及其他主流模型的效果评估如图 8-14 所示。在 MMLU、HellaSwag 数据集上，Phi-3-mini 的性能超越了 Llama 3 模型的性能。

	Phi-3-mini 3.8B	Phi-3-small 7B	Phi-3-medium 14B	Phi-2 2.7B	Mistral 7B	Gemma 7B	Llama 3-In 8B	Mixtral 8×7B	GPT-3.5 version 1106
MMLU (5-Shot)	68.8	75.7	78.0	56.3	61.7	63.6	66.5	70.5	71.4
HellaSwag (5-Shot)	76.7	77.0	82.4	53.6	58.5	49.8	71.1	70.4	78.8
ANLI (7-Shot)	52.8	58.1	55.8	42.5	47.1	48.7	57.3	55.2	58.1
GSM8K (8-Shot; CoT)	82.5	89.6	91.0	61.1	46.4	59.8	77.4	64.7	78.1
MedQA (2-Shot)	53.8	65.4	69.9	40.9	50.0	49.6	60.5	62.2	63.4
AGIEval (0-Shot)	37.5	45.1	50.2	29.8	35.1	42.1	42.0	45.2	48.4
TriviaQA (5-Shot)	64.0	58.1	73.9	45.2	75.2	72.3	67.7	82.2	85.8

图 8-14　Phi-3 各版本及其他主流模型的效果评估

8.2.2　构建垂域大模型的方式

通用的大语言模型在专业领域表现不佳的原因主要有如下两个。

- 缺乏训练语料：通用大语言模型使用的训练语料一般都是可以从公开渠道收集到的，但特定领域的语料一般难以在公开渠道收集，这些语料涉及企业的关键技术（Know-How），因而一般不会公开。

- 产品设计考虑：通用大模型考虑的是“通用”，因此其训练的首要目标是能够满足日常用户的多样化需求而非特定领域的需求，也就是不能对通用大模型“既要”“又要”“还要”。

那么，构建一个面向特定专业领域大模型的挑战就变为怎么能够让大模型掌握特定领域的知识，为此可以放弃一些通用能力。要想实现上述目标，主要有以下 3 种方式。

- 大模型 + 知识库，这是目前最简单的实现方法，即构建领域知识库，利用大模型的上下文学习能力，通过检索丰富问答中模型输入的上下文，让大模型可以准确地回答面对特定领域和企业相关的问题。但是这种方式对检索的准确性要求很高，另外，如果模型本身不具备领域知识，即使有准确的上下文，也难以给出正确答案。
- PEFT，这是一些开源领域模型常用的方式，这种方式通过 P-Tuning 或者 LoRA 等技术对模型进行微调，使其更适合回答特定领域的问题，比如法律和医疗领域的一些开源模型采用的就是这种方式。但是，使用这种方式微调的模型通常表现不佳，因为 PEFT 并不是用来让模型学会新知识的，而是用来让模型在处理特定任务时表现更好的。
- 从预训练开始定制化训练，这种方式是构建垂域大模型最有效的方法。该方法允许对从最初的词表构建、训练语料的配比，到模型结构设计的每一步进行定制。此外，这种方式严格遵循 OpenAI 的 Pretrain → SFT → RLHF 三段训练方法，理论上基于该训练方法可以构建出一个优秀的垂域大模型。但是，这种方式的费用极高，不仅需要预训练，而且需要考虑模型的迭代，因此一般企业根本无力承担。

基于通用大模型的训练流程，我们可以得出垂域大模型的基本训练方法。

如图 8-15 所示，垂域大模型的训练过程分为以下 3 步。

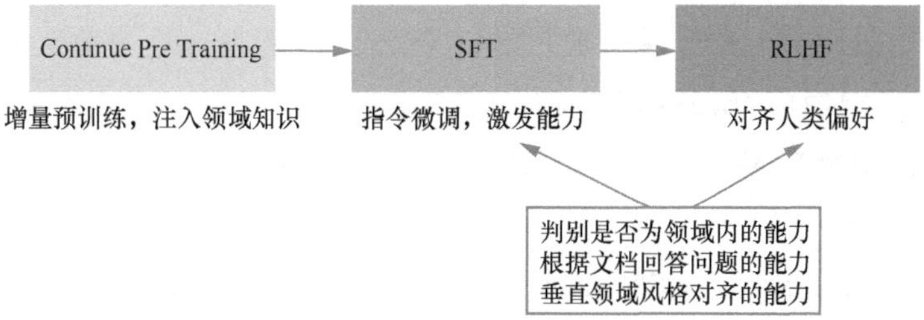

图 8-15　垂域大模型训练方法

1）基于通用大模型进行二次开发。为了给模型注入领域知识，需要用领域内的语料进行持续的预训练。

2）通过 SFT 激发大模型理解并回答领域内各种问题的能力（在有召回知识的基础上）。

3）通过 RLHF 让大模型的回答对齐人类偏好，比如行文的风格。

需要注意的是，在构建垂域大模型时，可以考虑使用检索增强生成（RAG）技术。具体来说，就是模型先检索相关的知识，然后基于召回的知识进行回答，即基于检索增强生成回答。这种方式能减少模型的幻觉，保证答案的时效性，还能快速干预模型对特定问题的回答。

8.2.3 企业构建垂域大模型的步骤

企业构建垂域大模型分为 4 个步骤：应用场景分析、数据准备、知识库构建和检索增强生成，以及模型训练。

1. 应用场景分析

企业根据自身业务场景，分析场景类型，结合成本及积累的数据规模，选择构建大模型的方式。

目前，大模型的主要应用场景包括文生文、文生图、文生视频、文生音频、图生文、图生视频、多模态等。从应用类型角度，大语言模型主要分为任务型和非任务型两类。垂域大模型的构建方式主要有 3 种：基于知识库构建、基于参数微调构建和定制化训练构建。下面重点介绍在不同场景下如何选择大模型的构建方式。

以文生文为例，在 NLP 领域，我们把分类、序列标注这类带有明确目标的任务定义为任务型任务，比如情感识别、语义理解、命名实体识别（Named Entity Recognition，NER）等。还有一类任务，比如创意写作，则属于非任务型任务。

（1）任务型任务

在任务型任务中，传统的模型（如 BERT）已经表现出卓越的性能。然而，为满足特定任务需求，通常需要对 BERT 进行微调。这一过程要求企业具备专业的 NLP 算法人员，并配置 GPU 训练机器。若企业不具备 NLP 研发能力，可以采用基于知识库的方式执行任务型任务。若企业具备 NLP 研发能力，且拥有充足的数据和 GPU 训练机器，则可以采用 PEFT 技术优化模型。

（2）非任务型任务

非任务型任务天然适合利用大模型来实现。基于知识库构建、基于参数微调构建和定制化训练构建这 3 种方式都可以选择。

同任务型任务的模型优化方式类似，当企业不具备 NLP 研发能力时，可采用基于知识库构建的方式，人工校验问答对，通过检索增强大模型的输出。

当企业具备 NLP 研发能力时，可采用基于参数微调构建的方式。虽然这种方式在特定垂域效果显著，但是在通用领域表现欠佳。如果经费充足，企业可以采用定制化训练构建方式，以获得更为理想的效果。

2. 数据准备

这里将数据分为 3 部分：无监督数据、单轮 / 多轮指令微调数据和 RLHF 训练数据。

- 无监督数据：如企业所保存的历史文档材料，这类数据通常不需要标注，只需要进行简单的清洗就可以使用。使用无监督数据是在预训练阶段注入领域知识的有效方式。
- 单轮 / 多轮指令微调数据：这部分数据需要经过人工标注整理，其中包含一系列问答对，常用于 SFT 和构建知识库，以实现检索增强。
- RLHF 训练数据：这部分数据同样需要经过人工标注整理，但与问答对不同，它主要用于对不同的回答结果进行排序。

数据准备就绪后，下一步便是选择构建垂域大模型的方式进行构建。检索增强生成和微调是使大语言模型适应特定领域的两种主要方法。检索增强生成方法会从文档语料库中检索相关信息，并借助上下文学习来增强大语言模型的响应生成能力。而微调方法则通过更新模型权重，使其善于回忆特定信息，并提高在推理过程中的表现。在相对冷门的知识背景下，可用的数据有限，为应对这一挑战，可将检索增强生成方法作为微调的前置步骤，以生成合成训练数据。

3. 知识库构建和检索增强生成

检索增强生成技术可用于解决大语言模型的局限性问题，比如幻觉和知识有限的情况。RAG 是一项利用外部知识源提升大语言模型文本生成能力的技术。该技术基于输入检索语料库中的相关段落，将检索结果与输入一同提供给大语言模型。在外部知识的辅助下，大语言模型能够生成更准确可信的回应，有效应对知识过期、幻觉和专业领域知识不足等挑战。因此，RAG 技术在大语言模型时代备受瞩目。

RAG 技术背后的思想是在提问时引用外部数据，并将其提供给大语言模型，以增强其生成准确且相关答案的能力。

简单来讲，RAG 就是通过检索获取相关的知识并将其融入提示，让大语言模型能够参考相应的知识并给出合理答案，如图 8-16 所示。因此，可以将 RAG 的核心理解为“检索 + 生成”，“检索”主要借助向量数据库的高效存储和检索能力召回目标知识；“生成”则是利用大语言模型和提示工程，将召回的知识合理利用，从而生成目标答案。

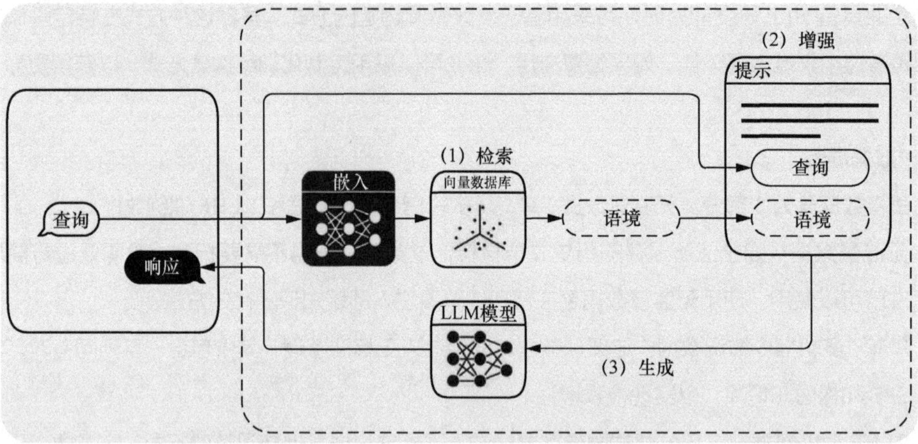

图 8-16　RAG 技术背后的思想

RAG 的数据处理流程如图 8-17 所示。

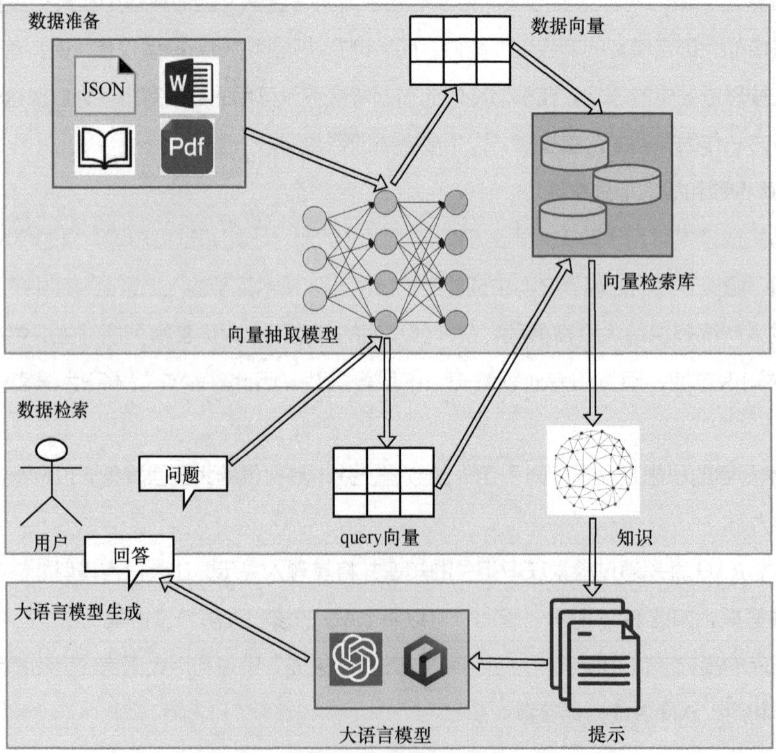

图 8-17　RAG 的数据处理流程

完整的 RAG 应用流程主要包含两个阶段。

- 数据准备阶段：数据提取⟶文本分割⟶向量化（embedding）⟶数据入库。
- 应用阶段：用户提问⟶数据检索（召回）⟶注入提示⟶大语言模型生成答案。

4. 模型训练

由于垂域模型的构建方式不同，其模型训练方法也有所差异。这里主要介绍 PEFT 这种模型训练方法。

微调是 AI 模型绕不开的一个话题，是迁移学习最常用的一种实现方法。在“小模型”时代，模型参数量不过几百万，进行全参数微调毫无压力。但在 GPT 系列的 NLP 模型引领潮流后，业界在扩大模型规模这条路上越走越远，几亿个参数量的语言模型早已屡见不鲜。

在这种背景下，全参数微调既占显存，速度又慢，相比之下，PEFT 就显得很重要了。目前，使用最广泛的 PEFT 方法是 LoRA，但 Prefix-tuning、Prompt-tuning 和 P-tuning 等也是比较常见的方法。

LoRA 是一种“即插即用”的方案。假设目前预训练权重矩阵为 $\boldsymbol{W}_0$，该权重矩阵有 d 行、k 列，那么实现 LoRA 方法很简单：既然微调就是更新参数，不如直接模拟参数的更新量 $\Delta\boldsymbol{W}$——通过两个 MLP 计算矩阵 $\boldsymbol{A}$ 和 $\boldsymbol{B}$ 来求 $\Delta\boldsymbol{W}$ 的近似值，微调后的权重矩阵就由 $\boldsymbol{W}_0$ 变成了（$\boldsymbol{W}_0+\boldsymbol{BA}$），如图 8-18 所示。

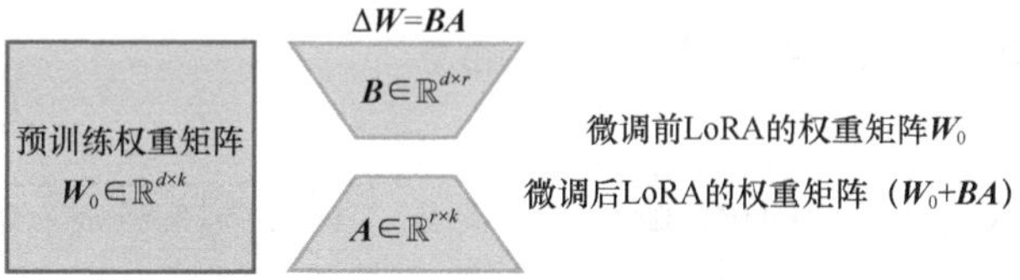

图 8-18 LoRA 方法的核心思想

LoRA 的工作原理是，冻结预训练模型的参数，并用 $\boldsymbol{A}$ 和 $\boldsymbol{B}$ 两个矩阵来模拟参数的更新，在微调下游任务时，只更新矩阵 $\boldsymbol{A}$ 和 $\boldsymbol{B}$。也就是说，该方法通过低秩分解来模拟参数的改变量，从而以极小的参数量实现对大模型的高效微调。

8.3 企业如何构建 AI Agent

本节主要介绍目前常用的 AI Agent 框架，以及研发人员如何基于常用的 AI Agent 框架，快速构建自己的 AI Agent 项目。

8.3.1 AI Agent 开发框架介绍

随着 AI Agent 技术的逐步成熟，越来越多的开源框架都提供 AI Agent 的基础组件，以便用户能基于 AI Agent 快速实现自己的产品功能。这里将详细介绍几种主流的 AI Agent 开发框架。

1. AutoGPT

2022 年，OpenAI 发布 ChatGPT，引发了大模型的研发浪潮。各大公司、科研机构、开发者社区纷纷推出各式各样的大模型。然而，随着专注于特定任务领域的大模型得到广泛应用，它们在产品和项目研发中的问题也逐步显现。大家积极探索内容丰富且创新的解决方案，旨在基于大语言模型，进一步提高 AI 的生产力，以充分开发其在具体产品项目中的价值。著名的 AutoGPT 便是其中的典型代表，AutoGPT 是 Github 上的一个免费开源项目，它结合 GPT-4 和 GPT-3.5 技术，通过 API 创建完整的项目。与 ChatGPT 不同的是，在 AutoGPT 中，用户不需要不断对 AI 进行提问以获得相应的回答，只需为其提供一个 AI 名称、描述和目标，然后 AutoGPT 就可以自己完成项目。

这里通过一个例子来展示 AutoGPT 的使用。

如图 8-18 所示，我们给 AutoGPT 描述详细任务和角色后，AutoGPT 就会不断地规划和执行任务，进而实现目标。在实现目标的过程中，它会不断确认输出结果是否符合要求，并及时调整、做出选择。

如图 8-19 所示，本质上，AutoGPT 是一个“AI 代理”，在给定一个自然语言目标后，它会尝试将其分解为多个子任务，并在自动循环中使用互联网和其他工具来实现该目标。AutoGPT 可以进行自主迭代，通过集成提示历史记录来获得更准确的结果。此外，AutoGPT 有内存管理功能，它集成了数据库，因此可存储历史记录，并基于这些历史记录进行决策改进。那它的本质到底是什么呢？其实很简单，就是大语言模型递归调用。

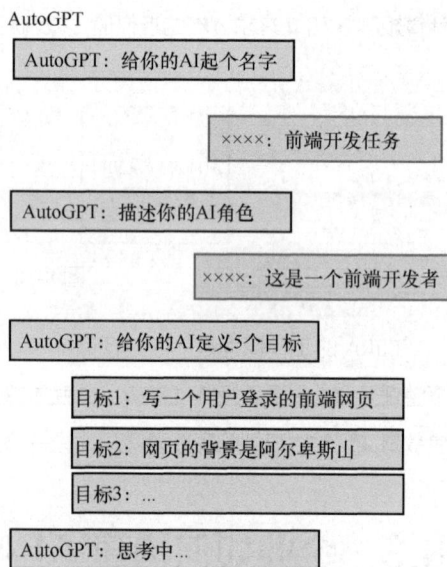

图 8-19　AutoGPT 使用示例

AutoGPT 具有如下特征。

- 接入互联网：用于搜索和收集信息。
- 管理长期和短期记忆：可以用向量数据库来构建本地知识库或者保存 AI Agent 的长期记忆。
- 可扩展性：可以使用自定义插件，例如使用 Stable Diffusion 来实现文生图功能，使用语音合成工具将输入的文本内容以语言形式输出等。

- 使用 GPT-3.5 和 GPT-4 进行文件存储和汇总以及文本生成等。

图 8-20 为 AutoGPT 结构图。

在使用 AutoGPT 的过程中，只需要告诉它一个总目标，再设置若干完成这个总目标所需的子任务，它就会按照任务顺序一个个地执行，并且在执行的过程中进行自我评价，给出执行相应动作的原因，直到最终完成最初设定的总目标。

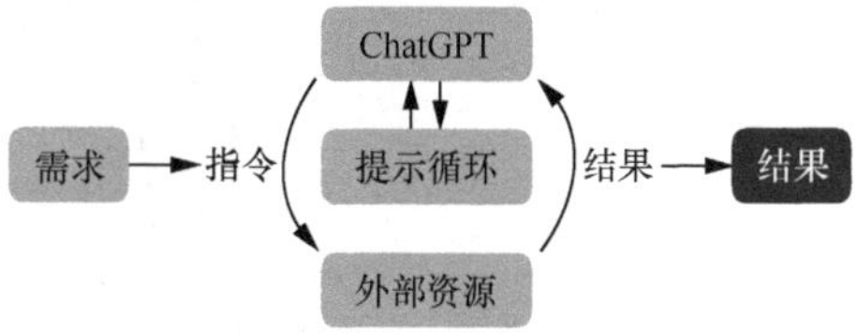

图 8-20　AutoGPT 结构图

AutoGPT 的基本原理非常简单：让大语言模型一遍又一遍地决定要做什么，同时将其操作的结果反馈到提示中，也就是不断地“思考 + 行动”。这使得程序能够以迭代、增量的方式朝着完成目标的方向前进。这也是 AI Agent 的基本原理。这种“思考 + 行动”的模式有一个官方名称——ReAct。

在 ReAct 模式下，AutoGPT 将传统的“配置型策略调度”自动化工具转换为“GPT 智能策略调度”模式，虽然目前 AutoGPT 的大部分应用场景仍是被当作一个性能更好的 ChatGPT，但这种智能策略调度模式可以广泛应用于 GPT 的其他应用领域。

AutoGPT 仍然存在以下问题。

- 无限循环的风险：在与 AutoGPT 互动的过程中，无限循环的问题多次出现，所以建议非必要不要启用连续对话模式（--continuous），因为有些步骤在人类看来其实是在走弯路，谈不上智能。
- 海量 token 开销：为确保回答的准确性，AutoGPT 会尽量携带接近 token 上限的记忆和历史信息，一个简单的任务都会消耗数万 token。

2. AutoGen

AutoGen 是微软开发的一个用于简化大语言模型工作流的编排、优化和自动化的框架。它提供了可定制和可对话的代理，充分利用大模型（比如 GPT-4）的能力，并且集成了人类智慧和工具，从而在多个代理之间实现自动化聊天。

AutoGen 允许开发者通过多个代理之间的对话来构建基于大语言模型的应用。AutoGen 代理可以在各种模式下操作。这些模式结合了众多大语言模型、人类输入和工具。使用 AutoGen，开发者还可以灵活定义代理的互动行为。自然语言和计算机代码都可以用于为不同的应用编写灵活的对话模式。AutoGen 作为一个通用框架，可以构建涵盖各种复杂程度且基于大语言模型能力的多样化应用。该框架在数学、编码、问答、运筹学、在线决策、娱乐等领域的应用都展现出了很好的效果。

如图 8-21 所示，AutoGen 使用多智能体对话实现了复杂的基于大语言模型的工作流。AutoGen 代理可以基于大语言模型、工具、人员，甚至是它们的组合定制。代理可以通过对话完成任务。该框架支持许多其他复杂的对话模式。

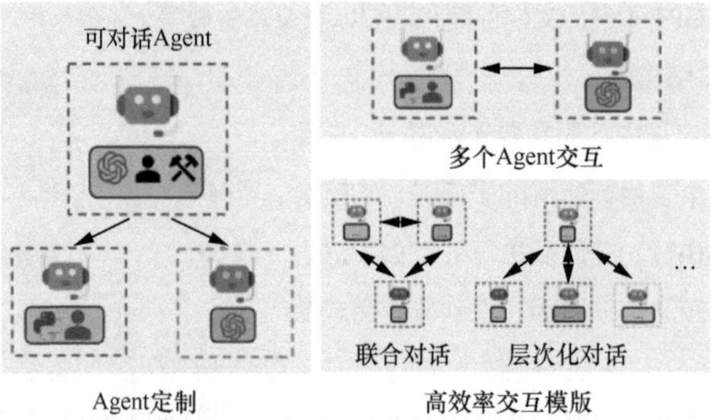

图 8-21　AutoGen 基本结构

使用 AutoGen 构建一个复杂的多智能体对话系统的步骤如下。

1）定义一组具有专门功能和角色的代理。

2）定义代理之间的交互行为，比如，一个代理收到来自另一个代理的消息时要回复什么。

这两个步骤都是直观且模块化的，这使得这些代理可以重复使用和组合。例如，要构建一个基于代码的问答系统，使用 AutoGen 可以将编码工作量降为原来的 1/4 甚至更低。

AutoGen 致力于减少开发者在不同领域构建复杂大语言模型应用的工作量，其核心设计原则是使用多代理对话简化和整合多代理工作流。这种方法还可以最大化重用已实现的代理。

在 AutoGen 中，一个可对话代理是具有特定角色的实体，可以通过发送和接收信息与其他可对话代理进行消息传递，即发起或继续对话。它根据已发送和接收的消息保持上下文信息的连贯性和相关性，并且可以配置特定的能力，这些能力可来自大语言模型、工具或人类输入。

由于代理的能力直接影响其处理和响应消息的方式，AutoGen 为代理提供了灵活性，使其能够具备并利用各种能力。

AutoGen 采用了对话编程范式，该范式融合了如下两个概念。

- 计算逻辑：在多代理对话情景中，代理会采取相应行动，并基于这些行动来计算响应内容。
- 控制流逻辑：它决定了计算发生的顺序（或条件）。

在应用部分中，我们将展示如何通过编程实现多种灵活的多代理对话模式。在 AutoGen 中，这些计算是以对话为中心的。代理采取与其参与的对话相关的行动，这些行动会促使后续对话的信息传递持续进行（除非满足终止条件）。同样，控制流由对话驱动——参与对话的代理决定发送消息的对象，而对话内容决定了计算逻辑。这种范式能帮助人们直观地理解复杂的工作流。

表 8-1 展示了 AutoGen 和其他 AI Agent 框架的区别。

- 对话模式：指框架所实现系统支持的模式类型。在“静态”模式下，无论输入内容是什么，代理拓扑结构都保持不变。AutoGen 支持灵活的对话模式，包括静态和动态模式，可以根据不同应用需求进行定制。

- 可执行性：系统是否可以执行大语言模型生成的代码。
- 人类参与性：系统是否（以及如何）允许人在系统执行过程中进行参与。AutoGen 允许人类在多代理对话中灵活地参与，并提供跳过这个选项的功能。

表 8-1　AutoGen 和其他 AI Agent 框架对比

方面	AutoGen	多代理辩论	Camel	BabyAGI	MetaGPT
对话模式	灵活	静态	静态	静态	静态
可执行性	√	×	×	×	√
人类参与性	聊天 / 跳过	×	×	×	×

3. LangChain

LangChain 是于 2022 年 10 月开源的一个项目，它的开发者是哈里森·蔡斯（Harrison Chase）。该项目在 GitHub 上获得了大量关注，不久后，哈里森·蔡斯便成立了同名初创公司 LangChain。如今哈里森·蔡斯已是硅谷热门初创公司的 CEO。Insider Gaming 独家报道称，人工智能初创公司 LangChain 在完成种子轮融资一周后，再次获得红杉资本领投的融资，融资规模为 2000 万～ 2500 万美元，公司估值达到 2 亿美元。

LangChain 是一个强大的工具箱，它支持开发者将常见的语言模型像搭乐高积木一样组合成创新的应用。LangChain 的六大核心模块如表 8-2 所示。

表 8-2　LangChain 的六大核心模块

模块	能力介绍
Models	通过通用接口调用语言模型
Prompts	模板化、可动态选择和管理模型输入
Parser	标准化输出模型，返回信息
Memory	上下文信息存储
Chains	将零散的功能串联成完整的业务流程
Agents	工具类的合集，解决大模型处理不了的问题

LangChain 的核心功能模块及特性如下。

- 管理和优化提示：不同任务使用不同的提示，如何管理和优化这些提示是 LangChain 的主要功能之一。

- 链：可简单将其理解为一个具体任务中不同子任务之间的调用。
- 数据增强生成：数据增强生成通过特定的链式处理流程与外部数据源交互，以获取用于生成步骤的数据。例如对长篇文字进行总结，以提取关键信息。
- 代理：根据不同的指令采取不同的行动，直到整个流程完成为止。
- 评估：生成式模型难以用传统指标来评估。一种新方法是使用语言模型本身进行评估。LangChain 提供了一些提示和链来协助完成这项工作。
- 内存：在整个流程中帮助开发者管理中间状态。

总的来说，LangChain 可以被理解为一个功能强大的工具集，它在一个流程的整个生命周期中管理和优化提示。它通过精心设计的提示引导不同的代理执行相应的动作。在此期间，LangChain 会使用内存管理一些中间状态，然后使用链将不同代理的多个子任务有序组合起来，最终形成一个闭环。

在 LangChain 中，Agent 是一个代理，它负责接收用户的输入，采取相应的行动，然后返回行动的结果。Agent 可以被看作一个自带路由调用 Chain 的代理，基于 MRKL（Modular Reasoning, knowledge and Language）和 ReAct 的基本原理，Agent 可以使用工具和自然语言处理问题。官方还提供了多种 Agent，包括 OpenAI Functions Agent、Plan-and-execute Agent、Self-ask with Search 类 AutoGPT 的 Agent 等。Agent 的作用是代表用户或其他系统完成任务，例如数据收集、数据处理、决策支持等。Agent 可以是自主的，具备一定程度的智能和自适应能力，可在不同的情境下执行任务。

LangChain 中的 Agent 本质上是基于 Chain 实现的，它通过循环调用 Action 来实现相应的功能。它使用的 Prompt 模板主要是符合 Agent 类型要求的各种思考和决策模板。Agent 的核心思想在于利用大语言模型进行决策，选择一系列要执行的动作，从而驱动应用程序。通过 Toolkits 中的一组特定工具，用户可以设计特定用例的应用程序。

4. MetaGPT

MetaGPT 是一种创新的元编程框架，其运作方式既符合元编程“通过编程生成程序”的核心定义，又在多智能体协作中展现出独特的编程构建能力。它将高效的人类工作流程与基于大语言模型的多智能体协作相结合，在复杂任务处理中展现出强大能力，尤其在将高级任务分解为多角色协同处理组件方面表现突出。

MetaGPT 利用 SOP（Standard Operating Procedures，标准作业程序）来协调基于大语言模型的多智能体系统，从而实现元编程技术。该框架使用智能体模拟一个虚拟的软件团队，该团队中包含产品经理、架构师、项目经理、工程师、质量工程师等角色，并通过 SOP 协调虚拟软件团队的开发流程。

MetaGPT 专注于软件开发，覆盖了从需求分析到代码实现的全生命周期。

在 MetaGPT 中，多智能体仿佛一个智能体社会，由智能体、环境、SOP、通信和经济等组成。这些组件各自发挥着重要的作用。

- 智能体：基于单智能体扩展出多智能体系统。在多智能体系统中，单智能体可以协同工作，每个智能体都具备独特的大语言模型，并具有观察、思考、行动和记忆能力。
- 环境：环境是智能体生存和互动的公共场所。智能体从环境中获得重要信息，并以输出结果的形式发布行动决策，供其他智能体使用。
- SOP：这是管理智能体行动和交互的既定程序，确保系统的有序和高效运行。
- 通信：通信是智能体之间交流信息的过程，对系统内的协作、谈判和竞争至关重要。
- 经济：指多智能体环境中的价值交换系统，决定资源分配和任务的优先级。

SOP 定义了社会中的工作角色和工作流程。在软件开发领域，瀑布模型（Waterfall Model）概述了从计划到交付的步骤，描述了跨角色团队合作的过程。MetaGPT 的方法能将复杂任务分解为由不同角色（产品经理、架构师、项目经理、工程师、测试工程师）处理的详细子任务，促进了拥有特定专业知识的不同角色之间的协作。图 8-22 展示了如何设计 MetaGPT 来处理复杂任务并进行清晰的角色划分，使其成为复杂软件开发场景中有价值的工具。

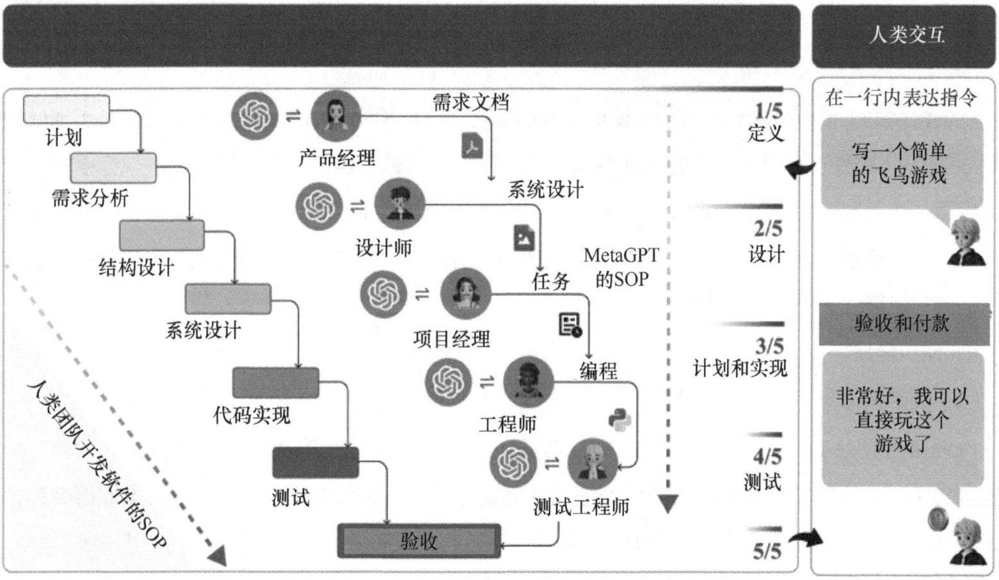

图 8-22　设计 MetaGPT 处理复杂任务

MetaGPT 的优势和劣势如下。

（1）优势

- 多智能体协作，可以处理更复杂的任务。
- 通过将 SOP 融入多智能体协作，减少了处理复杂任务时出现的幻觉问题。
- 通过结构化协调和模块化输出，有效解决复杂的多智能体协作问题。
- 智能体可以主动从环境中获取相关知识，而不是简单地通过对话获取信息。这种设计更符合人类组织的运作模式。

（2）劣势

- 用户门槛较高，用户要具备一定的技术背景和对 AI 技术的理解，这限制了其在非技术用户中的应用。
- 存在幻觉问题，多个智能体相互作用时，信息错误可能被放大，导致输出质量不稳定。
- 复杂任务处理能力有限。尽管 MetaGPT 在代码生成等方面有不错表现，但它只能创建单页的应用程序，无法处理多页或数据库等复杂信息。

8.3.2 AI Agent 的开发和部署

我们已经熟悉了 AI Agent 的基础框架，下面重点讲述如何通过 LangChain 技术实现 AI Agent 的开发和部署。

下面介绍的 LangChain 的六大核心模块能帮助我们更好地使用大语言模型。可以将 LangChain 视为开源版的 GPT 插件，它提供丰富的大语言模型工具来快速增强模型的能力。想象一下，你手中有一盒能够编程、交流甚至思考的智能积木。LangChain 正是这样一盒特殊积木，包含多种功能组件，集成了数十种大语言模型、多样的知识库处理方法、成熟的应用链和几十种可调用的工具，为用户提供了一个快速搭建和部署大语言模型智能应用程序的平台。

1. Models

（1）大语言模型

大语言模型是 LangChain“积木盒”中的基础“积木”。如同用乐高积木搭建房屋的地基，大语言模型为构建复杂的语言理解和生成任务提供了坚实的基础。随着大语言模型推理技术取得突破，以 DeepSeek - R1 为代表的推理模型，作为 Agent 的决策核心，显著增强了 LangChain 的任务规划能力。

（2）Chat Models

Chat Models（聊天模型）能为你的“乐高小人仔”赋予对话能力。它们能够让应用程序进行流畅的对话，好比给“乐高小人仔”注入了会说话的灵魂。Chat Models 专注于对话交互场景，能够接收输入的查询或提示并给出相应回复。Chat Models 属于大语言模型的一种变体，其接口采用“聊天消息”作为输入与输出形式。在利用 Chat Models 构建对话式人工智能系统时，需要获取模型的访问权限，并设置用户界面；此外，还可以对模型进行微调、集成其他 API 或数据库，并依据用户反馈持续优化系统。

（3）Text Embedding Models

如果说其他模型实现了文本的理解和生成，那么 Text Embedding Models（文本嵌入模型）则提供了理解文本深层次含义的能力。它们可以帮助其他“积木”更好地理解每块“积木”的位置。在 LangChain 中，Text Embedding Models 发挥着显著作用，它能够将词语或句子转化为稠密向量，使得语义相似的词语在向量空间中的距离更近，从而将文本数据转换为数字形式，便于机器学习模型进行处理。该模型应用广泛，一方面，它可以实现降维功能，让文本数据更易于被模型处理；另一方面，它可用于语义搜索，基于语义相似性进行高效检索，提高搜索结果的相关性；此外，它还能辅助文本分类，以嵌入向量作为输入，提升情感分析、主题分类等任务的性能。

2. Prompt Templates

想象一下，你正在给“乐高小人仔”编写剧本，告诉它们在不同场景下应该说什么。Prompt Templates 就是这些剧本，它们指导模型如何回答问题或者生成文本。Prompt Templates 能够简化同类型问题的提示词设计流程，提高大语言模型应用开发的效率。它通过规范提示内容，使语言模型更好地理解任务，从而输出更优质的回答。

3. Index

LangChain 通过 Index 使文档结构化，让大语言模型更直接、更有效地与文档互动。

（1）Document Loaders

这些 Document Loaders（文档加载器）就像一个个小仓库，帮助“乐高世界”中的智能模型存储和访问信息。文档加载器能够将文档加载到系统中，方便模型快速查找。

（2）Text Splitters

有时，为了构建更复杂的结构，你需要将一大块积木分成几个小块。这时你就会用到 Text Splitters（文本分割器），它可以将长篇文本拆分成易于处理的小块。

（3）Vector Stores

Vector Stores（向量存储）是一种特殊的存储设施，帮助“积木”模型记住文本的数学表示（向量）。这就像让“积木”记住它们在整个结构中的位置。

（4）Retrievers

Retrievers（检索器）能够快速在向量存储中检索和提取信息，可以将其想象成“乐高世界”里的搜索引擎。

4. Memory

LangChain 通过 Memory（记忆）工具类为 Agent 和 Chain 赋予记忆功能，让智能应用能够记住之前的交互。在聊天环境中这尤为重要。

在聊天环境中，Memory 类就像在“乐高”角色之间建立的记忆网络，它能使这些角色记住过去的对话。这样，每次的对话都能在之前的基础上继续进行，确保智能“乐高小人仔”的对话连贯一致。

5. Chain

Chain 是连接不同智能“积木”的基本方式，是构建复杂语言模型应用的基础连接单元。不同的组件通过 Chain 进行组合和交互，实现各种功能。它不仅比大模型 API 更加高效，还能增强模型的各种应用，如问答、摘要编写、表格分析和代码理解等。

下面介绍 LLM Chain 和 Index - related Chains 这两种链。

- LLM Chain 是最简单的 LLM + Prompts 链，专用于链接语言模型。它通过特定提示与大型语言模型交互，实现文本生成、问答等基本的语言处理任务。
- Index - related Chains 可将索引功能集成进来，确保信息的高效流动。它能让大语言模型更直接、更有效地与文档互动。它能通过对文档进行结构化处理（如创建索引），提升模型对文档信息的检索和利用效率，从而更好地处理与文档相关的任务，例如文档问答、信息提取等。

6. Agent

在 LangChain 的世界里，Agent 是一个智能代理，它的任务是听取用户需求（用户输入）和分析当前的情境（应用场景），然后从它的工具箱中选择最合适的工具来执行操作。这些工具箱里包含 LangChain 提供的各种“积木”，比如 Models、Prompts、Indexes 等。

LangChain 中 Agent 的基本结构如图 8-23 所示。当 Agent 接受一个任务时，会使用大语言模型作为它的“大脑”或“思考工具”，通过这个大脑来决定为了达成目标需要执行什么操作。Agent 就像一个有战略眼光的指挥官，不仅知道战场上的每个小队能做什么，还能指挥它们完成更复杂的任务。

LangChain 中 Agent 的架构如图 8-24 所示，Agent 内部包含 Prompt Templates、Chain、Action、工具、输出解析。Agent 通过循环调用 Action 实现相应的功能，在这个过程中，主要使用思考决策类 Prompt Templates。

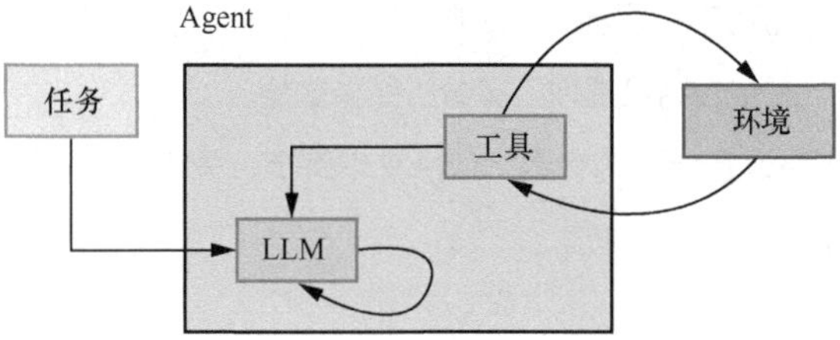

图 8-23　LangChain 中 Agent 的基本结构

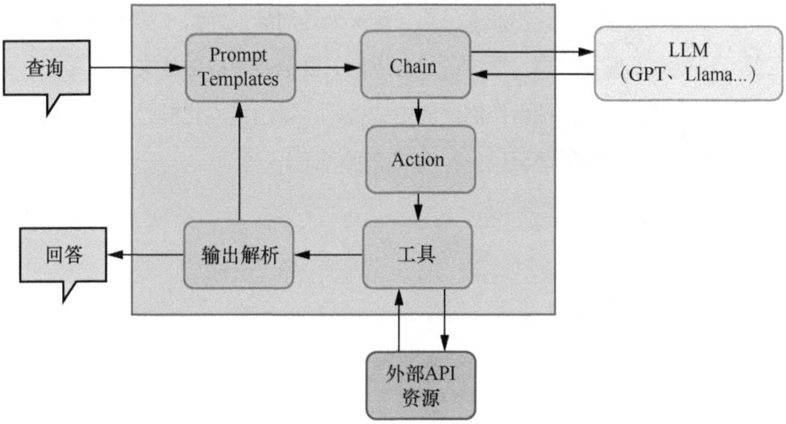

图 8-24　LangChain 中 Agent 的架构

AgentExecutor 是 LangChain 中驱动代理循环执行的组件，负责持续运行代理直至达到预设终止条件，确保 Agent 能够迭代处理信息与任务。LangChain 框架中 Agent 的执行流程如下。

（1）观察（Observation）

在 LangChain 框架中，观察是 Agent 处理任务的初始阶段。该阶段通过输入接口接收外部触发信息（如用户请求或系统指令），并对原始数据进行解析和预处理，提取关键信息以支持后续决策。观察结果可包含原始输入或结构化数据。

（2）思考（Thought）

思考是 Agent 处理任务的核心环节。该环节基于观察阶段的信息，通过规则引擎、知识库或机器学习模型进行分析，制定应对策略，其中又包含以下三个步骤。

1）理解用户意图：利用自然语言处理技术分析用户输入。例如，针对用户提问“系统无法识别我的人脸”，Agent 通过语义解析和实体抽取，明确用户需排查人脸识别失败的原因，为后续工具选择与参数提取提供依据。

2）推断所需工具：根据用户意图选择工具或工具链。例如，在人脸识别场景中，Agent 需调用人脸检测工具定位面部特征，并结合特征提取工具分析图像数据。

3）提取参数：提取工具运行所需的参数，包括文本解析、关键信息提取及数据验证。例如，从用户问题中提取图像路径、识别阈值等参数。

（3）行动（Action）

基于思考阶段决策，Agent 执行具体操作，包括生成答案、调用工具链或用户交互。以文档分析场景为例，用户请求“总结文档核心观点”时，行动阶段包含以下步骤。

1）配置参数：将文档内容注入文本摘要工具，定义处理对象及参数（如摘要长度、关键词权重）。

2）调用工具：执行文本摘要工具，通过语义分析与关键信息提取生成文档摘要。

3）响应生成：基于摘要结果，结合自然语言生成技术，输出结构化核心观点总结。

4）输出结果：将结构化总结反馈至用户，完成交互闭环。

第 9 章

企业大模型落地案例

9.1 B2C 电商平台企业大模型应用落地案例

1. 背景介绍

某中小型 B2C 电商企业在运营过程中面临大量用户评论文本分类、商品标签添加和信息提取等任务，若由运营团队成员手动进行处理（平均每个月 80 人参与），不仅费时且效率低下，而且对企业来说还要持续承担相应的人员成本。该企业仅拥有传统的 IT 系统开发团队，缺乏专业的 NLP 算法工程师来训练专门的 AI 模型实现自动化处理。因此，为高效处理这些任务并节约成本，该企业决定采用调用公有云厂商的大模型 API，这样一来就无须招聘 NLP 算法工程师了。

2. 面临的痛点

- 人工处理成本高、效率低：无法满足日益增长的数据处理需求。运营人员长期做低效和重复的工作，幸福感低，离职率高，企业需要持续承担团队的人力成本。
- 缺乏专业人才：行业内一般通过招聘 NLP 算法工程师训练专属大模型或接入已有电商平台的大模型来处理重复性工作。然而，该企业缺乏专业的 NLP 算法工程师，自有 IT 团队不熟悉 NLP 算法，无法为企业定制算法模型。而招聘 NLP 算法工程师组建团队可能需要投入上百万元的人员薪资成本和 GPU 成本。该企业尚处于亏损阶段，因此企业负责人对于招聘事宜犹豫不决。

3. 解决方案

经过深入调研，企业技术负责人决定借助百度文心一言、科大讯飞星火等大模型 API 来解决痛点。通过这些工具，企业成功实现了用户评论文本分类、商品标签添加、信息提取和商品文案整理等功能的自动化处理，不仅提高了处理效率，还大幅降低了成本。

4. 实施过程

（1）需求分析与 API 选择（周期：1 周）

- 企业召开了两次内部研讨会，明确了大模型 API 需要完成的任务类型和应用场景。
- 选择了百度文心一言的大模型 API，并确认其能满足实际需求。
- 技术负责人通过调研百度文心一言官网计费方案和接入方案，确定了整体预算和开发方案，以及项目排期计划。

（2）系统集成与测试（周期：3.5 周）

- 企业的 IT 系统开发团队前期针对已有文本内容初步做了对接测试，确保效果理想。
- 企业的 IT 系统开发团队将大模型 API 与现有系统进行集成。
- 通过充分的测试，确保 API 在各种场景下的稳定性和准确性。

（3）上线试运行（周期：4 周）

新系统正式上线运行，并进行实时监控和调整，重点关注每周减少的运营人员工作量，以平均每月减少的人员投入为衡量标准，并每周进行汇报。

（4）数据闭环与迭代优化（周期：长期）

- 对于错误标注的数据或生成的不当标签和文本，在接到用户反馈后及时进行人工修正。同时运营人员定期抽查 AI 生成的内容并进行人工修正，批量整理修正后的数据，交给 IT 人员用于大模型的调优和对齐，以完成数据闭环。
- 由于对系统稳定性要求较高，IT 团队后期接入了科大讯飞的讯飞星火大模型 API 作为备用链路，以规避单一大模型厂商 API 宕机带来的稳定性问题。

综上所述，整体实施周期约为 2 个月。

5. 整体预算投入

在没有额外招聘任何人员的情况下，企业为 API 付费约 5 万元/年（按 token 和 API 调用次数计费）。

6. 效益分析

- 节省运营人力成本：项目运行半年后，企业在运营相关的人力成本方面取得了显著成效。原有运营团队在相应任务上的平均每月投入为 80 人，按人均人力成本 1.5 万元/月计算，每月人力成本支出为 120 万元。现在，平均每月投入减少至 16 人，每月人力成本降至 24 万元。通过此项目，企业每年节省运营相关人力成本约 115.2 万元（$(120-24)\times 12=115.2$），约为原运营相关人力成本的 80%。
- 节省 IT 人员和资源采购成本：通过调用百度文心一言的大模型 API，企业不仅避免了招聘 NLP 算法工程师的高额投入，还免去了购买 GPU 和网络服务器等硬件资源的成本。综合来看，企业每年可节约约 120 万元的相关费用。

7. 投入产出比分析

综上所述，上述方案每年直接节省运营人力成本约 110 万元，间接节省工厂人员及资源采购成本约 120 万元，合计近 230 万元。相比每年 5 万元的 API 调用费，投入产出比极高。此外，大模型 API 的高效处理能力还提升了企业的运营效率，可快速完成用户评论文本分类、商品标签添加、信息提取和商品文案整理等任务，进一步提升了客户满意度和企业的竞争力。

通过该项目建设，企业内部的 IT 团队、业务团队在创新技术的调研和落地方面也进一步得到了锻炼，逐步形成了创新、协作的良好工作氛围。

9.2 CRM 企业大模型落地案例

1. 背景与痛点

某知名 CRM 企业专注于为中小企业提供智能化的 CRM 解决方案，以 SaaS 模式为主提供服务，客户广泛分布于金融、电商、零售、教育等行业。随着市场竞争的加剧和客户需求的多样化，该企业面临以下痛点。

- 数据处理与分析能力不足：传统的 CRM 系统难以高效处理和分析大量客户数据，需要进行大量的数据清洗与整理工作，工作台中的数据分析功能较弱，难以实现灵活定制化的客户自主分析功能，从而导致 CRM 产品亮点不足，不利于推广售卖。
- 客户服务响应速度慢：由于系统里缺乏智能化的客户服务支持，客户咨询和投诉的响应速度较慢，进而影响了客户满意度。

2. 前期准备工作

1）组建团队：企业通过招标方式聘请了一支外部的大模型 ToB 咨询与实施团队，该团队将与内部的业务专家、软件开发人员和项目经理紧密合作，共同推进项目的落地工作。

2）市场调研：企业对市场上现有的大模型技术进行了深入调研，了解了各种技术的优缺点和适用场景。

3）需求分析与功能确定：企业与内部业务部门和外部客户进行了深入沟通，明确了引入大模型技术的具体要求和目标。在功能规划方面，主要任务是在现有的 CRM 系统中集成大模型技术，并新增以下功能。

- 智能数据分析：针对传统 CRM 系统数据处理与分析能力的不足，开发一个基于大模型增强的数据分析功能。该功能依托先进的大模型技术，能够自动清洗和整理海量客户数据，显著降低前期数据处理所需的工作量。同时，提供强大的自定义分析能力，用户可以根据需求灵活定制分析维度和指标，实时生成深度洞察报告，帮助企业迅速把握客户需求及市场动态。此外，该功能还支持预测性分析，通过学习历史数据，预测未来市场趋势，助力企业做出更明智的决策。这一创新设计将显著提升 CRM 系统的数据分析能力，使企业能够高效、精准地应对市场变化。

- 自动化客服响应：对于常见问题，大模型能够自动生成回复，提高响应速度，目标是实现超过 60% 的问题由大模型自动处理，余下的问题转人工客服。

根据市场调研和需求分析的结果，企业最终决定采用微调大模型方案，并选定清华智谱的 ChatGLM3 作为大模型底座。

3. 实施过程

从签订合同到实施再到上线验收完成，项目共计花费约 4 个月的时间，其中包含如下 4 个阶段。

- 数据整合阶段：团队花费了数周时间对各个系统中的数据进行整合和清洗，确保数据的准确性和完整性。
- 模型训练与优化阶段：利用清洗后的数据进行了为期 1 个月的大模型训练，并根据实际业务场景对模型进行了多次优化。
- 系统集成与测试阶段：将训练好的大模型集成到 CRM 系统中，并进行了为期 2 周的全面测试，确保新系统的稳定性和可靠性。
- 用户培训与支持阶段：在新系统上线前，为企业内部员工和外部客户提供了为期一周的培训和支持，确保他们能够熟练使用新的 CRM 系统。

4. 注意事项

- 数据安全和隐私保护：在处理客户数据时，要严格遵守相关的数据安全和隐私保护法规，保护客户数据的隐私和安全。
- 技术风险应对：在实施过程中，要密切关注技术风险并制定相应的应对措施，确保项目的顺利推进。
- 用户反馈与持续改进：新系统上线后，要密切关注用户反馈，并根据反馈进行持续改进和优化，提升用户体验。

5. 整体投入费用

（1）人力资源费用

- 前期咨询费用：3 万元。
- 人力实施成本费用（包含业务需求整理、数据整理与清洗、模型微调与部署、上线运维）：80 万元。

- 用户培训费用：2 万元。

（2）应用开发与集成费用

大模型应用开发与集成费用：20 万元。

（3）硬件和基础设施费用

- 服务器购置费用：200 万元（专用 A100 GPU 服务器与通用服务器）。
- 网络升级费用：30 万元。

总计投入：335 万元（首年），之后每年的运维费用约为 13 万元。

6. 上线后运行效果

新系统上线后，取得了显著的应用成效。

- 数据处理与分析能力大幅提升：大模型技术的引入使得企业能够高效地处理和分析大量客户数据，从而更精准地把握客户需求和市场趋势。数据显示，系统的数据处理与分析能力提升了 50%。
- 客户服务响应速度加快：客户服务响应速度提升了 30%。自动化客服响应系统借助大模型技术实现了更高效的问题处理流程。约 75% 的常见咨询都能被大模型自动识别并生成精准回复，提高了处理速度。对于剩余约 25% 的复杂或特殊问题，系统会自动转接人工客服，确保客户问题都能得到有效解决。这种智能化的客服服务机制不仅提升了客户体验，还优化了人工资源配置。

9.3 科技公司基于大模型构建智能音箱任务型对话系统

智能对话系统是自然语言处理领域最热门的研究方向之一。日常生活中的很多产品是基于智能对话系统实现的，比如智能音箱、智能客服、故事机、机器人等。本节将以智能音箱为例，介绍如何利用大模型技术重构传统的智能对话系统。

9.3.1 智能音箱简介

在这个智能科技飞速发展的时代，智能音箱已成为生活中的得力助手，如图 9-1 所示。智能音箱不仅为我们带来高品质的音乐享受，还能轻松控制智能家居，甚至成为辅助孩子学习和陪伴老人的贴心助手。

现有的智能音箱大多集多种功能于一体，兼具触屏音箱、家庭影院功能，还内置了丰富的儿童教育资源，尤其适合孩子使用。同时，它也是老年人的贴心助手，能够提供天气、新闻等信息，支持视频通话和 AI 语音控制功能，而且操作便捷。这类智能音箱背后依赖的是一套复杂的智能对话系统。

图 9-1 智能音箱

9.3.2 智能音箱对话系统

对话系统是指计算机通过模拟人类的语言交流方式，实现与人交互的系统。而人工智能对话系统是指利用先进的机器学习、深度学习、强化学习等智能算法，实现机器与人类顺畅沟通的系统。

计算机科学先驱阿兰·图灵提出的图灵测试就是以对话系统为基础的。图灵测试的设计是：有一个观察者 C 使用测试对象皆理解的书面语言向两个他看不见的对象提问，这两个对象中一个是思维正常的人 B，另一个是机器 A，如图 9-2 所示。如果经过若干次询问后，C 无法分辨出 A 与 B 哪个是人，哪个是机器，则代表机器 A 通过图灵测试。

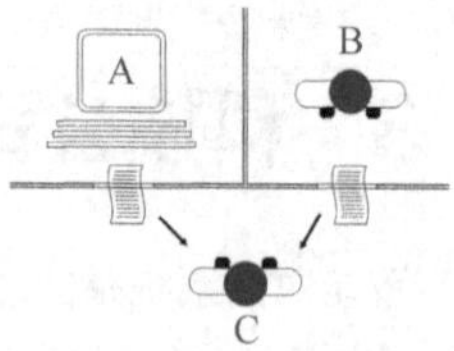

图 9-2 图灵测试基础模式

对 NLP 领域的众多算法开发者来说，智能对话系统是一个永恒的话题，因为智能对话系统潜力无限。智能对话系统是否在真正意义上通过了著名的图灵测试，到目前为止仍然是一个值得探讨的问题。随着大模型技术的飞速发展，智能对话系统是否迎来了新的变革呢？这里我们通过一个案例展示如何基于 AI Agent 构建一个完整的任务型对话系统。

首先，我们将对话系统宽泛地定义为能够理解用户输入的文本或语音，并根据用户的需求做出相应回应的系统。对话系统一般分为任务型对话、闲聊对话和问答对话等系统。需要注意的是，按这种方式分类的对话系统彼此之间并非完全没有交集。

- 任务型对话系统：通过对话交互的形式，帮助用户完成一些特定的任务，比如查询天气、预订机票、推荐音乐等。

- 闲聊对话系统：开放且无特定目标，主要应用在儿童故事机、陪聊机器人等。
- 问答对话系统：以知识获取为任务目标，主要应用在智能客服、智能问答系统等领域。

我们已经了解了对话系统的定义，接下来重点看看任务型对话系统的实现。先看一看传统任务型对话系统的架构，如图 9-3 所示。完整的任务型系统通常包括自然语言理解、对话管理、自然语言生成等模块，其中对话管理模块又包含对话状态追踪、对话策略两个子模块。自然语言理解模块负责接受用户输入并执行两项任务，一是意图识别，二是语义槽填充；对话管理模块记录当前的对话状态，并决定下一步采取什么策略；自然语言生成模块则生成最终的文本，回复给用户。在对话管理和语言生成过程中会调用知识库和 API。在实际的应用中，可能会调用一些查询天气和地理位置的 API，这些都可以被包含在任务型对话资源里。

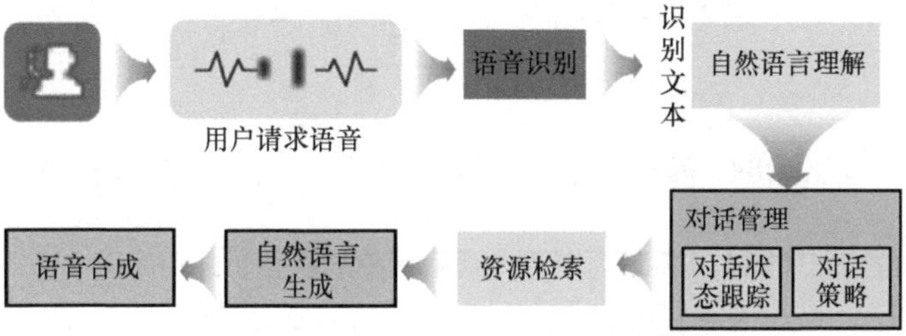

图 9-3 传统任务型对话系统的架构

9.3.3 基于大语言模型构建智能音箱对话系统

在人工智能快速发展的背景下，任务型对话 Agent 正成为提升用户体验和工作效率的关键技术。这类系统通过自然语言交互，高效完成特定任务，如预订酒店或查询天气。尽管市面上的开源框架（如 Rasa 和 Microsoft Bot Framework）在对话理解和管理方面已经取得了不错的进展，但仍面临一定的挑战，包括对大量领域数据的依赖，对固定模板的依赖，以及在个性化服务和复杂任务处理上的表现有限。大语言模型的兴起为任务型对话 Agent 的设计和开发提供了新的可能。大语言模型强大的语言理解和生成能力，显著提升了对话系统的准确性和用户交互体验。基于大语言模型构建的任务型对话系统架构如图 9-4 所示。

在这个架构中，系统共包含 4 个模块，分别是上下文语境编码、提示词构造、大语言模型对话状态跟踪、大语言模型生成。其中最关键的是对话状态跟踪和大语言模型生成这两个模块，分别用于解决“目前聊到什么程度了”和“应该说什么”的问题。相比于单轮对话，多轮对话主要应考虑的就是这两方面的处理。

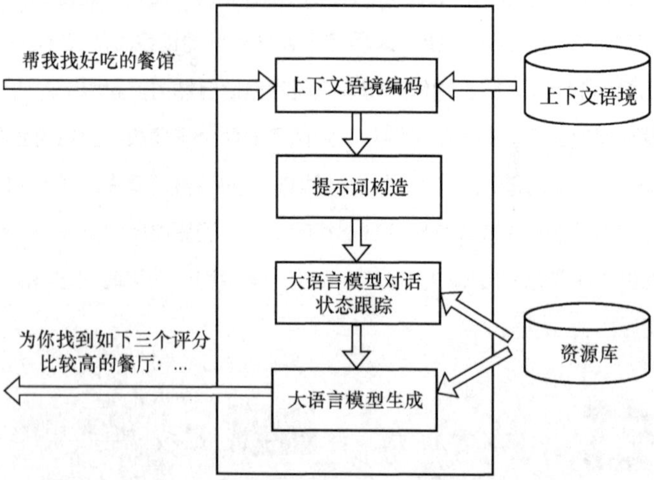

图 9-4 基于大语言模型构建的任务型对话系统架构

凭借大语言模型的强大能力，系统可以深入理解用户的意图，并利用更丰富、更准确的信息进行上下文推理。随着提示工程、生成技术和 RAG 等相关方法的发展，结合 Agent 核心理念构建的任务型对话系统，已逐步展现出如下优势。

- 显著降低业务冷启动阶段的数据标注成本与时间投入，减轻初期开发负担。
- 降低对话系统整体建模的门槛，未来甚至可以让非专业背景的开发者也能完成简单对话场景的系统搭建。
- 模型泛化能力强，相比规则模板方式维护成本更低。
- 明显减少了对传统资源（如知识图谱、音乐数据库）的依赖。

随着大语言模型与 Agent 技术的不断进步，传统的 NLP 技术路径正在发生根本性变革。过去，开发一套智能对话系统往往需要数十人甚至上百人的团队协同工作，而如今，一个由四五人组成的小型团队也可能完成曾经只有大型团队才能应对的复杂任务。

本节以智能音箱对话系统为例，介绍了大模型技术如何重塑传统的对话系统架构。传统架构的改变带来了性能的质变。虽然目前对话系统尚未真正通过图灵测试，但我们有理由相信，随着技术的发展，特别是大模型能力的持续提升，这一天终将到来。未来的对话系统将更加智能化，为人们的生活和学习带来深远影响。

9.4 Runway 公司基于大模型引领图像、视频变革

Runway 公司的创始人兼 CEO 克里斯·瓦伦祖埃拉（Cris Valenzuela）曾提到，当越来越多的人能够创造过去只有工作室、机构和大团队才能制作出来的东西时，电影最好的时代也许就会到来。

9.4.1 Runway 公司简介

任何突破性的技术变革，都伴随着伟大公司的诞生。20 世纪 90 年代，在计算机排版设计、打印领域的革新浪潮中，Adobe 和苹果公司携手合作，催生了 Photoshop 这一划时代的图像处理和编辑软件，如图 9-5 所示。凭借 Photoshop 简洁的操作界面、丰富的功能，以及苹果公司庞大的用户基础，Adobe 很快就开启了图像处理的新阶段。通过对设计者和艺术创作者需求的深刻洞察，Adobe 家族的系列产品如雨后春笋般涌现，其中就包括视频处理软件 Premiere。

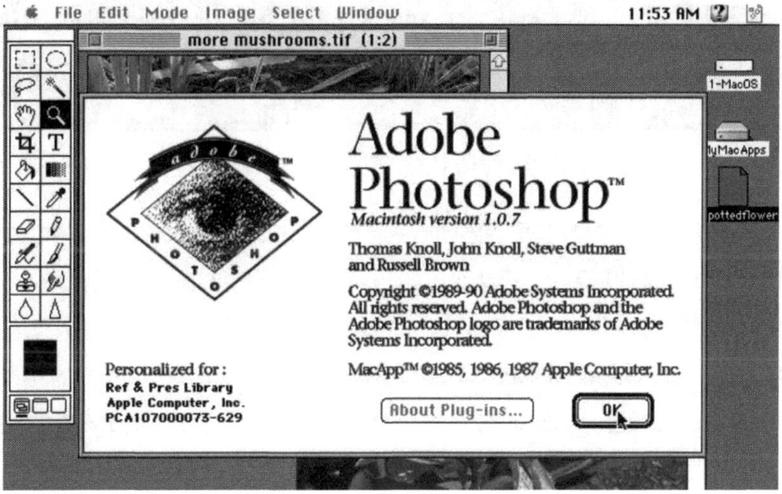

图 9-5　Photoshop 1990 年版本

Runway 公司成立于 2018 年，是人工智能生成领域当下备受瞩目的明星公司之一。它专注于多模态生成，尤其是视频与图像生成领域，通过大模型解锁创意的无限潜力，大幅度提升了图像和视频的创作效率。

然而，这样一家明星公司在 2020 年 A 轮融资时，遇到了前所未有的困难。因为当时大模型技术还没有现在这样广为人知，当时市场中的很多人连"生成式人工智能"这个概念都没听说过。2023 年

之前，GAN 是生成式人工智能最有希望取得显著成果的技术。图 9-6 展示的是借助 GAN 生成的 AI 动漫头像。

图 9-6　借助 GAN 生成的 AI 动漫头像

Runway 公司团队在基于 GAN 模型探索图像生成方法时发现了 Diffusion 模型的潜力，于是团队算法科学家在 Disco Diffusion 的基础上进行迭代优化，构建了 Stable Diffusion 的早期版本。

Stable Diffusion 是由 StabilityAI、CompVis 与 Runway 合作开发的一款基于扩散算法的图像生成模型，于 2022 年发布。这款专业级 AI 绘图工具能够在消费级显卡上实现稳定、可控的高质量图像生成。

基于 Stable Diffusion 模型，Runway 公司团队开发了文生图、图生图、图像无限扩展生成、Custom Training 等一系列名为 AI Magic Tools 的工具。

9.4.2 Runway 公司基于大模型的产品案例

下面我们通过 Runway 公司的产品落地案例，来看一下大模型技术为图像、视频领域所带来的突破性进展。这里先以一个简单例子介绍一下传统企业 Adobe 旗下的两款软件 Photoshop 和 Premiere 在进行图像和视频创作时可能遇到的问题。假设当前任务是生成一段 5 秒钟的视频片段，视频的原始素材是一张图片，如图 9-7 所示。

图 9-7　制作视频的原始素材图片

如果借助 Premiere 来实现这样一个目标，工作量巨大。我们需要编辑移动的素材，建立时间轴和运动轨迹，然后逐帧构建动态场景。Runway 公司研发的工具动态笔刷极大地简化了这一过程。如图 9-8 所示，动态笔刷具有一个直观且友好的界面，允许用户通过简单的笔画指导视频中特定元素的运动方向，使其产生相应的运动效果。用户只需绘制想要添加运动的区域或对象，设定运动方向和相应的参数值，然后生成动态效果即可。

图 9-8　Runway 公司研发的动态笔刷

借助动态笔刷，我们只需要一分钟就可以完成任务，将静态图片转化为一段 5 秒的视频片段。除此以外，Runway 公司在文生图、视频风格转换领域也有突破性进展。随着大模型技术的发展，如今我们只需输入简单的文字描述，就可以生成图 9-9 所示的图片；如果想要改变现有视频素材的风格，通过简单的操作就可以实现图 9-10 所示的效果。试想，在未来的电影制作中，我们需要的素材不再通过摄影师、导演、演员现场拍摄获取，而是通过 AI 软件在几分钟内迅速生成，这不仅将大幅度提升电影作品的制作效率，还能激发创作者的想象力和创新能力。

图 9-9　文生图画面

图 9-10　视频风格转换

这里再介绍一个 Runway 公司的有趣案例，用户只需上传 15 ～ 20 张个人照片，再支付 10 美元，Runway 公司平台便会基于这些照片进行个性化模型训练，之后用户就可以获得模型生成的上百张肖像图片，如图 9-11 所示。

图 9-11　利用 Runway 公司平台生成的肖像

每次训练完成，平台不仅会一次性生成上百张肖像照片，还会生成一个标签化的提示，便于日后再次调用，从而快速生成新的肖像照片。

Runway 公司在文生视频领域也推出了创新产品。为了更好地理解文生视频的发展，下面来看一看 2024 年爆火的 Sora。2024 年初，美国人工智能公司 OpenAI 发布了其首款文生视频模型 Sora。这款产品一经发布，便迅速成为行业的焦点。这是继文本模型 ChatGPT 和图片模型 Dall · E 之后，OpenAI 推出的又一款极具颠覆性的 AI 大模型产品。

Sora 的问世对现实生活和传统行业产生了深远影响。目前，国产 AI 大模型在视频生成技术上与 Sora 相比存在明显差距。Sora 的出现使得人工智能技术的监管面临诸多前所未有的挑战。我们需要提防 AI 大模型潜藏的风险。

与其他视频生成 AI 软件相比，Sora 的优势在于它生成的视频足够长、足够真实，并且符合物理规律，可达到以假乱真的效果。Sora 可以根据输入文本直接生成对应的视频，也可以剪辑修改已有的视频。它在多个领域都具有潜在的价值，最直接受益的行业包括电影、自媒体、动画、广告等。

表 9-1 给出了 Sora 与传统视频生成工具的对比。

表 9-1　Sora 与传统视频生成工具的对比

能力分类	能力	Sora	传统视频生成工具
底层技术	架构	Transformer	U-Net 为主
	驱动方式	数据	图片
对真实世界的理解 / 模拟能力	世界理解能力	可理解世界知识	弱
	数字世界模拟	支持	不支持
	世界互动能力	支持	不支持
	3D 运动连贯性	强	弱
	物体一致性	强	弱
	物体持久性 / 连续性	强	弱
	文本理解	强	一般
	运动控制	其他	提示 + 运动控制工具
基于模拟的视频编辑能力	无缝连接能力	强	弱
	视频到视频编辑	支持	部分
	扩展生成视频	前 / 后	后
外显视频基础属性	视频时长	60 秒	2 ～ 4 秒
	原生纵横比	支持	不支持
	清晰度	1080P	最高 4K

Sora 生成的视频长度和质量超越了以往视频生成模型的水准，部分视频已经难辨真假。2022 年 11 月发布的 ChatGPT 引领了全球大模型的蓬勃发展，并大大提升了特定行业的生产效率，2024 年推出的 Sora 是否能延续 ChatGPT 的成功呢？让我们拭目以待。

Runway 公司自从 2023 年 11 月更新了一次 Gen-2 模型后便没有了新动作。就在很多人以为 Runway 公司要被时代淘汰时，它凭借 Gen-3 模型生成的高质量视频，重新确立了其在 AI 视频领域的领先地位。相较于前一代 Gen-2，Gen-3 在视频的质量、色彩、饱和度、光影效果、文本语义还原、镜头运动、动作一致性及场景切换等方面均有显著提升。图 9-12 展示了 Runway 公司通过 Gen-3 模型生成的视频画面。

图 9-12　Runway 公司通过 Gen-3 模型生成的视频画面

9.4.3 Runway 公司重塑工作流

Runway 是一个专注于 AI 原生工具开发的公司，它借助云计算和 AI 的力量打造了全新的内容创作工作流，未来有望成为新一代内容创作平台。目前，该公司已经发布了 30 多个 AI Magic Tools。

Runway 公司的产品理念很清晰：一直站在 AI 技术演进的前沿，始终探索 AI 新技术的边界，寻找视频和图像编辑的全新方法。其中的关键是机器学习驱动和云原生，它们让每个人都可以轻松地在浏览器中制作专业级视频特效。对于产品定位，Runway 公司团队主要提到 4 点：专业、协作、快、丰富的 AI Magic Tools。他们不希望做一个更好的 Photoshop 或 Premiere，而是希望借助云计算和 AI 的力量塑造全新的工作流。

这里我们总结一下 Runway 公司依靠大模型技术在重塑图像与视频创作和编辑领域的市场格局过程中所获得的竞争优势。

- 无尽的特性：Runway 公司提供了 30 多个 AI Magic Tools，不再依赖笨重的第三方插件和外部软件，大幅提升了视频和图像的编辑及创作效率。
- 持续创新：Runway 公司始终处在生成式 AI 最前沿的位置，通过整合先进的大模型技术，如 Gen-1 和 Gen-2，为视频和图像创作者创造了一个强大的创作平台，使他们能够始终依托最前沿的技术创作更好的作品。
- 在云端：使用 Runway 公司平台的模式类似于使用云端的 SaaS 平台，无论身在何处，创作者只需打开浏览器并登录平台，即可使用 Runway 公司研发的工具。

这一节详细讲述了 Runway 公司是如何通过大模型技术改变图像和视频编辑范式的。技术的突破带来了产品的创新，而大模型技术就是这样一项突破性技术。期待有更多产品随着大模型技术的普及而问世，从而改变和提升各个行业的工作效率。

9.4.4　影视公司基于 Runway 公司的工具制作 AI 电影

人工智能电影节（AIFF）是由 Runway 公司于 2022 年发起的，旨在鼓励艺术家在电影制作中采用新兴的人工智能技术。2024 年 5 月，第二届人工智能电影节落下帷幕。

什么才是人工智能电影呢？以下是 Runway 公司在官方规则里的说明。

“制作一段 1 ～ 10 分钟的视频，要求使用人工智能技术完成主要内容。可以使用类似 Runway 公司提供的 Gen-1、Gen-2、文本转图像或帧插值等 AI Magic Tools 来生成画面，或通过 AI 编辑技术（包括但不限于 3D 捕捉、绿屏、修复或运动跟踪）将人工智能元素融入您的影片中。”

这里介绍一下 2023 年在这个比赛中获奖的一部作品：《世代》（*Generation*）。《世代》是由英国导演、剪辑师里卡多·富塞蒂（Riccardo Fusetti）利用人工智能工具 Disco Diffuion 创作的动画短片。

《世代》主要包含三个部分，如图 9-13 至图 9-15 所示。在第一部分，影片以特写镜头“伊维睁开眼睛”开始，紧接着，她的肢体逐渐展开，双手匍匐向前爬行，最终站立。这一镜头暗示着生命的苏醒，隐喻地球生命由微生物、爬行动物到人类的演变过程。而后，伊维的身体发生了一系列纹理变化，最后伊维逐步恢复原状，影片进入第二部分。

在第二部分一开始，伊维紧抱的双臂打开，周围的环境由一片漆黑变为星光闪烁，粒子不断涌动迸射，同时伊维的身体也跟随着场景一起变化。然后，伊维的身体开始变形，出现动物的特征。几秒后，伊维的身上开始呈现与人类相关的元素。环境背景一直后退，而伊维却不断往前，身体与背景共同展现了人类文明发展的历程。最后，伊维以最初的面貌出现在黑色背景前。

图 9-13 《世代》第一部分

图 9-14 《世代》第二部分

在第三部分，影像特效再次频繁出现在视频片段中，伊维的身体以更快的速度变幻，从风暴到火焰再到岩石，从固态到气态再到液态，直到停止。最后，伊维再次背对着屏幕，以最初的面貌出现在黑色背景前。

图 9-15 《世代》第三部分

相信很多读者被这样的影像特效所震撼。《世代》是如何通过 AI 制作的呢？富塞蒂首先对舞者伊维的表演进行转描（Rotoscoping），然后手工绘制其身体轮廓与动作细节，结合现有素材与原创图形，构建出初始图像；之后，富塞蒂将初始图像、文本提示输入 Disco Diffusion（基于 CLIP 和扩散模型的开源文生图像模型)，并通过该模型随机生成大量绚丽的底片；最后再将生成的影像帧组合在一起，创作出完整的影片。富塞蒂在采访中提到，单个帧的渲染需要一到五分钟，为了保持流畅性，他选择了与电影相同的每秒 24 帧。因此，仅渲染就耗费了大量的时间。

2024 年，在第二届人工智能电影节中获奖的作品是丹尼尔·安特比执导的《让我出去》(*Get Me Out*)，这部电影延续了《世代》中对身体的关注，采用了大量近景镜头，如图 9-16 所示。影片结合了实拍片段与 AI 动画，讲述了一个亚裔青年试图逃离自己公寓的故事。

虽然无法得知影片具体拍摄细节，但我们仍然可以看到 AIGC 与传统拍摄素材的绝佳融合。当主人公与 AI 分身扭打在一起时，身体末端的细节效果十分真实。在早期的文生图实践中，人物肢体末端（如手指、脚趾等）是最容易出错的，而穿模问题更是屡见不鲜。随着 Prompt 技术和模型本身的优化，这种细节的表现也越来越逼真。

图 9-16 《让我出去》镜头

2024 年 3 月 6 日，全球首部“完全由 AI 制作的开创性长篇电影” *Our T2 Remake* 在洛杉矶首映。该片由 50 位 AI 领域的艺术家分段创作，他们借助 ChatGPT、Midjourney、Pika、Kaiber 等 AI 工具完成创作全流程。

在中国，《西游记》AI 动画片在 B 站播放量已突破百万；全流程 AI 制作的微短剧《白狐》也在 2024 年上线；央视（总台）出品的国内首部原创文生视频 AI 系列动画《千秋诗颂》已在 CCTV-1 综合频道播出……多部 AI 影视作品落地，意味着 AI 赋能影视制作已经出现了实质性进展，技术革新带给行业的影响正加速显现。

技术的快速发展也带来了更多不确定性，往往一种技术刚刚被应用，一种全新的技术又席卷而来。

相比专注于研究 AI 等前沿技术的科技公司，影视制作公司在同领域的研发速度要慢上许多。Sora 问世之前，早期 AI 作品创作过程中摸索出来的方法论就可能伴随着 Sora 带来的技术革新而被迅速淘汰，相关公司也需要以更快的速度跟上新技术的发展。

大模型技术的发展，也带来了版权风险。用于训练大模型的内容是否获得授权，借助相关产品创作的 AI 作品的版权如何界定，都需要进一步讨论。

六、未来展望篇

本篇结合前面章节所阐述的内容对 AI 未来的发展趋势做出了综合预测与判断分析。该预测和分析有助于读者洞悉未来趋势，从而为投资决策、管理与工作提供科学指导。

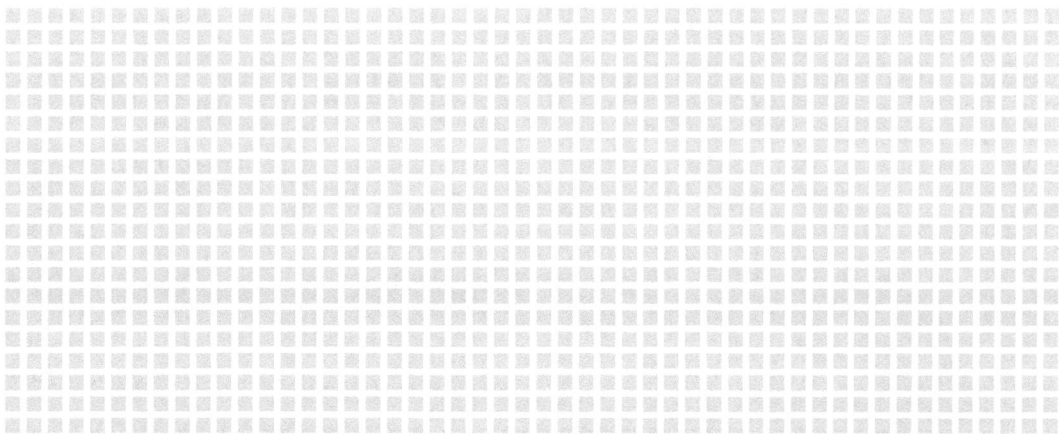

第 10 章

未来展望

10.1 大模型的当前发展阶段

笔者经常借助高德纳咨询公司的技术成熟度曲线来评估一项新兴技术所处的阶段，以及分析应对策略、投资策略等。技术成熟度曲线是一种用于评估和预测新技术发展趋势的工具。该曲线通过 5 个阶段来描述一项新技术从诞生到成熟的生命周期，帮助企业和投资者了解技术所处的发展阶段，以便做出更明智的决策。图 10-1 展示了这 5 个阶段的整体情况。

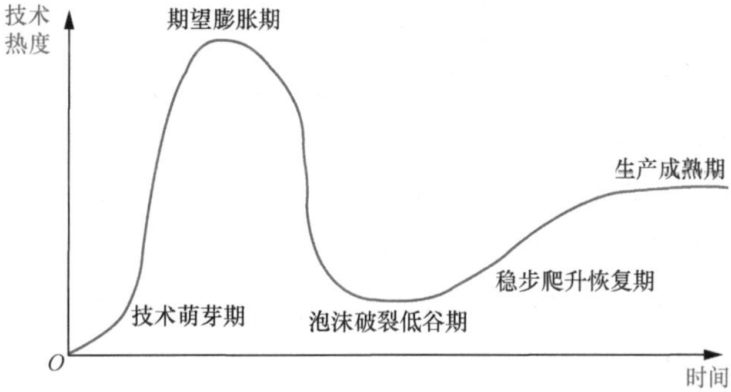

图 10-1　技术成熟度曲线

技术成熟度曲线包括以下几个阶段。

1. 技术萌芽期

在这一阶段，新的技术或创新开始涌现并受到关注。这是技术探索、实验或公开演示的时期，期间媒体会大肆报道，相关产品的讨论度会很高。然而，这一阶段的技术尚未成熟，还存在许多未知因素和挑战。不过，只要该项技术未来有较大发展，那么较早入局者会获得更多的技术红利。

2．期望膨胀期

这一时期是大众对新技术的期望达到顶峰的阶段。由于个别成功案例的出现，人们对新技术的期待变得不切实际，市场预期被高估，市场看似繁荣。然而，这种过度的期望往往伴随着许多失败的案例，因为技术本身可能还存在局限性和挑战。

3．泡沫破裂低谷期

当科技创新无法满足过度的期待时，人们对市场的信心和热情会迅速降低，技术进入低谷期。新技术遭到质疑，失败案例的增多导致人们对其失去信心，媒体关注度也大幅下降。这一阶段堪称技术发展过程中最为艰难且充满挑战的时期。

4．稳步爬升恢复期

在经历了一段时间的低谷之后，一些企业和个人开始真正理解并实际应用新技术。他们通过改进和优化技术，找到了有价值的应用场景，并推动技术走向成熟。虽然公众关注度仍然不高，但市场逐渐进入恢复期，新技术的优点开始被认可。

5．生产成熟期

新技术已经达到成熟应用的阶段，被广泛接受并稳定地占有市场。新技术的增长速度放缓，但市场应用相对稳定，已经成为行业标准或主流解决方案之一。在这一阶段，企业可以充分利用新技术来提高效率、降低成本，并尝试进行业务模式创新。

高德纳咨询公司的技术成熟度曲线提供了一个全面的框架来评估新技术的发展趋势和潜在机会。它帮助企业和投资者了解技术发展的不同阶段，从而更好地把握市场时机、制定战略和做出投资决策。同时，该曲线也提醒人们要对新技术的期望保持理性，避免盲目跟风和过度投机行为。

目前，大模型领域正处于期望膨胀期。随着人工智能技术的飞速发展，大模型作为其中的重要一环，受到了企业界、投资界乃至全社会的广泛关注。众多大模型企业先后获得高额融资，这反映了市场对这些公司前景的乐观预期。与此同时，各行各业也都在积极探索大模型的应用，试图将其融入自身的业务流程，以实现数字化转型和智能化升级。

然而，尽管大模型的发展势头强劲，但它在各行业中的落地情况并不如人们最初设想的那样顺利。一方面，大模型的训练需要庞大的计算资源和数据支持，这对许多企业来说是一个巨大的成本挑战。另一方面，大模型的应用场景还存在一定的局限性，无法完全契合所有行业的需求。这些因素导致了大模型在实际应用中的效果并不尽如人意，甚至在某些情况下出现了“雷声大雨点小”的现象。

因此，在一定程度上可以说，当前大模型领域存在一定的泡沫现象。这种泡沫既源于市场对大模型过高的预期，也源于部分企业在资金和资源上的盲目投入。然而，我们也应该看到，大模型作为人工智能领域的重要技术之一，其发展前景仍然广阔。只要我们能够理性地看待市场泡沫，坚持技术创新和应用探索，大模型就有望在未来为各行各业带来更多的价值。

10.2 AI 未来发展趋势

AI 的发展前景乐观，有望在多个领域取得突破，其发展趋势令人瞩目，同时也带来了一系列挑战。结合当前科技的飞跃与市场的需求，我们可以归纳出 AI 几个重要的发展方向，同时也必须正视其中的难题。

首先要明确的是，AI 的算法与模型将持续演化与升级。深度学习、强化学习等技术的持续进步，使得 AI 模型能够处理更为复杂的任务，其处理速度与准确性也在稳步提升。这意味着，未来的 AI 系统将能更为精确地解读人类的语言与意图，从而提供更加贴心的服务。但这样的进步也可能导致某些传统岗位的消失。AI 在数据处理与重复性任务上的高效性，可能会使一些低技能的工作岗位被取代。在这里，工作技能的二八法则体现得尤为突出，即 20% 的高技能工作将愈发受到重视，而 80% 的低技能工作则可能面临被 AI 替代的风险。因此，人们必须不断提升自己的技能，以适应这种变革。

AI 的应用场景将进一步扩大。目前，AI 在医疗、金融、教育、交通等多个领域都已取得了显著的成效。展望未来，随着技术的不断革新与数据的持续积累，AI 的应用将更为广泛，覆盖的行业和领域也会更多。然而，这种广泛的应用也可能引发失业问题，特别是在客服、数据分析等工作岗位，许多传统行业的工作者可能会因 AI 的介入而失业。

AI 与其他技术的结合将成为未来的一个重要方向。例如，AI 与物联网的结合将实现智能家居、智能城市等前沿应用；AI 与区块链的结合将确保数据的安全性与可信性；AI 与 5G 通信的结合则将带来更快、更稳定的数据传输与处理。这些技术的结合将进一步推动 AI 的发展，但也引发了关于机器人伦理道德的讨论。随着机器人和 AI 系统在生活中的日益普及，我们必须思考它们的行为界限与道德责任。

AI 的伦理与隐私问题也是未来发展的重要议题。随着 AI 的广泛应用，如何确保 AI 系统的公平性与透明度、如何保护个人隐私与数据安全等问题将会越来越受关注。我们需要建立完善的监管与评估机制，以防止因数据偏见或算法缺陷导致的不公平决策。

因此，AI 的未来既充满了机遇也面临着挑战。在享受 AI 带来的便利与效率的同时，我们也需要正视其可能带来的失业、伦理道德等问题。未来我们不仅需要关注技术的进步与应用创新，还需要重视人类的技能提升、伦理与法律框架的构建与完善，以确保 AI 技术的健康发展与可持续应用。

在未来的发展进程中，AI 有极大的可能性会遵循我们经常提到的二八法则。可以想象，在未来广阔的应用场景中，将会有高达 80% 的场景主要由大模型来发挥关键作用。这些大模型就如同智慧的巨擘，凭借其极为强大的处理能力及无比广泛的知识储备，展现出令人惊叹的实力。无论是面对海量数据的分析处理，还是应对各种错综复杂的需求挑战，大模型都能游刃有余地应对。它们能够快速而精准地挖掘深藏其中的信息与规律，为解决各种难题提供坚实的支持。

另外 20% 的场景有可能需要依靠传统的小模型来妥善解决。尽管大模型光芒四射，但在某些特定的情境下，小模型却有着其独特的优势和不可替代性。小模型具有小巧、灵活等特点，能够更灵活地处理一些特定的、相对较为局限的需求。它们不需要大模型那般庞大的资源投入，就能在自己擅长的领域内发挥重要作用。在一些对精度和灵活性要求极高的小众领域（如高精度目标检测），或者在资源相对有限的特定环境中，小模型能凭借其更强的针对性和良好的适应性，巧妙地解决那些看似细微实则关键的问题。它们与大模型相辅相成，共同构建起 AI 应用多元且丰富的版图，为未来的各种可能性奠定基础。

虽然 AI 的发展前景无比广阔，但值得注意的是，目前 AI 仍然主要在处理“关联性”预测的任务，与人类所具备的高级思维能力，如抽象、演绎、深度思考等还有较大的差距。这需要我们在基础算法层面进行更多的创新与突破。

AI 发展到目前阶段，第一波想象空间已经逐渐清晰，我们已经能够明确什么能做、什么不能做，以及能做的部分是否具有成本优势，是否存在“护城河”，是否有人愿意为之买单。

未来的第二波想象空间，可能与算法的改革紧密相关。目前的 Transformer 和 attention 模型机制主要解决的是预测下一个 token 的关联性问题，它们都基于归纳法，离真正的创新还有相当一段距离。因此，AI 的第二波想象空间可能依赖于算法的重大突破。这不仅仅是增加算力和数据量的问题，研究门槛也必将随之提高。要实现这一突破，我们极有可能需要回到原点，从脑科学研究入手，只有真正理解了大脑的思考方式，才有可能明白如何创造出真正的通用人工智能。

10.3 具身智能

目前，大模型更多是以软件形式出现在人们的视野当中，而在未来，大模型将融入硬件设备，成为机器人的中控大脑，为机器人提供全方位的感知、分析决策和行动规划能力，展现出巨大的发展潜力。该领域被称为具身智能。

具身智能作为人工智能的重要分支，其未来的发展趋势呈现更加深入和广泛的特点。而随着技术的不断进步和市场的日益扩大，具身智能将与大模型紧密结合，实现更高层次的智能化和交互性。同时，工业机器人已经在大规模落地的过程中展现其强大的应用潜力和价值。图 10-2 所示为一个工厂流水线上的机器人正在指挥其他机器人进行工业生产。

图 10-2 工厂流水线上的机器人

在汽车制造领域，已经实现了大规模应用工业机器人。例如，某知名汽车厂商引入了先进的工业机器人进行焊接和装配作业。这些机器人通过精确的感知和控制系统，实现了对汽车零部件高效且精准的焊接和装配，大大提高了生产效率和质量。

在电子制造领域，工业机器人也发挥着举足轻重的作用。它们借助高精度操作和灵活编程，能够完成电路板上的精细焊接、元件插装等复杂任务。这不仅提高了生产效率，还降低了人力成本，使得电子产品更加物美价廉。

在物流领域，工业机器人的应用也越来越广泛。它们可以承担货物搬运、分类、打包等工作，实现物流流程的自动化和智能化。这不仅提高了物流效率，还降低了人工操作的风险和错误率。

在半导体制造领域，某知名半导体企业采用了先进的真空机器人技术，实现了晶圆在真空腔室内的精准传输。这种机器人在保证晶圆质量的同时，大大提高了生产效率。

在家电制造领域，某家电巨头引入了具有自主导航和避障功能的工业机器人，实现了对生产线的自动化巡检和维护，有效降低了设备故障率，提高了生产线的稳定性。

在具身智能与大模型的结合方面，工业机器人的应用也展现了新的可能性。通过引入大模型技术，工业机器人可以更好地理解和处理环境信息，实现更精准的感知和决策。例如，在复杂的装配任务中，工业机器人可以在大模型的帮助下，实现对零部件的精确识别和定位，从而完成更复杂的装配工作。

扫地机器人与大模型结合的具身智能，是家电智能化发展的重要方向。这种结合将扫地机器人从单纯的清洁工具升级为家庭中的智能助手。搭载大模型的扫地机器人将拥有更精准的室内定位和地图构建能力，通过深度学习和计算机视觉技术实现高效、灵活的清洁路径规划。同时，它还能根据不同的地面材质和清洁程度，自适应调整清洁模式和吸力大小。此外，结合大模型的扫地机器人还可能具备家庭安全监控、语音交互、智能家居控制等多元功能，为用户提供更加便捷、智能的家居体验。这种具身智能的发展，不仅提升了扫地机器人的实用性和便捷性，更让家庭生活迈向全面智能化的新阶段。

从扫地机器人等家政服务机器人的发展也可以看出，具身智能一定是先在 ToB 领域（例如工业、物流机器人领域）大展拳脚，不断在算法、数据、硬件等方面进行技术积累，再逐步渗透到 ToC 领域，开展家政服务、做饭洗衣、养老陪护等工作。毕竟前者的标准化程度更高，技术更容易实现，而后者的非标准化程度更高，因此对技术的要求也更高，还需要有一个较长周期的演进，但未来可期。

未来，我们一定有机会生活在一个身边到处都是机器人的社会里。机器人帮助我们开展日常工作，提供各项生活服务。到那时，脏活、累活、高危工作不再需要人类亲自去做，自动驾驶汽车将解放司机的双手，生病的老人由更有“温度”的机器人陪伴和照顾。而人类将会去做更有价值和创造性的工作，人类社会在具身智能的赋能下，将会迈上新的台阶。

10.4 未来新型企业组织架构

未来随着 AI 的发展，企业组织会逐步发生相应的变化，这也将促使传统的企业管理方式、人力资源管理制度等发生一系列改革。

10.4.1 未来新型人机协作方式

人工智能体具备一系列感知、任务规划与拆解、任务执行的能力，因此未来人机协作的模式也将逐步改变。图 10-3 展示了人机协作的不同阶段，从过去到未来，我们将经历人类完成大部分任务、人类和 AI 协作以及 AI 完成大部分任务 3 个阶段。

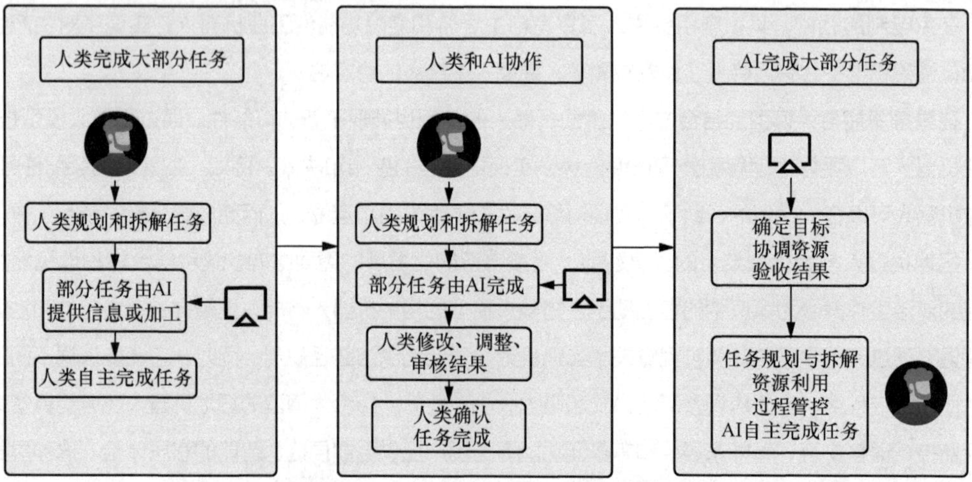

图 10-3 人机协作的 3 个不同阶段

在第一阶段，由人类完成大部分任务，因此人类要负责整体规划和拆解任务。明确分工后，将任务分配给团队成员去完成，其中部分成员在执行任务时会借助 AI 进行信息搜集整理、信息加工等（例如图片 OCR、NLP 信息提取）。不过，整个过程主要依靠人类自主完成。

目前，AI 发展已进入大规模落地的时代，我们进入了人类和 AI 协作的第二阶段。在该阶段，人类负责规划和拆解任务，其中部分任务会依旧由人工完成，部分任务则直接交给 AI 执行，之后由人类对执行结果进行修改、调整与审核。这相当于做了一层人工兜底，最终由人类确认整个任务完成。在该阶段，AI 可能完成 30% ～ 70% 的工作任务。

在第三阶段，也就是大模型时代到来，AI 会代替人工完成大部分任务，甚至所有任务。在该阶段，人类不再过多参与一线任务，而是负责明确任务目标，协调好所需资源，将任务需求交给 AI。AI 则全程负责任务规划与拆解、利用人类提供的各种资源（例如外部系统 API、知识库资料、账号、密码等）管控执行过程，全程自主完成任务，最后将任务结果直接交付给人类即可。这一阶段真正实现人管机器。

10.4.2　未来新型企业组织架构

在 AI 浪潮的推动下，未来的企业组织架构将不再沿袭从一线员工到经理、总监、副总裁，再到 CEO 的传统森林式架构，而是会逐步演进为层级更少的架构模式。以往，企业通常会设置很多中间层岗位，旨在通过中层管理人员有效管理一线员工，从而保障日常任务的顺利执行。而在未来，这种人管人的模式会逐步演变为人管机器。图 10-4 展示了人管人的传统企业组织架构和人管机器的新型组织架构。

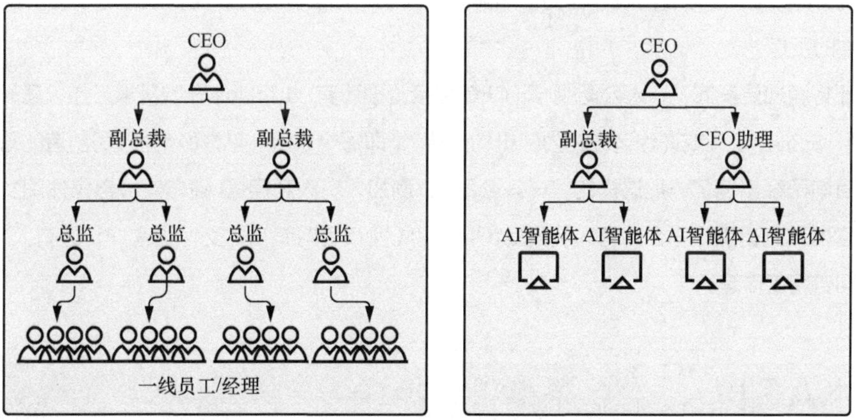

图 10-4　传统企业组织架构和新型组织架构

在图 10-4 中，左图是传统的森林式组织架构，右图是新型企业组织架构，其中的角色与分工描述如下。

- CEO：作为企业的最高管理者，CEO 负责制定公司的整体战略方向，并对重大事务进行最终决策。他们与副总裁或 CEO 助理紧密合作，共同把控企业的运营和发展方向。
- 副总裁：他们直接向 CEO 汇报，并负责管理各自领域的业务。他们不仅参与制定具体业务策略，还负责监督智能体的运行和任务执行情况，确保公司的战略有效拆解与落地。
- AI 智能体：在新型架构中，人工智能体扮演着至关重要的角色，它们完全或部分替代了原来的一线员工或经理的职能。这些 AI 智能体是预先开发好的自动化程序，具备规划和执行具体任务的能力。它们负责长周期项目的交付，把控任务进程，确保各项任务能够按照既定的时间表和质量标准完成。

虽然 AI 智能体在执行任务的过程中展现出高度的自主性和智能化，但最终的决策权以及对结果的把控仍然掌握在人类手中。CEO、副总裁或 CEO 助理通过监控 AI 智能体的运行情况和数据反馈，对任务执行结果进行严格把控和评估。人类的作用主要体现在对 AI 智能体的监督、调优及处理异常情况等方面。当 AI 智能体遇到无法解决的问题时，人类管理者会及时介入，提供必要的支持和指导。

当然，这种整体组织架构的演变会是一个逐步推进的过程，不会一蹴而就。在中间过渡阶段，仍会存在需要人类去完成一线工作的情况。随着具身智能领域的快速发展，很多一线工作（例如货物搬运、巡逻与安保、家政服务等）也将逐步由实体机器人所取代。因此，AI 智能体未来取代的不仅是基础的白领工作，还会有更多基础的蓝领工作。

在这种情况下，会有更多人关心 CEO 这类高级别工作岗位是否也会逐步被 AI 取代。由前文可知，未来 CEO 仍有很强的不可替代性，他们依然需要专注于战略方向把控、整体管理与运营、财务与融资等宏观层面的工作。

未来还将涌现更多的“一人公司”，即 CEO 直接管理所有 AI 智能体开展日常工作，届时衡量公司“人均产值”的指标定义或许也该进化为“机均产值”（即每个 AI 智能体每年为公司创造的营业收入）。事实上，目前已经出现了一批这样的“一人公司”，例如，有人利用 AI 独自完成自媒体图文创作，并自动将内容发布到自媒体平台；有人利用 AI 独自完成视频后期编辑并交付给客户；还有人利用 AI 独自开展顾问咨询工作等。

10.5 AGI

整体来看，AGI 离我们尚有一定的距离。但如果未来 AGI 真的能实现，那必将对人类社会产生深远影响。AGI 的未来发展充满了无限可能与挑战，随着技术的不断进步和应用场景的不断拓宽，AGI 将逐渐渗透到我们生活的方方面面，带来前所未有的变革。

首先，AGI 在医疗领域的应用将日益广泛。以深度学习技术为基础的医学图像识别系统已经能够辅助医生进行病变检测和病灶定位。例如，某知名医院引入了一款先进的 AGI 系统，该系统通过对患者的 MRI 和 CT 图像进行深度学习和分析，能够自动识别和标注肿瘤等异常组织，大大提高了诊断的准确性和效率。这种技术的应用不仅有助于减轻医生的工作负担，还能为患者提供更精准的治疗方案。

AGI 将在智能交通领域发挥重要作用。随着自动驾驶技术的不断发展，AGI 系统将成为实现完全自动驾驶的关键。通过集成多种传感器和算法，AGI 系统能够实时感知和分析道路环境、车辆状态及行人动态等信息，从而做出准确的决策和控制。未来，我们有望看到更多的自动驾驶汽车、无人公交及智能物流车等应用，为城市交通带来革命性的变化。

AGI 在智能家居领域也将大放异彩。通过智能音箱、智能家电等设备，AGI 系统可以实现与用户的自然语言交互，理解并满足用户的各种需求。例如，用户可以通过语音指令控制家中的灯光、空调、电视等设备，甚至实现智能家居的安全监控和能源管理等功能。这种智能化的生活方式将显著提升人们的生活品质和幸福感。

实现 AGI 的路径可能包括算法与模型的持续进步，这将使 AGI 具备处理更复杂任务的能力。同时，提升多模态理解能力也是关键的一步，这能让 AGI 综合处理文本、图像和声音等多种信息。为使人机交互更加自然，情感智能的融入也必不可少，这将提升 AGI 的社交能力。最终，通过自我学习和进化，AGI 将逐渐减少对人类的依赖，实现真正的智能化。

通用人工智能的未来发展也面临着一些挑战和问题。随着 AGI 系统的普及和应用，数据安全和隐私保护将成为越来越重要的问题。AGI 系统需要收集和处理大量用户数据，如何做好数据的隐私保护和确保数据的安全性将成为亟待解决的问题。此外，AGI 系统的决策和行为也需要符合伦理和法律规范，避免出现不公平或歧视等情况。

针对这些挑战，我们可以预见，未来 AGI 系统的发展将更加注重可解释性和透明度。通过采用先进的算法和技术手段，AGI 系统能够更好地阐述其决策和行为背后的逻辑和依据，从而增强用户对系统的信任度和接受度。同时，随着相关法规和伦理规范的不断完善，AGI 系统的应用也将更加规范和安全。

通用人工智能的未来充满了机遇和挑战。随着技术的不断进步和应用场景的不断拓宽，AGI 系统将在医疗、交通、家居等领域发挥越来越重要的作用。

10.6 人类社会的终极形态

当下，人工智能正处于飞速发展期，未来肯定会一步步引领人类社会朝着终极形态演进。那么终极形态是什么样子的？这是一个复杂且深远的话题，它涉及对科技、文化、哲学等多个领域的交叉思考。关于这个问题，我们可以从走向浩瀚宇宙和走向虚拟世界两个方向进行描述。

首先，从走向浩瀚宇宙的角度来看，人类社会的终极形态可能是一个高度发达的星际文明。随着科学技术的不断进步，人类有望掌握更高效的能源利用方式、更先进的宇宙航行技术，以及更完善的生命支持系统。这将使人类有能力在太阳系甚至银河系内自由探索，建立起庞大的星际殖民地网络。在这样的社会中，人类的生存空间将不再局限于地球，而是能够在广阔的宇宙中探寻新的资源和栖息地。这种形态的社会将拥有高度的自由度和多样性，人类的文化和价值观将在不同的星球上相互交融，形成一种丰富多彩、充满活力的星际文明。

其次，从走向虚拟世界的角度来看，人类社会的终极形态可能是一个高度沉浸式的虚拟社会。随着虚拟现实、增强现实等技术的不断发展，人类可能会构建一个与现实世界无缝衔接的虚拟世界。在这个世界里，人们可以通过意识上传或脑机接口等方式，将自己的思维和感知完全融入虚拟环境。在这样的社会中，人们能够摆脱物理世界的限制，体验到前所未有的自由和创造力。虚拟世界中的社会规则、文化习俗和价值观念将由人类共同创造和维护，进而形成一个与现实世界既相互独立又相互联系的平行社会。

未来这两种形态一定会并存，并行发展。然而，无论是走向浩瀚宇宙还是走向虚拟世界，人类社会的终极形态都将面临诸多挑战和问题。例如，在星际探索过程中，人类需要解决能源、生命支持、宇宙辐射等诸多技术难题；在虚拟世界中，人类需要面对意识安全、身份认同、虚拟与现实界限模糊等伦理和法律问题。这些问题需要人类共同思考和解决，以确保社会的和谐与稳定。

人类社会的终极形态是一个充满无限可能性和挑战的话题。无论是走向浩瀚宇宙还是走向虚拟世界，人类都需要不断探索和创新，以应对未来的挑战和机遇。同时，人类也需要保持对自然和生命的敬畏之心，尊重并保护我们所生活的地球和生态系统，共同创造一个更加美好的未来。